CB134370

CANSADOS DEMAIS PARA BRIGAR

13 conflitos essenciais que os casais com filhos precisam enfrentar para construir um relacionamento sólido

CANSADOS DEMAIS PARA BRIGAR

ERIN MITCHELL E STEPHEN MITCHELL

Fundadores da *Couples Counseling for Parents*

EDITORA ALAÚDE

Rio de Janeiro, 2025

Cansados demais para brigar

Copyright © 2025 Alaúde.

Alaúde Editora Ltda é empresa do Grupo Editorial Alta Books (Starlin Alta Editora e Consultoria LTDA).

Copyright © 2024 Erin e Stephen Mitchell.

ISBN: 978-85-7881-742-8.

Translated from original Too tired to fight. Copyright © 2024 by Erin e Stephen Mitchell. ISBN 978-0593714270. This translation is published and s by arrangement with G.P. Putnam's Sons, an imprint of Penguin Publishing Group, a division of Penguin Random House LLC, the owner of all rights publish and sell the same. PORTUGUESE language edition published by Alaúde, Copyright © 2025 by STARLIN ALTA EDITORA E CONSULTO LTDA.

Impresso no Brasil – 1ª Edição, 2025 – Edição revisada conforme o Acordo Ortográfico da Língua Portuguesa de 2009.

Dados Internacionais de Catalogação na Publicação (CIP)

M582C
1.ed. Mitchell, Erin
Cansado demais para brigar / Erin Mitchell e Stephen Mitchell ; tradução Susane Schmieg. - 1.ed. - Rio de Janeiro : Alaúde, 2025.
288 p.; 15,7 x 23 cm.

Título original: Too tired to fight.
ISBN 978-85-7881-742-8
1.
1. Autoajuda. I. Schmieg, Susane. II. Título.
CDD 155.4

Índice para catálogo sistemático:
1. Psicologia familiar e relações conjugais 155.4

Todos os direitos estão reservados e protegidos por Lei. Nenhuma parte deste livro, sem autorização prévia por escrito da editora, poderá ser reproduzida ou transmitida. A violação dos Direitos Autorais é crime estabelecido na Lei nº 9.610/98 e com punição de acordo com o artigo 184 do Código Penal.

O conteúdo desta obra fora formulado exclusivamente pelo(s) autor(es).

Marcas Registradas: Todos os termos mencionados e reconhecidos como Marca Registrada e/ou Comercial são de responsabilidade de seus proprietários. A editora informa não estar associada a nenhum produto e/ou fornecedor apresentado no livro.

Material de apoio e erratas: Se parte integrante da obra e/ou por real necessidade, no site da editora o leitor encontrará os materiais de apoio (download), errata e/ou quaisquer outros conteúdos aplicáveis à obra. Acesse o site www.altabooks.com.br e procure pelo título do livro desejado para ter acesso ao conteúdo..

Suporte Técnico: A obra é comercializada na forma em que está, sem direito a suporte técnico ou orientação pessoal/exclusiva ao leitor.

A editora não se responsabiliza pela manutenção, atualização e idioma dos sites, programas, materiais complementares ou similares referidos pelos autores nesta obra.

Produção Editorial: Grupo Editorial Alta Books
Diretor Editorial: Anderson Vieir
Vendas Governamentais: Cristiane Mutüs
Coordenadora Editorial: Mariana Portugal
Produtora Editorial: Karma Brandão

Tradução: Susane Schmieg
Copidesque: Cecilia Madarás
Revisão: Karina Pedron & Ederli Fortunato
Diagramação: Catia Soderi

ALTA BOOKS
GRUPO EDITORIAL

Rua Viúva Cláudio, 291 – Bairro Industrial do Jacaré
CEP: 20.970-031 – Rio de Janeiro (RJ)
Tels.: (21) 3278-8069 / 3278-8419
www.altabooks.com.br – altabooks@altabooks.com.br
Ouvidoria: ouvidoria@altabooks.com.br

Editora **afiliada à:**
ASSOCIADO

Para nossos filhos:
é um privilégio conhecer e amar vocês.
Juntos, vamos até a lua, companheiros!

Mamãe, nossa eterna Ahma:
você nos ensinou o superpoder da reparação.

Stephen, você faz tudo ficar melhor.

Erin Anne, sempre você!

Sumário

Antes de começar a ler este livro...

GOSTARÍAMOS QUE VOCÊ considerasse as palavras *briga* e *conflito*. Ao pensar nessas palavras, lembre-se de que são só palavras, apesar de guardarem em si muito poder.

Ao considerá-las, preste atenção ao que acontece com você, para você, dentro de você e ao seu redor. O que significa *brigar* para você? Qual imagem lhe vem à cabeça? Como você reage ao lhe chamarem para a briga? Como você entende essas palavras? A sua experiência é importante e sem dúvida influencia a maneira como lida com os conflitos e como lidará depois deste livro.

Aqui não há espaço para nada que sequer minimamente se pareça com abuso — físico, verbal ou outro. Este livro não trata de relacionamentos abusivos. Se você ou seu cônjuge estão passando por esse tipo de disputa, devem procurar ajuda profissional imediatamente. Todo mundo merece estar em segurança. Todo mundo.

Por fim, todos os exemplos usados são de casais fictícios e não se baseiam em nenhuma pessoa que porventura já atendemos. São compilações de temas que escutamos de milhares de casais com os quais tivemos o privilégio de interagir com o passar dos anos.

PARTE I

Por que os conflitos são bons para o relacionamento e como lidar com eles do jeito certo

INTRODUÇÃO

Que tipo de casal queremos ser?

IMAGINE UMA SITUAÇÃO que levou você ao limite da razão. Talvez tenha acontecido hoje, logo cedo. Durante a noite você teve que se levantar várias vezes por causa de seu filho. A exaustão é extrema. Você está preparando o café da manhã para todo mundo, e seu cônjuge fala como quem não quer nada, a caminho da porta: "Ah, esqueci de te falar, vou ter que viajar a trabalho esta semana".

Você consegue sentir seu corpo se contraindo ao imaginar essa cena? Seu estômago se revira, seu sangue esquenta e um sentimento de abandono aflora. Ao longo de sua jornada como mãe ou pai, você tem se sentido cada vez mais desconectado de seu cônjuge, e esse foi só um exemplo dentre as várias ocasiões em que se sentiu invisível.

Como vocês chegaram até aqui? Vocês começaram como uma família harmoniosa — felizes, unidos e fortes. Queriam que seus filhos aprendessem o que é um relacionamento saudável observando vocês dois. Vocês não querem brigar! Mas, mesmo assim, acabam sentindo que, do amanhecer até a hora de dormir, o dia transcorre numa luta constante para não irritar demais o outro.

Agora imaginem se, em vez de vocês deixarem esse sentimento dominar e enlouquecer junto com o seu cônjuge — em vez de explodirem de raiva — vocês escolherem um caminho diferente. Usem esse momento de dificuldade, desafio e, sim, irritação para conseguirem se conectar. Vocês podem passar por essa situação juntos e assim vão mostrar às crianças como um conflito pode fortalecer sua conexão.

Parece impossível, certo? Mas não precisa ser.

Nós somos Erin e Stephen Mitchell — parceiros na vida e em nosso negócio, o "Couples Counseling for Parents" (Aconselhamento para Casais com Filhos, em tradução livre). Tornar-se mãe ou pai transforma de muitas maneiras até o mais sólido dos casamentos; até os relacionamentos mais fortes ficam abalados com a chegada das crianças. Não é fácil, mas é normal.

Ao longo dos anos, conversamos com inúmeros casais e todos passaram por esse sentimento de desconexão em algum momento. Quando nos contavam seus sonhos e expectativas em relação à família que estavam formando, diversas vezes escutamos uma dessas afirmações: 1) Sabemos que o nosso relacionamento é a base de uma família feliz; e 2) Ficou muito mais difícil rirmos juntos e curtir a companhia um do outro, agora que temos essa rotina de pais.

Vocês não estão sós! A parentalidade pode ser um caos imprevisível. Mas isso também pode fazer vocês se aproximarem mais... se se permitirem. O que os casais realmente querem nos dizer é: "No meio de todo esse estresse, tem sido difícil lembrarmos do quanto gostamos um do outro. Vocês podem nos ajudar?".

Nós mesmos temos três filhos. Sabemos como é difícil. Conhecemos o lado bom de sermos pais: aqueles momentos de silêncio juntos, quando a gente admira as lindas e maravilhosas crianças que estamos criando. Mas também sabemos o que é perder a paciência com as crianças — e com o cônjuge! Sabemos o que é olhar na cara do outro e soltar um: "Não diga?! Você está cansado? Bom, deixa eu te contar então quantas vezes *eu* tive que levantar essa noite...". Sabemos como é sentir que a pessoa que você mais deseja compreenda e se identifique com o que você está passando; porém, por alguma razão, simplesmente não consegue. Mas, ainda bem, também sabemos como é se recompor como família e como casal depois desses momentos, e conversar sobre o que a reparação significa.

Vamos parar um pouco e refletir sobre o seguinte:

- O que eu quero para a minha família?
- Que tipo de relacionamento quero que meus filhos tenham como exemplo?
- Que tipo de relacionamento desejo ter ao longo dessa estrada linda, mas esburacada, que é ser mãe ou pai?
- Quando meus filhos forem adultos e saírem de casa, que tipo de relacionamento quero ter com meu cônjuge?

Se vocês são como nós, querem mostrar aos filhos como se apoiarem e se amarem nos dias bons, ruins e também nos péssimos. Vocês querem mostrar que, como pais, podem vir a se desentender, mas como parceiros, continuam firmes. E desejam manter um relacionamento firme mesmo no meio do caos da parentalidade, sabendo que vocês dois estão jogando no mesmo time.

Por isso escrevemos *Cansados demais para brigar*: para ajudar os casais que têm filhos a transformarem os momentos caóticos de conflito em experiências de solução e reparação saudáveis, provendo os casais de técnicas para transformar conflitos em conexão.

PARA QUEM É ESTE LIVRO?

Cansados demais para brigar é para mães e pais que formam um casal e estão à procura de conexão e de um relacionamento saudável.

Talvez você tenha comprado este livro no meio da noite, dando de mamar, sentindo-se só e sem apoio. Ou talvez vocês sejam um casal com crianças mais velhas e esperavam que a comunicação ficasse melhor quando crescessem, porém, os problemas continuaram. Ou ainda, pode ser que você tenha comprado este livro por causa do ressentimento que vem lhe consumindo e acha que o casamento possa estar desmoronando por causa disso.

Este livro foi desenvolvido como uma ferramenta para que vocês passem pelos conflitos e saiam deles mais fortalecidos e conectados do que nunca!

COMO ESTE LIVRO DEVE SER USADO?

Na Parte I, vamos falar sobre as discussões depois de ter os filhos: por que elas se tornam mais frequentes e por que parecem ser tão diferentes. Também faremos você enxergar que o conflito é um sinal de que você e o seu parceiro estão tentando se conectar. Depois vamos apresentar a nossa fórmula, testada e comprovada, de como lidar com conflitos de forma saudável: a equação conflito-conexão. Este será seu guia para solucionar um conflito quando estiver passando por um.

Na Parte II, apresentaremos os treze conflitos mais comuns que observamos em todos esses anos atendendo casais — conflitos delicados que desestabilizam muita gente, como: "Pare de microgerenciar o meu jeito de ser mãe/pai", "Eu estou mais cansado do que você", "Sexo? Que sexo?" e "A carga mental está toda em cima de mim". Em cada capítulo, teremos um casal e sua experiência com o conflito em questão — qual o gatilho do conflito, por que é importante enfrentá-lo e como ele muitas vezes acaba se deteriorando. São estudos de caso fundamentados em histórias que já escutamos de centenas de milhares de casais com os quais tivemos o privilégio de interagir ao longo dos anos. Em seguida, vamos direcionar você para uma sessão de terapia onde atendemos um casal em dificuldade, para mostrar como a equação conflito-conexão pode transformar essas disputas em conflitos saudáveis, que levam a uma conexão duradoura. No final de cada capítulo, há exemplos de roteiros que o ajudarão em dúvidas do tipo, "Mas como é que eu digo isso, na prática?!", que inevitavelmente surgirão quando queremos dar uma cara nova para aquela velha conversa de sempre. Também há perguntas para refletir e se conectar com seu eu e com seu cônjuge.

No final do livro, oferecemos alguns recursos adicionais: "Guia rápido para lidar com os conflitos na frente das crianças", "Roteiros para lidar com os conflitos junto das crianças" e "Roteiros para lidar com a reparação junto das crianças".

NOSSO MAIOR OBJETIVO: NÃO FICAR CANSADO DEMAIS PARA LUTAR

Ao terminar de ler este livro, saiba que você não estará só quando pequenas coisas se transformarem em um padrão que atravanca a comunicação, resultando em diálogos que são verdadeiros becos sem saída. As soluções que apresentamos vão permitir que você e seu parceiro tenham uma opção melhor do que só "esperar que esse dia acabe logo".

Temos certeza de que conseguirão se conectar por meio dos conflitos com os quais vocês, mãe ou pai, certamente se deparam. Sabemos também que, depois de praticarem as técnicas de comunicação, terão uma noção melhor de como reconhecer e amar o outro e, em troca, serem reconhecidos e amados também. Vocês também serão um exemplo de comunicação saudável para as crianças e voltarão a desfrutar das risadas juntos.

CAPÍTULO 1

Por que discutimos mais — e de um jeito diferente — depois de ter filhos

TORNAR-SE MÃE OU PAI MUDA TUDO. Vamos pensar sobre isso.

Tornar-se mãe ou pai mudou sua vida de forma maravilhosa, mas também a tornou difícil demais.

A mudança traz estresse, mas isso não precisa ser algo negativo. O estresse é simplesmente a energia que se amplifica quando algo que era rotineiro, esperado e praticado vira algo novo. Seja seu primeiro, segundo ou terceiro filho, é uma mudança monumental na sua vida, o que significa que sua tão esperada rotina será desafiada. Este desafio amplifica a energia que percorre nossos cérebros, corpos, emoções e pensamentos, enquanto nos esforçamos para "voltar" à rotina conhecida. Sem contar que cada um de nós lida com o estresse de forma diferente.

Se fazemos do estresse uma rotina, fica praticamente impossível nos conectarmos com o parceiro para resolver as coisas juntos e interromper o ciclo da comunicação truncada. Dessa forma, um conflito que antes era fácil de resolver, agora, com filhos, torna-se uma briga sem fim.

POR QUE AGORA QUE TEMOS FILHOS BRIGAMOS MAIS?

Conflito é parte natural de qualquer interação humana. Sempre que houver duas pessoas com vivências e formas de lidar com o estresse distintas, haverá conflito. Embora haja desencontros, o conflito pode ser resolvido de uma maneira que leva à conexão (este livro se propõe a ajudar vocês nisso) ou pode ser resolvido de jeito nocivo, levando os dois a ficarem desregulados, presos em suas reações ao estresse, numa briga sem fim. Esse tipo de conflito não é produtivo e indica que nenhum dos cônjuges está num estado mental propício à conexão. O contexto da parentalidade muitas vezes coloca os cônjuges nesse estado improdutivo que leva ao aumento da quantidade de discussões negativas.

Veremos um exemplo. Sasha e Alex pediram nossa ajuda usando palavras muito similares às que já ouvimos tantas vezes de outros casais: "Antes de termos filhos, a gente se dava muito bem. É claro que a nossa comunicação não era perfeita. Às vezes era complicado, mas, na maior parte das vezes, a gente conseguia resolver sem muita dificuldade. Mas agora que temos filhos é como se não conseguíssemos mais nos comunicar. Sempre que a gente tenta conversar, acaba em briga".

Sasha e Alex estão juntos há cinco anos e sempre falavam que queriam ter filhos. Sasha disse que, quando finalmente resolveram tê-los, sentiram-se mais próximos do que nunca. Alex concordou: "É isso mesmo! E lá estava a gente, tendo conversas difíceis sobre o que queria e quais eram as melhores opções, e a gente se sentia como se fosse um time de verdade". Sasha ainda acrescentou como ela sentia que Alex compreendia suas ansiedades e sabia como fazê-la se sentir apoiada.

Até que a Sofia nasceu e tudo mudou. Alex disse: "Nas primeiras semanas, as coisas ainda estavam indo bem. Na verdade, a gente estava encantado com a Sofia. Mas daí a gente começou a implicar um com o outro cada vez mais, e toda a comunicação produtiva foi por água abaixo".

Cada um começou a sentir que o outro não o estava apoiando; e cada um achava que estava fazendo mais do que o outro. Sasha já trabalhava em casa como designer gráfica e, automaticamente, acabou acrescentando a isso os cuidados com a bebê, com a casa e as refeições. Alex trabalhava fora, num banco de investimentos, e ficava ressentido de que, além da sua rotina de cinquenta horas de trabalho semanais, ainda teria que exercer suas responsabilidades como pai ao chegar em casa.

Assim, quando Sasha expressou a sensação de que estava fazendo todo o trabalho, Alex até tentou entender o ponto de vista dela, mas também se ressentiu pela expectativa de que deveria fazer mais. Era como se ela tivesse dito que ele ficava sentado no sofá enquanto ela preparava o jantar para ele. É claro que isso fez Sasha sentir que ela não estava sendo ouvida. Agora eles sentem que estão constantemente num impasse, brigando por picuinhas e cada vez mais afastados.

Quando o casal nos procurou, eles estavam desanimados, surpresos com o quanto o relacionamento estava ruim e assustados com a sensação de "Se é assim que as coisas vão ser, não sei se a gente deve continuar juntos".

Essa sessão com Sasha e Alex exemplifica os dois principais temas das brigas entre casais após a chegada dos filhos.

Agora as expectativas são mais altas

Nós já atendemos muitos casais, como Sasha e Alex. Eles tinham um bom relacionamento, queriam ter filhos, conseguiram e, do nada, tudo começou a desandar. É uma experiência assustadora — e você pode estar passando por isso durante a leitura deste livro. As longas noites acordando para dar de mamar enquanto o seu parceiro dorme, ou todas as vezes em que você escuta "você nunca faz nada" — não importa o quanto você esteja ajudando—, começam a minar as bases do relacionamento e do sentimento de esperança e conexão. Com o tempo, conforme esses ressentimentos crescem, as rachaduras se aprofundam.

É nesse pé que está o relacionamento de Sasha e Alex. Antes de Sofia nascer, eles jamais imaginaram que não formavam o par perfeito. Na verdade, eles acreditaram que ter um bebê os aproximaria ainda mais. No começo, sim, mas não durou muito tempo. A essa altura, eles se sentem como estranhos. A intensidade dos conflitos e a incapacidade de alcançar uma conversa normal os faz pensar que talvez o outro tenha mudado ou que talvez eles não se conheçam tão bem quanto pensavam.

Já chegamos ao limite

Com certeza, a chegada de um bebê é uma situação estressante para o casal. É importante entender o que o estresse provoca no casal em sua relação como pais. O resultado é a perda de capacidade.

Todo ser humano é dotado de um sistema de resposta ao estresse, feito para ajudar em tempos de incerteza, perigo, caos ou instabilidade. Nosso sistema nervoso simpático é ativado nesses momentos para nos ajudar a sobreviver; é quando o modo luta/fuga/paralisia/submissão entra em ação. É claro que ser mãe ou pai não é a mesma coisa do que ser caçado por um leão, porém no dia a dia esse sistema de resposta ao estresse fica ativado da mesma forma. Sentimos o peso do mundo nas nossas costas e nosso corpo fica tentando entender como aliviar o estresse.

Então, quando Sasha estoura com Alex porque mais uma vez ele chegou tarde em casa e ela teve que fazer tudo sozinha — preparar o jantar, limpar a casa, dar banho em Sofia e colocá-la para dormir — é porque ela está passando pelo nível de estresse do tipo luta/fuga/paralisia/submissão.

Ela se sente sobrecarregada, então dá respostas irônicas e ataca o que ela sente ser a ameaça: Alex e o fato de ele ter chegado tarde. Alex, por sua vez, se sente surpreendido, amedrontado e desestabilizado pela raiva de Sasha e seu tom agressivo; o sistema de resposta ao estresse dele também é ativado. Ele fica quieto e sai do ambiente.

Tentando minimizar o sentimento de sobrecarga que ele está sentindo, Alex "foge" para se afastar do que lhe ameaça, no caso, Sasha.

A ideia básica por trás do sistema de resposta ao estresse é "Eu preciso parar, seja lá o que esteja acontecendo, porque eu estou com medo ou estou me sentindo mal, e o melhor que eu posso fazer é entrar em estado de luta/fuga/paralisia/submissão". Tenha em mente que, quando o sistema de resposta ao estresse está ativado, os sistemas biopsicossocial e espiritual se desligam. Por exemplo, nosso sistema metabólico para de funcionar porque, na crise de estresse, não precisamos dedicar energia à digestão — o corpo pode se preocupar com comida depois. O foco é se livrar da ameaça. Nosso córtex pré-frontal, a parte do cérebro responsável pela razão, se desliga; afinal, num momento de estresse, não precisamos racionalizar sobre o sentido da vida. Sob estresse, nossa conexão social e espiritual com outras pessoas se torna limitada ou até inexistente, porque não temos tempo para empatia ou sincronia com algo transcendente quando estamos tentando sobreviver.

Quando o nosso sistema de resposta ao estresse está ativado e os outros sistemas estão desligados, não estamos no nosso melhor estado. O ideal é que, assim que a ameaça for eliminada, o sistema nervoso parassimpático entre em ação para reativar os sistemas que estavam desligados e nos ajudar a retomar o equilíbrio. Por exemplo, Sasha pode continuar furiosa por Alex ter saído do ambiente, mas, em vez de continuar sendo irônica, ela pode dar uma volta lá fora para tomar um ar. Lá fora a respiração dela vai se regular e andar um pouco pode acalmá-la. Ela pode clarear as ideias. Quando voltar, poderá estar em melhores condições para reavaliar sua reação a Alex e dizer a si: "Ainda estou com raiva, mas essa não era a forma com a qual eu queria me comunicar com o Alex. Eu preciso ir falar com ele e resolver isso".

Enquanto isso, Alex saiu com a cabeça fervendo. A raiva de Sasha lhe deu medo e seu cérebro ficou em branco; ele não conseguia saber o que dizer. Ele precisava sair de perto porque não sabia o que mais poderia fazer. Enquanto subia as escadas em direção ao quarto para se trocar, ele começou a se recompor. Seu coração desacelerou e a confusão mental parecia se desfazer. A essa altura, ele conseguia dizer a si mesmo: "Eu não gosto quando a Sasha me ataca desse jeito. Fico com medo. Sei que cheguei em casa tarde e entendo que ela se sente sobrecarregada ao ter que fazer tudo sozinha. Vou conversar com ela depois que trocar de roupa".

Este é um breve vislumbre de como o sistema de resposta ao estresse funciona em um relacionamento entre cônjuges que são pais. Casais com filhos brigam mais porque vivenciam o estado de perda de capacidade com mais frequência e muitas vezes não se recuperam. Sim, o ideal é que Sasha se acalme e converse tranquilamente, e que Alex consiga falar com ela de forma equilibrada. Muitas vezes, a reparação não ocorre com os casais que têm filhos. Em vez disso, a situação de estresse acontece, eles perdem a capacidade e não resolvem o problema. É como se Sasha e Alex não conseguissem regular seu sistema nervoso, não conseguissem falar o que é preciso; então eles vão dormir e no dia seguinte levantam e repetem tudo de novo.

Esse padrão resulta num casal em permanente estado de estresse e perda de capacidade, o que é exaustivo. Duas pessoas esgotadas resultam num casal que se comunica de forma estressada e nociva.

Agora que o relacionamento virou uma fonte permanente de tensão, interagir, ou sequer pensar em interagir com o outro, ativa instantaneamente o sistema de resposta ao estresse. Dessa forma, o casal passa de situações circunstanciais de estresse para uma situação em que se enxergam mutuamente como uma ameaça, uma fonte de estresse e problemas; esse casal ficou cansado demais para brigar.

POR QUE NOSSAS DISCUSSÕES SÃO TÃO INTENSAS?

Sasha e Alex não queriam apenas conversar conosco sobre a frequência das discussões — o nível de intensidade do conflito entre eles fazia ambos ficarem mais resistentes e profundamente magoados um com o outro. Alex disse: "É quase como se eu nem conhecesse mais a Sasha. Olho para ela quando estou com raiva e acho que ela é cruel e indiferente. Às vezes, sinto que não quero ficar perto dela". Sasha nos contou o seguinte: "O Alex costumava ser atencioso, mas agora parece que perdeu o interesse na nossa vida em comum. Odeio dizer isso, mas às vezes as coisas são mais fáceis quando ele não está por perto."

Alex e Sasha se sentem tão profundamente magoados e decepcionados que a raiva de um com o outro é significativamente maior do que antes de terem sua filha. Eles não gostam do jeito que estão agindo e se comportando. Às vezes, até se questionam se conseguirão triunfar como casal e como família. A mudança os deixou cegos e incertos a ponto de não saberem mais como voltar para o lugar seguro e saudável em que estavam antes de serem pais. Eles realmente não sabem como sair desse lamaçal onde estão atolados.

No entanto, toda essa emoção exacerbada tem um motivo. As brigas entre casais parecem ser mais intensas depois que as crianças entram em cena, porque os sistemas de apego do casal são impactados de forma diferente. A teoria do apego, que tem sido amplamente apoiada por recentes pesquisas em neurociência, baseia-se na ideia de que nós, como seres humanos, buscamos, estabelecemos e mantemos laços de proximidade. Eles permitem nos sentirmos seguros (física, emocional e psicologicamente), o que, em última análise, nos permite amar e ser amados.

Todos os seres humanos têm um sistema de apego, cujo desenvolvimento começa no útero e continua ao longo da vida. Alguns dos principais períodos de desenvolvimento nos quais o sistema de apego é gravado na rede neurológica do cérebro são quando vivenciamos o ato de cuidar; ou seja, como filhos, como parceiros (em nossos relacionamentos românticos) e como pais.

Teoria do apego e parentalidade

A premissa básica da teoria do apego é que os seres humanos querem e precisam se sentir seguros física, emocional e psicologicamente. Quando nos sentimos seguros nesses aspectos, nos sentimos livres para explorar e aprender coisas sobre nós mesmos, sobre os outros e o mundo ao nosso redor, e podemos confiar nos outros. Essa teoria afirma que o sentimento de segurança é estabelecido por meio da proximidade e da capacidade de resposta. O exemplo mais simples é quando um bebê chora. Quando os bebês choram, eles são acalmados por alguém que se aproxima fisicamente e os toca, segura ou balança (proximidade), e por alguém que reconhece sua angústia (capacidade de resposta), querendo dizer: "Eu vejo você. Estou te escutando. Parece que você está irritado; vou te dar um abraço". É assim que os bebês aprendem que, ao terem uma necessidade e expressá-la, alguém se aproximará deles e lhes responderá.

Quando alguém passou pela experiência de proximidade e capacidade de resposta consistente (note que não dissemos *perfeita*), essa pessoa é capaz de oferecer aos outros o mesmo tipo de relacionamento. Isso permite que construam conexões interpessoais fortes. Aqueles que não vivenciaram a proximidade e capacidade de resposta consistente se sentirão inseguros em seus relacionamentos e terão dificuldade em construir conexões interpessoais saudáveis. Essa insegurança é expressa na forma de ansiedade e afeta a forma como os indivíduos se enxergam (um senso de si exagerado ou diminuído).

A forma como seus pais criaram você estabelece uma estratégia básica de apego que afeta o resto de sua vida. Isso, por sua vez, pode afetar a forma como você escolhe o seu parceiro romântico e, finalmente, como você se apresenta como mãe ou pai. Contudo, como você se apresenta como mãe ou pai *ao lado* do seu parceiro e como vocês dois lidam com os conflitos como pais, juntos? Esse é o cerne da questão que exploraremos neste livro.

A parentalidade desencadeia o desejo de corrigir ou dar continuidade à sua experiência de apego.

A parentalidade nos leva ao nosso passado e nos faz pensar sobre nosso futuro. Sasha e Alex queriam ser pais. Sasha nos contou o seguinte: "Você sabe que eu realmente não tinha o melhor dos relacionamentos com os meus pais e sempre sonhei que as coisas iam ser diferentes entre mim e meu filho. Sempre achei que poderia ser uma boa mãe". Mas a história de Alex era diferente: "Eu adorei a forma como fui criado. Meus pais eram muito amorosos e calorosos e eu me dava bem com os meus irmãos. Acho que a minha expectativa era simplesmente repetir isso quando eu tivesse filhos".

Observe que Sasha e Alex estão falando sobre apego: como ser mãe ou pai faz com que eles pensem sobre suas experiências passadas, mas também permite que eles expressem uma visão positiva sobre como será seu futuro. Ambos reconhecem que a responsabilidade associada à parentalidade é grande. Eles sabem que a forma como interagem com Sofia e também um com o outro influenciará a forma como Sofia se sentirá sobre sua vida e seus relacionamentos. Por causa disso, tudo está em jogo, aumentando as expectativas em torno da parentalidade.

Sasha e Alex têm cada um suas ideias de como uma mãe ou um pai devem ser. Alex está determinado para que Sofia nunca o veja brigando com Sasha. "Eu não via os meus pais brigarem. Eles apoiavam um ao outro e, se houvesse problemas, conversavam longe de nós. Como você acha que a Sofia se sente no meio de toda aquela energia ruim e gritaria quando brigamos?" Sasha discorda. "Eu também não via os meus pais brigarem, mas eles acabaram se divorciando. Talvez, se eles realmente tivessem se importado o suficiente para lidar com algum conflito, estariam em uma situação melhor. Ou talvez, se eu os tivesse visto se desentenderem, então saberia o que fazer com você quando discordássemos. A Sofia precisa nos ver resolvendo essas coisas."

Nesta conversa, Sasha e Alex estão lutando por algo que parece ser ainda mais importante, pois são pais e desejam construir um futuro para sua filha Sofia. Esse futuro é baseado em suas próprias experiências de apego e em seu desejo de corrigi-las ou de dar continuidade a elas. Inevitavelmente, casais com filhos não concordarão em tudo, mas, ao se darem conta de que os desentendimentos moldam a experiência de apego das crianças, eles vão fundo e a situação pega fogo muito rapidamente.

A parentalidade ativa as suas necessidades de apego.

Como mencionamos anteriormente, um dos principais períodos de desenvolvimento de nossos sistemas de apego ocorre quando temos relacionamentos românticos. Então, não só Sofia está se desenvolvendo como filha, mas Sasha e Alex estão em um período de desenvolvimento como casal. É claro que o aumento do estresse dos pais pode resultar em uma indisponibilidade mútua como parceiros. Em tempos estressantes, uma de nossas mais profundas necessidades é sentir que vamos conseguir, que podemos contar com alguém e não estamos sozinhos. Basicamente, queremos nos sentir seguros.

Sasha e Alex estão sobrecarregados e tentando sobreviver. Eles olham um para o outro em busca de esperança, apoio e pertencimento, para que possam se sentir seguros e lidar com o estresse. É um comportamento natural e saudável. Como Sasha coloca: "Às vezes, no final das contas, eu só quero que o Alex me pergunte se eu estou bem. Eu só quero que ele carregue a máquina de lavar louça; ele sabe que eu tenho ficado amarrada a todas as outras tarefas domésticas. Eu só quero sentir que não estou sozinha". Alex concordou: "E eu quero a mesma coisa. Quero voltar para casa e ouvir você dizer: 'Viu, obrigada por ter ido trabalhar, mesmo odiando o seu trabalho, porque você sabe que nos traz segurança financeira'. Ou você já percebeu que eu também nunca faço uma pausa durante o dia e pode ser bom para mim voltar para casa e não sentir que você está logo me dizendo que não estou fazendo o suficiente? Assim eu sinto que você não me entende nem um pouco".

Sasha e Alex estão expressando necessidade de apego; o fato de essa necessidade não estar sendo atendida por meio de proximidade e responsividade causa dor e isolamento no relacionamento. A experiência de não se sentirem seguros juntos como um casal e o isolamento relacional rompem os laços de apego e aumentam a intensidade dos conflitos.

COMO INTERROMPEMOS UM CICLO DE CONFLITO NOCIVO?

Pode ser que você esteja lendo isso e dizendo: "Eu não acho que o nosso nível de estresse vai mudar tão cedo. Na verdade, eu só consigo ver ele aumentando. Então, estamos condenados a continuar brigando, ferindo um ao outro e não conseguindo atender às necessidades um do outro? Está tudo perdido?" Para resumir: não, nem tudo está perdido. Os casais com filhos precisam aprender uma nova maneira de enfrentar os conflitos. Observe que não dissemos que os casais com filhos precisam aprender a *não* ter conflitos. O conflito em si não é ruim. Como você se envolve nos conflitos é o que importa.

Interações de criação de apego *versus* interações de quebra de apego

Os casais devem entrar num conflito com a perspectiva de que desejam criar interações de criação de apego em vez de interações de quebra de apego. Sasha e Alex vieram até nós porque estão passando por interações de quebra de apego. Seus conflitos são caracterizados por afastamento e ataque, e não por proximidade e capacidade de resposta seguras. Dessa forma, o conflito se transformou em uma briga doentia.

Cada um sente que o outro é o problema, mas, na verdade, a questão é que ambos estão com medo de que o outro não consiga, não possa ou não queira atender à sua necessidade de apego. O momento em que sentem que essa necessidade pode não ser (ou de fato não é) atendida é o momento em que começam a se proteger.

Sasha escuta Alex entrar em casa e suspirar exasperado. Na mesma hora ela pensa: *Ele está de mau humor e não vai estar disponível para mim. Ele não vai conseguir me ajudar com o meu sentimento do dia ter me sobrecarregado.* Ela fica com medo e, em vez de se aproximar de Alex com gentileza, ela se arma para tentar conseguir o que precisa. Alex percebe o tom de voz de Sasha e pensa: *Eu só estava suspirando porque estou cansado.*

Ela é tão tensa e está sempre monitorando o meu humor. Ela não pode deixar ninguém ter um dia ruim. Ele fica com medo de que Sasha nunca permita que ele seja menos do que perfeito, então ele se afasta.

Essas são interações que quebram o apego, e todos esses pequenos micromomentos se somam. As interações que quebram o apego sempre deixam os parceiros assustados, na defensiva e solitários.

Sasha e Alex não precisam ficar travados nessas interações de quebra de apego, e você também não. Você pode fazer com que as interações de criação de apego sejam uma tendência no relacionamento. Você pode ter desentendimentos e conflitos e, ainda assim, sentir que o parceiro está próximo e responsivo. Você pode aprender a transformar conflitos em conexões por meio das ferramentas que apresentamos aqui em *Cansados demais para brigar*.

CAPÍTULO 2

Como transformar o conflito em conexão

SOLIDÃO, CANSAÇO E DESÂNIMO. *Derrota.* Estas são algumas das palavras mais comuns que ouvimos de casais com filhos quando eles descrevem como se sentem sobre seu relacionamento. Eles perguntam como é possível consertar um relacionamento que se quebrou. Raramente esperam que nossa proposta seja *se envolver* no conflito — em vez de fugir dele.

Envolver-se em conflitos geralmente parece cansativo e entendemos o porquê. Se seus conflitos atuais são bastante previsíveis ou você está a ponto de implorar por conexão e certo envolvimento, dizer que você precisa passar por conflitos pode parecer contraintuitivo. Afinal, todos nós queremos brigar menos e aproveitar mais a vida! Não queremos passar nossos dias gritando silenciosamente por dentro, esperando que nosso parceiro nos ouça, nos veja e lide conosco com engajamento e intencionalidade. As brigas doentias são enlouquecedoras e inúteis — é como passar o dia nadando contra a corrente, dormir, acordar e repetir tudo de novo, todos os dias.

Mas brigar não precisa ser assim. Um conflito saudável de verdade, do tipo que você deve ter com o seu cônjuge, envolve trabalhar para entender o que ele ou ela está tentando sinalizar que não está bem. Trata-se de conquistar uma conexão que leve ao crescimento, a uma nova experiência compartilhada, que pode tornar seu relacionamento e unidade familiar mais fortes do que nunca.

O conflito surge quando uma das partes tenta comunicar algo sobre si ao outro e sente que o parceiro não está entendendo. Ser compreendido é tão importante para criar vínculos que um parceiro não pode simplesmente deixar passar ou seguir em frente sem o outro entender. Por trás de cada discussão há o desejo de se conectar; é por isso que o conflito é uma coisa "boa"; porém, quando se torna doentio, o casal perde a capacidade de se conectar.

O ponto principal é que a parentalidade muda o relacionamento do casal, porém, essas mudanças podem ser para melhor. Você e seu cônjuge podem desfrutar da família no momento da vida pelo qual estão passando. Não precisam virar as costas para o que estão sentindo agora para depois perceberem a corrosão que o ressentimento causou. Vocês podem aprender a compartilhar o eu mais verdadeiro de cada um, mesmo nos momentos de maior vulnerabilidade. Os conflitos podem ser tratados de uma forma que leve à conexão.

POR QUE DEVEMOS NOS ENVOLVER EM CONFLITOS?

Não somos fãs de conflitos. Se vivêssemos num mundo perfeito, os conflitos não existiriam. Só que não vivemos. Vivemos, sim, em um mundo marcado por fragilidades e feridas, onde, infelizmente, às vezes acabamos atacando e magoando justamente as pessoas que amamos. Ao nos envolvermos em discussões, devemos manter dois objetivos em mente para assim nos abrirmos para enxergar o processo de um jeito diferente.

Objetivo 1: Conexão

O primeiro objetivo do envolvimento no conflito deve ser a conexão: construir vínculos por meio do processo de criação de segurança (proximidade e capacidade de resposta) de um para com o outro, como parceiros. Brigamos porque algo no relacionamento nos parece inseguro, sem apoio, então nos sentimos desconectados. Resumindo: sentimos que algo está estranho. Queremos que você e seu parceiro percebam quando esse sentimento "estranho" aparece e aprendam a dizê-lo de forma que seu parceiro consiga ouvir. Geralmente, essa não é nossa primeira reação, principalmente nas discussões delicadas envolvendo parentalidade, que abordaremos logo mais. Muitas vezes, o que acontece é que percebemos algo errado, algo que nosso cônjuge disse ou fez que não caiu bem e dizemos: "Você fez isso. Pare de fazer isso!".

Parece ser bastante simples, exceto que muitas vezes o que estamos tentando dizer sai de uma maneira que não queríamos e com um tom que não pretendíamos. Este é um resultado direto de uma resposta ao estresse. Queremos que nosso parceiro ouça e responda aos significados mais profundos do que estamos tentando comunicar em meio ao nosso estresse, mas muitas vezes nem sabemos o que de fato é. Frequentemente, o simples fato de parecermos estressados ativa uma resposta estressante do nosso parceiro, e ele luta, foge, fica paralisado ou se submete antes que alguém entenda exatamente o que aconteceu. É assim que o conflito vira um gatilho.

A conexão não significa que a nossa resposta ao estresse jamais será ativada. Significa que estamos sintonizados com o momento em que nossa resposta ao estresse é ativada e com a forma como tendemos a reagir (lutar, fugir, ficar paralisado ou se submeter). Quer dizer que, quando nosso gatilho é acionado, podemos fazer uma pausa e descrever o que está acontecendo conosco (e não simplesmente culpar o parceiro), e também ter curiosidade sobre o que nosso parceiro está vivenciando sem ficarmos na defensiva. Isso significa que podemos assumir a responsabilidade quando for apropriado, perdoar e avançar em direção à mudança. Esse processo é o que cria uma sensação consistente de segurança no relacionamento do casal e constrói vínculos duradouros e sentimento de amor.

Objetivo 2: Resolução (Reparação)

O segundo objetivo do envolvimento no conflito é o que todo mundo deseja — encerrar a contenda e chegar a uma reparação. A resolução faz parte do processo de reparação que constrói o apego. A reparação ocorre depois que houve uma ruptura e envolve responsabilidade, perdão e ação em prol de uma mudança duradoura. Precisamos nos envolver nos conflitos para sermos vistos e entendidos, e não podemos seguir adiante até sentirmos que nosso parceiro tenha compreendido nosso lado (o que não significa que concorde ou se identifique).

Pense no conflito como um circuito elétrico. Todas as conexões precisam estar nos lugares certos para a lâmpada poder acender. Se houver um fio solto, o circuito não fecha e ficaremos no escuro até que seja feita a reparação. Nessa hora, é altamente recomendável dizer: "Neste momento, não estou me sentindo compreendido, e isto me magoa"; no entanto, não é algo que muitos de nós fomos ensinados a expressar. O que normalmente sai é algo mais parecido com: "Você está fazendo eu me sentir mal e precisa fazer eu me sentir melhor", o que faz você ou seu cônjuge não se sentirem bem, não é verdade e não leva à resolução.

O conflito, como toda boa história, precisa ter um começo, meio e fim. Ele pode terminar (o que não significa que nunca mais voltará; veja o Capítulo 15 sobre ressentimento e perdão) de forma que os envolvidos se sintam ouvidos e compreendidos, com sua vivência validada. Se houver necessidade de tomar alguma atitude, queremos crer que nosso parceiro a tomará. A reparação é uma das partes mais negligenciadas nos conflitos. Requer responsabilidade: ser humilde e se colocar no lugar do outro — o que pode ser desagradável se você tem parte na experiência negativa. A reparação exige perdão, o que significa ser vulnerável, expressar suas mágoas e confiar em seu parceiro. Também significa que você vai passar pela vergonha, mas deve se perdoar quando faz algo do qual não se orgulha. Por fim, a reparação implica tomar medidas para mudar. Ela não é divertida ou glamourosa, mas é essencial para que o conflito seja resolvido.

A reparação não pode ser tratada às pressas. Se for, não é verdadeira e vocês acabarão vendo que o conflito não acabou. Também não pode ser fingida, pois aí não haverá confiança. A princípio será desconfortável, mas, uma vez que se torne uma rotina, vocês desfrutarão de uma poderosa conexão e do senso de resolução que a reparação traz ao relacionamento.

A EQUAÇÃO CONFLITO-CONEXÃO

Ao longo de mais de vinte anos trabalhando com casais, descobrimos a equação que torna as brigas menos frequentes e intensas. Este segredo surgiu a partir da nossa experiência profissional e pessoal como um casal com três filhos.

Quando o mais velho nasceu, ambos já tínhamos especialização em aconselhamento psicológico, alguns anos atuando em clínica e passávamos por terapia individual e de casal há anos. Stephen também estava começando seu doutorado em um programa de terapia familiar médica. Teoricamente, nenhum casal estava mais pronto do que nós para ter filhos e enfrentar o caos da parentalidade e do relacionamento conjugal. Tínhamos o conhecimento e a experiência para fazer nossa transição de "marido e mulher" para um "casal com filhos" com o mínimo de solavancos ao longo do caminho. E ainda assim tivemos dificuldade. Admitimos abertamente que vivenciamos pessoalmente cada um dos treze conflitos que abordamos neste livro. Tudo o que estudamos e vivenciamos não foi suficiente para evitarmos as brigas que tantos casais enfrentam nessa transição. Ao buscarmos ajuda, ficamos surpresos com a escassez de recursos educacionais psicologicamente embasados e fundamentados em pesquisas que abordassem especificamente casais nessa fase da vida. Havia muitos livros sobre parentalidade, mas poucos abordavam como o relacionamento dos casais é afetado pela chegada dos filhos e como é possível triunfar como casal sendo mães e pais.

Então fomos à luta! Começamos a desenvolver recursos com base em nossa compreensão da teoria do apego, terapia de casal, desenvolvimento infantil, terapia narrativa, neurociência e outros inúmeros princípios psicológicos. Depois, começamos a aplicá-los nessa fase específica do ciclo de desenvolvimento dos casais. Durante o processo, descobrimos uma equação que começou a funcionar para os casais que estávamos atendendo. Funcionou perfeitamente todas as vezes para todos os outros casais? Não. Mas, à medida que continuávamos aplicando a fórmula e suas ferramentas específicas, percebemos que os casais começavam a mudar. Especificamente, a mudança era sair de um lugar enrijecido pelo ressentimento e de diálogos truncados para uma relação de conexão e resolução. Eles começaram a se curar. Também começamos a receber devolutivas de dezenas de milhares de casais em todo o mundo dizendo que essa equação, nossa abordagem e os recursos oferecidos estavam-nos auxiliando a se sentir vistos e compreendidos, melhorando a forma como o casal se comunicava e diminuindo a frequência e a intensidade de suas discussões. Os casais estavam aprendendo a passar do conflito para a conexão.

Mas qual é a equação conflito-conexão e como ela funciona? É esta:

A (Expressão Intencional) + B (Escuta Intencional) = Conexão

A parte A refere-se ao parceiro que introduz algo importante no diálogo. Expressar não é desabafar e tirar as coisas do peito. Expressão saudável e intencional é, em primeiro lugar, descrever a sua própria experiência, sem culpar o outro ou desviar a atenção de si para focar na experiência do seu parceiro.

Lembra-se da Sasha e do Alex no Capítulo 1? Sasha estava com raiva porque Alex chegou em casa tarde do trabalho, e havia sobrado para ela fazer o jantar e colocar a bebê para dormir. Uma maneira nociva de expressar isso seria ela dizer a Alex: "Fiquei muito brava porque você chegou tarde. Você foi muito egoísta, ficou dentro do seu mundinho. Será que você liga para a sua família?" A expressão saudável, de acordo com nossa equação, mantém o foco em Sasha. Seria mais ou menos assim: "Enquanto eu estava fazendo o jantar, limpando a casa e tentando colocar a Sofia para dormir, fiquei com raiva de você. Me senti muito sozinha, era como se eu estivesse fazendo muito mais coisas do que você". Sasha está mantendo o foco em descrever sua própria experiência vivida.

Em segundo lugar, a equação conflito-conexão se concentra na *história* por trás do sentimento que está sendo expresso. O que está sendo colocado em palavras é como o parceiro entende que chegou a sentir-se da maneira como se sente agora, não com base no comportamento do parceiro, mas como parte de sua experiência anterior de apego, que está sendo trazida à tona no presente momento. Aquele que fala é solicitado a compreender a si e a se descrever para o parceiro, o que não é uma tarefa fácil! É uma oferta vulnerável e intencional de si mesmo.

Vamos ver as quatro etapas a serem seguidas ao tomar a iniciativa de expressar-se intencionalmente na equação conflito-conexão:

1. **Avaliação:** Avalie se você sente que um gatilho foi acionado e se seu sistema de resposta ao estresse está ativado. Desacelere para que possa perceber e observar o que está acontecendo. Interrompa a resposta ao estresse.
2. **Sintonize:** Entre em sintonia com o seu corpo, mente e emoções. O que isso pode estar lhe dizendo sobre como você está se sentindo?
3. **Reflita:** Alguma vez você já se sentiu assim? Quais partes da sua história estão se repetindo ou estão aflorando à consciência? O que você está tentando ignorar? O que é importante sobre a história ou histórias de que você se lembra?
4. **Compartilhe:** Explique ao seu parceiro o processo pelo qual está passando — as suas sensações, pensamentos e emoções. Conte a história, ou as histórias, de que você lembrou. Descreva como o momento presente se relaciona com essas lembranças e por que você sente que elas são importantes.

Agora vamos olhar para a segunda parte da equação conflito-conexão, tão importante quanto a primeira. A parte B refere-se ao outro parceiro, aquele que está escutando. Escutar não é apenas deixar outra pessoa falar. A escuta é ativa e exige esforço. A escuta intencional requer duas posturas ativas perante o parceiro que se expressa: "Eu estou aqui e estou me esforçando para te entender".

Primeiro, a escuta intencional requer uma postura de humildade. Ela evita que o ouvinte intencional fique na defensiva. Assim como um dos objetivos da expressão intencional é evitar a acusação, um dos principais objetivos da escuta intencional é evitar a atitude defensiva. A humildade envolve a disposição de estar aberto ao seu parceiro e tolerar que ele expresse sua experiência sem você protestar. Envolve considerar que você faz parte da experiência do seu parceiro, em vez de invalidar os sentimentos dele ou defender as suas próprias ações.

Segundo, a escuta intencional requer uma postura de curiosidade. A curiosidade é o oposto de ficar fechado e na defensiva sobre o que o seu parceiro está falando. Ela comunica ao outro: "Estou ouvindo, estou levando você a sério e quero entendê-lo".

Vejamos Sasha e Alex. Ela pode expressar intencionalmente que está com raiva de Alex, mas o que ela realmente está sentindo é solidão no exercício da parentalidade. A escuta intencional não significa que Alex poderia descarregar uma saraivada de críticas sobre todas as coisas que ele faz: "Eu ajudo você o tempo todo. Eu cuido da rotina matinal, na maioria dos dias, pego a Sofia, e hoje eu me atrasei porque tive uma reunião superdemorada com um cliente. Não é sempre que chego tarde". Nesse exemplo, Alex não assumiu uma postura de humildade e curiosidade. Em contraste, a escuta intencional significa que Alex diria algo como: "Sei que você está chateada. Sei que se sentir sozinha é horrível e assustador. Você pode me explicar o que aconteceu?".

Nessa resposta, observamos que Alex demonstrou humildade, ao não invalidar as emoções de Sasha, e curiosidade, ao pedir que ela descrevesse sua experiência. Alex pode sentir o desejo de ficar na defensiva, mas ele não dá vazão a isso. Ele prefere a escuta intencional. As quatro etapas principais da escuta intencional são:

1. **Avaliação:** Avalie se você sente que um gatilho foi acionado e se seu sistema de resposta ao estresse está ativado. Desacelere para que possa perceber e observar o que está acontecendo. Interrompa a resposta ao estresse.
2. **Suspenda a atitude defensiva:** Não se guie pela atitude defensiva. Ficar na defensiva muitas vezes é nossa reação automática quando o parceiro começa a expressar emoções durante uma discussão. Pode parecer que você está respondendo com raiva, se afastando ou sendo sarcástico. Interrompa essa atitude, respondendo com humildade e curiosidade.
3. **Acredite na experiência da outra pessoa:** Isso não significa que você concorda com a interpretação do outro, mas pode reconhecer que essa foi a experiência dele. Diga a si mesmo: "Posso não concordar, mas essa é a experiência do meu parceiro. Como posso lidar com ela de forma que ele não se sinta invalidado, como se eu não me importasse?".
4. **Faça a reparação:** Conforme a situação.

   Se for solucionável: Peça desculpas, assuma a responsabilidade, decidam juntos se alguma mudança precisa ser feita e busquem uma solução. Por exemplo, você pode fazer a reparação dizendo: "Entendo que quando eu disse aquilo, você se magoou. Eu não pensei direito. Desculpe-me por ter falado aquilo. E se da próxima vez eu tentar ____________________?".

   Se for um problema persistente: Direcione a comunicação para a compreensão e empatia. Um exemplo de situação sem solução é você ser convocado para fazer hora extra no trabalho e ter que deixar seu parceiro cuidando das crianças sozinho. Você pode fazer a reparação dizendo: "Sei que isso é complicado e vai sobrecarregar você. Detesto isso! Lamento que isso esteja acontecendo".

A. Expressão Intencional	B. Escuta Intencional
Avalie	Avalie
Sintonize	Suspenda a atitude defensiva
Reflita	Acredite na experiência do outro
Compartilhe	Faça a reparação

Com a prática, essa equação muitas vezes pode evitar as discussões, mas mesmo que o embate se transforme em um conflito nocivo — porque acaba acontecendo! —, saber o que está se passando ajudará você a sair do diálogo truncado mais rapidamente e a se direcionar rumo à conexão e à resolução.

SOLUÇÃO DE PROBLEMAS DA EQUAÇÃO

Os casais não vão conseguir acertar sempre que houver um conflito. Em um mundo perfeito, quando eles começassem a brigar, instantaneamente se expressariam e escutariam com intenção. No entanto, como sabemos, não é assim que as coisas funcionam. Às vezes, um casal começa errado e, no meio da briga, eles se lembram de tentar aplicar a equação. Outras vezes, um lado está tentando aplicar a equação e o outro não. Independentemente da situação, é importante perceber que você pode partir para a equação a qualquer momento. A chave é entender seus próprios gatilhos e os do seu parceiro. Antes de nos aprofundarmos nisso, vamos primeiro definir o que são gatilhos e como eles funcionam.

Os gatilhos são os sentimentos ou sensações que ativam nosso sistema de resposta ao estresse e estão associados às experiências negativas de apego do passado. Por exemplo, sentir solidão é um gatilho para Sasha. Isso a lembra de quando ela era criança. Por causa do trabalho do pai, a família teve que se mudar várias vezes. Ela teve que frequentar diversas escolas e começar tudo de novo em cada uma, tentando fazer amigos e encontrar um lugar onde pertencer. Infelizmente, isso não era fácil para Sasha e muitas vezes ela lanchava sozinha ou não tinha nenhum amigo para brincar no recreio. Para Sasha, a solidão é um gatilho que ativa seu sistema de resposta ao estresse.

Os gatilhos podem ser acionados por palavras, tom de voz, expressões faciais, cheiros, memórias, entrar em um ambiente específico, estar perto de certas pessoas e muitas outras experiências sensoriais. Os gatilhos são avassaladores porque despertam o sentimento de uma experiência negativa de apego, que é como um conflito nocivo começa. Conhecer seus gatilhos e os do seu parceiro é fundamental para a primeira etapa da equação conflito-conexão: a avaliação.

Saiba quais são seus gatilhos

A etapa de avaliação na equação conflito-conexão consiste principalmente em interromper sua resposta ao estresse e tentar voltar a um estado mais equilibrado e controlado. Portanto, você precisa saber o que desencadeia seu sistema de resposta ao estresse. Algumas perguntas podem ajudar você e seu parceiro a começarem a identificar seus gatilhos:

- Que coisas costumam me provocar?
- Quando sou provocado, o que acontece comigo nos níveis sensorial e físico? Fico com calor ou frio? Meu coração dispara? Minhas mãos suam? Aperto os dentes ou contraio os músculos? Minha mente dá um branco? Escuto zunidos? Sinto náuseas? E assim por diante.
- Considere as necessidades de apego como proximidade (estar fisicamente perto) e responsividade (estar em sintonia com, envolvido e validando as emoções, pensamentos e o eu). Como meu gatilho está relacionado a não receber uma ou ambas essas necessidades?
- Quais são as histórias passadas, mesmo as de antes do casamento, que fazem esse ponto ser tão sensível? Em outras palavras, quais

experiências anteriores de apego contribuíram para que isso fosse um gatilho?

- Como meu relacionamento perpetuou esse ponto sensível?

Uma vez que você e seu parceiro se tornem conscientes desses gatilhos, serão capazes de compartilhá-los entre si com vulnerabilidade mútua e curiosidade. Conhecer as vulnerabilidades um do outro permitirá que se comuniquem de maneira positiva. Mas ninguém é perfeito; muitas vezes sabemos qual é o gatilho do nosso parceiro e deixamos algo escapar. Não é um ato intencional — apenas faz parte da falta de comunicação cotidiana nas relações interpessoais. Além disso, é comum que, quando um de nossos gatilhos é acionado, não tenhamos consciência imediata do que está acontecendo. Algo é dito ou o tom de voz nos afeta de certa maneira, nossa resposta sai carregada, seca, irritadiça, retraída... seja qual for a reação, e num piscar de olhos já estamos em estado de alerta e prontos para a discussão.

Nesse momento, a etapa de avaliação é importantíssima na equação conflito-conexão. Ela ajuda ambos a respirarem fundo e se perguntarem: "Estou me sentindo provocado? Meu parceiro está se sentindo provocado?". Essas perguntas podem mostrar a saída de emergência da qual precisamos para escapar do diálogo truncado.

Saiba como desativar seus gatilhos

A segunda maneira de evitar cair de volta no ciclo das conversas truncadas é entender como você e seu parceiro conseguem desativar seus gatilhos. Lembre-se de que o que funciona para uma pessoa pode não funcionar para a outra. Acontece muito de um parceiro tentar desestressar o outro da maneira como ele mesmo se desestressa. Normalmente, isso é um equívoco e pode fazer com que o parceiro magoado se sinta ainda mais invisível e invalidado.

Desse modo, quais são as maneiras de você desativar seus gatilhos? Nós dois sabemos que tomar um ar fresco e movimentar o corpo pode ajudar a ambos. Sempre que possível, tentamos falar sobre coisas importantes quando levamos nosso cachorro para passear ou depois de nos exercitarmos. Para Erin, o humor é quase sempre o caminho mais seguro para voltar ao estado de calma. Isso fez Stephen aprender a ler a situação e sugerir um título engraçado para a discussão do momento. Por exemplo, pode ser que Stephen diga a Erin: "Então, de agora em diante, isso será considerado o 'Desastre das calças de dinossauro'". Essas piadas tiram Erin do estado de estresse e a lembram de que um dia o ocorrido não será mais tão intenso quanto foi há apenas alguns segundos. Stephen, por outro lado, prefere uma única frase apontando sua resposta ao estresse seguido de alguns minutos para respirar, para então sair do estado de gatilho. Por exemplo, Erin pode dizer: "Olha, você não está sendo você mesmo. Você precisa de um tempo?". Esse comentário ajuda Stephen a se conscientizar de que está reagindo de forma estressada, e gentilmente o informa de que ele pode respirar fundo e retomar a situação com menos reatividade.

IMPLEMENTANDO A EQUAÇÃO

Vejamos o conflito Sasha x Alex para analisar como a equação poderia ter funcionado. Como a equação conflito-conexão se aplicaria naquela situação?

A (Expressão Intencional) + B (Escuta Intencional) = Conexão

Parceiro A (Sasha):

1. **Avalie:** Uau, perdi a cabeça com ele, não foi? Acho que estava com mais raiva do que imaginava. Me senti provocada.
2. **Sintonize:** Certo. Preciso respirar fundo. O que está acontecendo? Por que o fato de ele ter chegado tarde me irritou?
3. **Reflita:** Acho que estou cansada e sobrecarregada. Hoje foi difícil; e me senti abandonada quando ele me ligou de tarde para

avisar que iria demorar. Isso me deixou sem chão. Só conseguia pensar em como a noite seria longa e que eu não teria ninguém para ajudar. Odeio sentir que ninguém vai me ajudar e que depende só de mim encontrar uma solução. Por que as outras mães são ajudadas e eu não? Quero dizer, minha mãe mora a vinte minutos daqui e nem passa pela cabeça dela vir aqui me dar uma mão. Sinto raiva disso!

4. **Compartilhe:** "Olha, Alex, eu não me sinto muito à vontade pra te dizer isso, mas acho que perdi a paciência com você, porque estou me sentindo triste e solitária e ninguém me ajuda. Se a minha mãe pudesse me dar uma ajuda... Fiquei com muita raiva porque você não chegou em casa no horário de sempre. Quero dizer... eu sei que você ligou para me avisar, mas isso só me fez ficar com mais raiva. Daí fiquei aqui sentada, olhando o relógio e contando os minutos até você chegar em casa. Meu rosto foi ficando quente; o sangue começou a ferver dentro de mim, então não aguentei e acabei botando para fora tudo o que estava pensando. Depois tentei entender por que estava me sentindo tão mal. Quero dizer, às vezes você não consegue evitar chegar tarde. Mas quando você me ligou de tarde, eu me senti sozinha: a noite ia ser longa e queria poder ligar para a minha mãe e pedir ajuda. Várias amigas minhas fazem isso, mas eu não consigo, e isso me deixou mal."

Parceiro B (Alex):

1. **Avalie:** Eu não consegui lidar com o que a Sasha estava dizendo. Eu só precisava me afastar. Não conseguia nem pensar direito. Acho que fui provocado.
2. **Suspenda a atitude defensiva:** A Sasha está querendo conversar. Parece que está mais calma, mas fica me dizendo que eu a faço

se sentir sozinha. Para mim, isso não é verdade. Porém, sinto que estou na defensiva. Espere aí: o que ela está tentando me comunicar sobre a experiência dela? Não fique confuso. Pare de ficar na defensiva.

3. **Acredite na experiência da outra pessoa:** "Entendi que o fato de eu chegar tarde fez você se sentir sozinha. Sei que é complicado não ter a ajuda que as suas amigas têm. Sei que quando chego tarde, você tem que resolver tudo por conta própria."
4. **Faça a reparação:** "Fico contente de você ter me contado isso. Aposto que o fato de eu ter saído da sala e ficado quieto só piorou as coisas. Mas, na verdade, não gosto quando gritam comigo, fiquei um pouco assustado e simplesmente me afastei. E isso não foi legal."

Por meio da expressão intencional, Sasha conseguiu entender melhor o que estava acontecendo com ela naquele momento. Ela conseguiu falar sobre a necessidade de apego que estava sendo ativada e foi capaz de ver que sua resposta a Alex foi de estresse, o que contribuiu para uma interação de quebra de apego.

Alex foi capaz de evitar ficar na defensiva e culpar Sasha. Ele ouve a história, acredita nela e responde à necessidade de apego que identificou. Esse diálogo não envolve acusações e atitude defensiva. O que vem à tona é a responsabilidade, o perdão e a ação em prol da mudança.

ENFRENTAR E CRESCER

Neste cenário, vimos que a mágoa e a raiva não resolvidas podem drenar nossa energia; em contrapartida, enfrentar o conflito de forma salutar gera energia, desperta conexão e nos lembra que gostamos do nosso parceiro e da vida que estamos construindo juntos como família. É claro que você não precisa copiar esse diálogo; em vez disso, use a sua própria linguagem e insira os detalhes da sua própria história. Mas ele serve como um exemplo de comunicação clara e eficaz.

Convidamos você e seu parceiro a enfrentar os conflitos para seu próprio bem, do seu parceiro, do seu relacionamento e da sua família. Na próxima parte, explicaremos algumas versões de conflitos mais comuns enfrentados pelos casais com filhos. É improvável que todos eles se encaixem perfeitamente na sua vida — ou talvez todos se encaixem e você perceba como muitos deles são comuns e relacionáveis —, mas a ideia é que a forma como os descrevemos pode não ser exatamente igual. No entanto, mostraremos uma estrutura para você enfrentar esses conflitos de maneira a criar conexão e interromper a comunicação truncada pela qual você e o seu parceiro têm passado.

PARTE II

Os 13 conflitos básicos

CAPÍTULO 3

O conflito do "A minha vida mudou, mas a sua não"

ASTRID, A BEBÊ de Jenn e Ollie, está com 9 meses. Eles sempre souberam que queriam ter filhos e eram muito gratos pela gravidez e o parto terem ocorrido relativamente sem intercorrências. A gravidez e os primeiros meses com a bebê foram uma experiência nova, que certamente envolveu aprendizado e adaptação, mas na maior parte do tempo, tudo transcorreu sem grandes problemas. E agora, depois de nove meses, se você perguntasse como está a adaptação da vida em família, eles diriam que estão nas nuvens de tão felizes. Embora isso seja verdade, não é toda a verdade. Uma tempestade está se armando logo acima das nuvens.

Jenn é diretora de uma organização sem fins lucrativos que oferece serviços jurídicos a pessoas carentes que não podem pagar um advogado. Nos últimos dez anos, ela tem trabalhado duro para fazer a diferença na comunidade – primeiro como advogada e agora como diretora. Quando pensa em tudo o que conquistou profissionalmente, sente-se orgulhosa e realizada. Ela temia que, depois de ter Astrid, seu trabalho se tornasse menos importante, mas não foi o que aconteceu. Na verdade, ela se sentiu ainda mais motivada a mostrar para Astrid como ela trabalha duro e persegue seus sonhos, e que ela também poderá fazer a diferença no mundo.

Ollie trabalha para um hospital, gerenciando uma equipe de engenheiros de software que solucionam problemas na plataforma de prontuários eletrônicos. O horário dele é híbrido: ele trabalha três dias em casa e dois no escritório. Ollie nunca foi tão apaixonado pelo trabalho quanto Jenn o é pelo dela, mas está contente e ficou satisfeito pelo cronograma ser propício para a fase em que vivem.

Quando Ollie ficou grávida de Astrid, o casal ficou entusiasmado. Uma de suas conversas frequentes era como Jenn faria para equilibrar seu horário de trabalho e como seria a vida para ambos enquanto seguiam suas carreiras e exerciam a parentalidade. Ambos expressavam o desejo de ser uma equipe, quando pensavam em como gerenciariam suas vidas juntos em sua unidade familiar. Ollie foi criado por uma mãe solo e queria muito que Jenn se sentisse apoiada e soubesse que não estava só. Jenn cresceu com uma mãe que ficava em casa e, embora tivesse gostado da experiência, não queria repeti-la. Jenn e Ollie não esperavam que o equilíbrio viesse tão facilmente, mas estavam aptos e dispostos a dar o seu melhor.

Tanto Ollie quanto Jenn tiraram licença quando a bebê nasceu e sentem que fizeram bom uso do tempo em família. Contudo, agora que Jenn voltou ao trabalho há seis meses, percebe que a transição tem sido muito mais difícil do que imaginava. Ela não havia previsto como seu corpo reagiria quando voltasse ao trabalho. Sente-se fisicamente esgotada por amamentar em casa, tirar o leite com a bombinha no trabalho e dormir muito pouco, tudo isso somado à reviravolta hormonal. Às vezes, ela está animada, outras vezes se sente um pouco deprimida; no geral, ela sente que seu corpo não é mais como antigamente. Quando chega em casa do trabalho, antes que perceba, a noite já acabou e ela está acordando para fazer tudo de novo. Para ela isso é desestabilizante, e um dia Ollie levantou essa questão com ela.

Ollie: Olha, parece que você já não é mais a mesma. Você está se sentindo bem? Sei que você está cansada, mas parece que está fora de si há algumas semanas.

Jenn: Sei lá... estou sempre tão cansada; sinto que estou correndo, mas a linha de chegada vai se afastando cada vez mais...

Jenn também se sente requisitada em inúmeras coisas diferentes desde que voltou ao trabalho. Quando vai trabalhar, fica pensando constantemente em Astrid. Não que ela sinta isso como uma coisa negativa, mas esses pensamentos ocupam grande parte de seu dia. Além disso, ela precisa organizar com Ollie os horários da babá, das refeições e das sonecas da filha; o horário para sair do trabalho e chegar em casa; lembrar-se de tirar o leite com a bombinha quando está no trabalho, e mais e mais tarefas. Não é raro que ela e Ollie enviem mensagens um ao outro, enquanto ela está tirando leite no banheiro do serviço. A conversa é sempre mais ou menos assim:

Jenn: Viu, antes de sair hoje cedo, você lembrou de avisar a babá que tem leite materno novo no freezer, na parte de baixo?

Ollie: Nem pensei nisso. Achei que você já tinha explicado para ela... É para eu falar com ela?

Jenn: É. É mais fácil para você ir lá e falar com ela do que eu ter que ficar mandando mensagem para ela o tempo todo.

Ollie: Está bem, pode deixar. Preciso terminar uma coisa aqui, mas já vou falar com ela.

As coisas entre Jenn e Ollie têm ido bem na maioria das vezes, e Jenn sente que ambos estão se esforçando para se apoiarem. Eles dividiram as mamadas noturnas de Astrid, então os dois dormem um pouco (ou melhor, nenhum deles dorme o suficiente). No geral, as coisas parecem muito positivas entre Ollie e Jenn.

No entanto, Jenn sempre fica com a incômoda sensação de que as coisas são mais fáceis para Ollie, principalmente quando os dois chegam do trabalho. Astrid parece querer ficar mais com ela, especialmente à noite. Pode ser porque a bebê queira mamar, ou talvez porque prefere o colo de Jenn quando está com sono. Em um nível emocional, Jenn se sente bem por Astrid querer proximidade depois de ela ter ficado fora o dia todo, mas a preferência de Astrid por Jenn acaba sobrecarregando-a. E, por causa de tudo isso, quando voltam à casa à noite, Jenn sente que a vida de Ollie é mais "fácil". Por exemplo, quando chegam do trabalho, Ollie consegue cozinhar sozinho, sem distrações, enquanto ela sonha com o dia em que terá esse tempo para si de novo.

Em uma noite, Jenn queria entender seus sentimentos conversando com Ollie, porém achou que ele logo ficou na defensiva.

> **Jenn:** Às vezes, eu gostaria de poder ficar sozinha na cozinha, como você fica quando faz o jantar. Seria tão bom fazer alguma coisa sem a Astrid grudada em mim.
>
> **Ollie:** Eu pego a Astrid se você quiser. Faço o jantar porque você disse que seria mais prático se eu ficasse encarregado disso e a comida estivesse pronta quando você chegasse em casa.
>
> **Jenn:** Sim, isso me ajuda bastante. Eu só... Ia ser bom ficar um tempo sozinha na cozinha, só estou dizendo isso.
>
> **Ollie:** Não sei se eu chamaria isso de tempo sozinho. Não acho que é uma coisa assim divertida.
>
> **Jenn:** Não é isso que estou querendo dizer. É que você não sabe como é a Astrid querendo estar no meu colo o tempo todo.
>
> **Ollie:** Certo. Então deixa que eu fico com a Astrid e você faz o jantar. Não estou tentando ficar só com o que é mais fácil. Por mim, tudo bem da gente trocar.
>
> **Jenn:** Eu não disse que você estava querendo ficar com o que é fácil. Eu só... Ah, deixa para lá, você não está me entendendo.
>
> **Ollie:** Bom, está difícil de entender; você quer que eu fique com a Astrid, mas também quer que eu faça o jantar. O que você prefere que eu faça?

Jenn sente que sua vida mudou muito desde que Astrid nasceu e, embora muitas dessas mudanças sejam bem-vindas, Ollie parece não ter ideia do quanto tem custado a ela suportar as modificações do corpo, os hormônios, a vida profissional e a rotina diária. Na verdade, parece que a vida dele não mudou nada em comparação com a dela. Jenn não quer criticar e fazer picuinha. Ela sabe que Ollie está exausto, e ela continua tentando dizer a si que poderia ser pior, mas com o tempo está percebendo que as diferenças estão pesando mais para ela. É um sentimento do qual ela não consegue se livrar e que está começando a criar certa tensão não resolvida entre os dois.

POR QUE ESSE CONFLITO É NECESSÁRIO?

A chegada de um bebê muda a vida de maneiras que você sequer imagina e, antes que o casal possa entender essa grande transição, surge outra mudança que os desequilibra novamente. Essa experiência nem sempre é como a de Jenn e Ollie, mas a necessidade subjacente de abordar como essa transição é vivenciada de maneiras diferentes é universal. É claro que os casais estão cientes de que passaram por uma enorme transformação individual e sendo parceiros, mas realmente não lhes ocorre criar o tempo necessário para refletir e deixar seus corpos, mentes, almas, amizades e relacionamentos se adaptarem. E então, inclemente como a estalada de um chicote, as mudanças cobram reconhecimento. Muitas vezes, essa demanda vem na forma de desgaste, esgotamento e sobrecarga.

Ter um filho muda a vida de ambos os pais? Claro que sim! Ter um filho muda a vida de ambos os pais da mesma forma? Claro que não! Não há duas pessoas que vivenciem algo da mesma maneira. Não têm a mesma história de vida, seus gatilhos não são acionados da mesma maneira, cada um responde à falta de sono de modo distinto e têm diferentes mágoas, esperanças e desejos. É claro que a experiência da parentalidade é diferente para cada um, mas a igualdade também não é a solução para esse conflito. Na verdade, são as diferenças que às vezes podem nos unir e nos dar perspectiva.

O que Jenn provavelmente está sentindo é algum tipo de solidão e desorientação. Sente-se solitária em sua experiência. Para ela, nada está claro sobre quem ela é, o que está sentindo ou não, e ela não tem a menor ideia de como comunicar suas emoções, tanto que sequer consegue começar a articular. A maneira como se sente internamente e sobre seu próprio corpo mudou. Seu cérebro mudou. O sono dela mudou. A maneira como faz seu trabalho mudou. As coisas que a preocupam mudaram. Suas amizades mudaram. E todos os dias, tudo continua se transformando e de maneiras distintas. Para ela, tudo mudou, e ela precisa que Ollie entenda isso. E não só entender, mas sentir profundamente o impacto dessas mudanças nela e como isso afeta cada área de sua vida.

Até que Jenn e Ollie realmente resolvam esse conflito, eles ficarão num impasse, cada um se sentindo solitário e incompreendido, um contra o outro. No entanto, eles não estão um contra o outro de fato. É apenas o sentimento de solidão que está aflorando. O que o casal realmente precisa — eis a conexão — é que Jenn encontre a si mesma neste novo mundo da maternidade e que Ollie tome a iniciativa de entender o que é tão diferente para ela. Jenn precisa que Ollie honestamente veja e tenha empatia com a forma como sua vida mudou e quanto ser mãe tem lhe custado. Contudo, como já dissemos, isso não quer dizer que a vida de Ollie não tenha mudado. Mas ela quer ser reconhecida pelos sacrifícios que faz segundo a segundo por sua família, e precisa sentir que ele entende que o custo não é o mesmo para os dois; embora ele jamais compreenda por experiência própria exatamente como está sendo para ela — ele também faz sacrifícios, mas é diferente —, ele está nisso com ela. Esse entendimento, esse movimento de um em direção ao outro, é o que se faz necessário.

COMO ESSE CONFLITO PODE SE DETERIORAR?

Dependendo de seu histórico, algumas pessoas respondem ao estresse afastando-se e excluindo seu parceiro, enquanto outras podem se tornar mais hiperconscientes e críticas. Para muitos, é uma mistura de ambos. Eles se fecham e evitam a situação até não aguentarem mais, depois transbordam e atacam o outro com críticas. Para evitar a discussão, Jenn logo recuou e se concentrou na fuga como resposta ao estresse. Na hora, ela não enxergou a possibilidade da conversa tomar um rumo positivo, e Ollie interpretou seu recuo como uma crítica, pois ela desistiu da conversa. Ele levou isso para o lado pessoal porque, tendo crescido com uma mãe solo, a última coisa que queria era que Jenn se sentisse solitária. De certa forma, ele sentiu que vinha desempenhando esse papel por toda a vida, e Jenn dizer que ele não era bom nisso o atingiu profundamente.

Qualquer casal pode sentir esse conflito se deteriorar — isso inclusive aconteceu conosco. Lamentavelmente, levamos seis anos e três filhos para resolvê-lo. Seis anos! Três filhos! As primeiras conversas que tivemos sobre isso foram quando nosso primeiro filho nasceu.

Erin, como a maioria das mães em situação semelhante, primeiro tentou se resolver com os complicados sentimentos do pós-parto. Assim como Jenn, Erin começou a sentir que as coisas não estavam justas entre Stephen e ela, e rapidamente começou a negar e tentou racionalizar os sentimentos. Na verdade, comparando com todos os padrões, Erin achava que Stephen estava presente e envolvido com ela e seu filho, porque de fato estava.

Mas o sentimento não desapareceu, ao contrário, tornou-se cada vez mais intrusivo. Ela sentia a pontada de irritação muitas vezes na hora do jantar, na hora de dormir ou logo de manhã cedo. Seu aborrecimento aparecia em comentários críticos e sarcásticos sobre como a vida dele não havia mudado em nada.

A princípio, Stephen não ligou muito para as críticas de Erin. Elas o deixavam confuso, claro, mas ele não tinha ideia da causa e achou que era melhor não dar corda. À medida que se tornaram mais frequentes, porém, ele começou a ficar com raiva e passou a responder com tiradas defensivas e sarcásticas na linha de: "Claro, sim, minha vida é a mesma de antes de termos filhos, e eu não sacrifiquei nada". Esse conflito nocivo passou a se repetir sempre. Então, quando o caçula nasceu, finalmente quebramos o círculo vicioso.

Para nós, foi uma combinação de fatores. Tivemos uma série de conversas sinceras e abertas em que conseguimos finalmente compreender e expressar o que realmente precisávamos. Por meio da expressão e escuta intencionais, vivenciamos o conflito de uma forma que levou à conexão. Seis anos depois de termos começado o conflito, Stephen disse: "Acho que o que você está tentando me dizer é que a maternidade está lhe custando o seu corpo e a sua liberdade de atender às suas necessidades básicas de uma forma que não custam para mim. É isso?" É! Era isso o que Erin estava o tempo todo tentando dizer e Stephen acabou não se sentindo na defensiva. O conflito não era sobre Stephen — era simplesmente o reconhecimento de quais seriam as diferenças reais e a libertação que acompanhava essa validação. Uma vez que a raiz do conflito é exposta, toda a conversa pode ser sobre qual ação deve ser tomada, se for o caso. Em vez de ser você contra mim, somos nós, ombro a ombro, contra os diferentes custos para nós dois. Saímos de uma interação de quebra de apego com acusação e defensiva para uma interação de criação de apego.

DO CONFLITO À CONEXÃO: A SESSÃO DE JENN E OLLIE

Jenn e Ollie começaram a sessão contando efusivamente como o outro é boa mãe e bom pai, o quanto cada um está fazendo e o quanto cada um está tentando apoiar o outro. Eles querem conversar sobre a crescente tensão que sentem, mas têm receio de que o conflito os coloque num impasse. À medida que a sessão prossegue, eles falam sobre suas frustrações:

> **Ollie:** Nós dois chegamos do trabalho cansados, mas queremos logo ver e encontrar a Astrid. Estou experimentando ficar com a Astrid para deixar a Jenn tranquila fazendo o jantar, mas essa solução também não deu certo. Jenn, se você prefere que a gente continue organizando assim, para mim está ótimo; mas estou achando que você quer outra coisa. Tanto faz eu ficar com a Astrid ou fazer o jantar, isso

realmente não importa, porque qualquer coisa que eu fizer ou deixar de fazer vai te irritar com certeza.

Jenn: Eu não estou dizendo que você não ajuda. Só estou dizendo que você não faz ideia de como as coisas estão sendo para mim. Eu não consigo nem botar os pés em casa direito e trocar de roupa, que a Astrid já se pendura em mim, e não dá para eu fazer o jantar sozinha porque ela chora quando eu a coloco no chão por um segundo.

Ollie: Por mim, tudo bem ficar com a Astrid no colo enquanto você se troca, se isso te ajuda.

Jenn: A questão não é essa!

Ollie: Então qual é? Você literalmente acabou de dizer que era!

Pode não parecer, mas Jenn e Ollie estão tentando se conectar. Há uma necessidade que ambos estão tentando expressar, mas está se perdendo na comunicação.

Jenn: Ollie, você não está entendendo. E não quer nem escutar. Você se magoa muito fácil e fica achando que eu estou te criticando. O que estou tentando dizer é que estou me sentindo sobrecarregada! Eu tento te contar uma coisa da minha vida, e você só consegue escutar que estou te acusando de fazer alguma coisa errada. Dá para você sair da toca? Dá para parar de prestar atenção só em você mesmo e me escutar?

A energia no ar é palpável. No momento, esta é uma interação de quebra de apego. Jenn se sente perdida e desconfia que Ollie não tem capacidade de lhe responder à altura; Ollie sente que ela o está acusando e jogando a culpa nele. Se a conversa continuar assim, Jenn e Ollie ficarão desconectados e magoados. Eles precisam de ajuda para transformar esse conflito em conexão.

Stephen: Podemos parar um instante?

Jenn e Ollie fazem que sim, de leve com a cabeça, e encolhem os ombros.

Stephen: É desse jeito que acontece quando vocês tentam conversar em casa? Vocês se comportam, falam e se sentem desse jeito?

Ollie: Sim, acho que sim. Jenn?

Jenn (concordando com a cabeça)**:** Sim, alguma coisa parecida com isso.

Erin: O que vocês dois percebem sobre o nível de energia de vocês agora?

Erin está tentando ajudar Jenn e Ollie com o primeiro passo na equação conflito-conexão: a avaliação. Ela espera que eles consigam reconhecer que seu sistema de resposta ao estresse foi ativado porque seus gatilhos foram acionados.

Jenn: Bem, eu estou bem irritada. Está me subindo um calor pelo pescoço, como se meu rosto estivesse vermelho.

Ollie: Eu estou bravo. Sei disso porque não consigo pensar em nada. Só penso que foi ela quem me disse, ela queria que eu ficasse com a Astrid.

Erin: Então, Ollie, seu cérebro está travado e você não consegue ouvir mais nada do que a Jenn está dizendo?

Ollie: É.

Stephen: Vocês dois estão se sentindo provocados, por isso estão com dificuldade de expressar como estão se sentindo e de escutar um ao outro. Jenn, pode parecer um pouco estranho, mas quando seu rosto fica vermelho, você tem alguma ideia do que isso está te sinalizando?

Agora estamos transitando para a segunda etapa da expressão intencional – a sintonia. Jenn percebeu que um gatilho foi acionado. Agora, o foco está mudando para as emoções que o estado de alerta dela pode estar revelando.

Jenn: Hm... Eu fico vermelha quando sinto que o Ollie não está captando o que estou dizendo. É como se eu fosse uma criança de punhos cerrados e bochechas vermelhas de raiva porque não está conseguindo o que quer. Mas não é que eu não esteja conseguindo uma coisa e esteja emburrada. É que eu simplesmente fico louca da vida porque o Ollie não entende e daí nem sei mais o que dizer.

Stephen: Tem mais alguma coisa? Você ficou com raiva do quê? Sim, porque o Ollie não está te entendendo, e o fato de ele não entender faz você se sentir como?

Jenn (calmamente)**:** Sozinha. Eu me sinto completamente abandonada.

Ollie: Mas como é que pode você se sentir sozinha? Eu estou me desdobrando para tentar te ajudar e justamente evitar que você se sinta abandonada.

Jenn se prepara para responder e o velho padrão ameaça começar tudo de novo. Stephen entra em cena.

Stephen: Ollie, claramente, há alguma coisa que talvez você esteja ignorando sobre você. Será que você também está se sentindo como aquela criança brava que a Jenn descreveu? Vamos tentar fazer uma coisa diferente. Bem, sei que o que eu vou propor pode parecer loucura, mas só me escutem. Alguma coisa que a Jenn disse, você sente que ela está te acusando e você quer se defender, não é?

Ollie: É.

Stephen: Certo. Então vamos para a parte da loucura. Pare de ficar na defensiva. Tente não se envolver nessa emoção nos próximos cinco minutos e vamos tentar ver se conseguimos escutar o que a Jenn está dizendo sobre se sentir sozinha. Pode ser difícil, mas bloqueie essa parte defensiva e tente dizer para você mesmo: "Tudo bem, a Jenn diz que se sente sozinha. Eu me pergunto: o que será que ela quer dizer com isso?".

Esta é uma tentativa de levar Ollie a passar pelas etapas 2 e 3 da escuta intencional – interromper a atitude defensiva e acreditar na experiência de Jenn.

Erin: Jenn, você disse que se sentiu sozinha quando Ollie não a entendeu. O que você quer que ele entenda sobre o seu mundo como mãe?

Jenn: Quero que ele ouça que eu simplesmente não sabia que seria assim difícil. Em muitos momentos do dia eu me sinto pressionada sobre várias coisas.

Erin: Quais são essas coisas que te pressionam?

Jenn: Ser mãe e ter que trabalhar, mas não poder dormir o bastante, tirar leite com a bombinha no trabalho, ficar ansiosa imaginando o que a Astrid está fazendo, daí voltar para casa e querer estar presente para a Astrid, mas, ao mesmo tempo, ficar pensando se respondi todos os e-mails que precisava e resolvi todas as pendências no trabalho. Quero pegar a Astrid no colo, quero fazer o jantar sozinha, quero que a Astrid não me solicite tanto quando eu chego em casa — mas, apesar de tudo isso, adoro sentir que sou importante para ela. Mas não imaginava que ia ter que fazer tanto malabarismo para dar conta de todos os papéis que tenho na vida e que tudo iria ficar mais difícil.

Erin: Parece que é bastante coisa, Jenn. Você sabe como isso faz você se sentir sozinha?

Jenn: Bem, acho que isso é uma parte da confusão entre mim e o Ollie. Eu não quero dizer alguma coisa que possa fazer ele se sentir mal ou ficar na defensiva.

Ollie: Pode continuar, Jenn. Eu realmente quero escutar o que você tem para dizer.

Jenn: Certo... Acho que me sinto sozinha porque parece que o Ollie não entende como esse sentimento é constante, isso de todo meu mundo ter virado de cabeça para baixo. Também não quero dizer que o mundo dele não tenha mudado completamente. Ele simplesmente não tem que lidar com todas as mudanças físicas, tirar leite com a bombinha no trabalho, a Astrid toda hora pendurada em mim, e até mesmo uma névoa mental que apareceu desde que a Astrid nasceu. Parece que para ele nada ficou difícil ou diferente. Então eu me sinto sozinha porque nada é como antes e parece que ele não entende que tudo mudou.

Esta é Jenn avançando para as etapas 3 e 4 da expressão intencional — refletir e compartilhar. Ela está conectando sua emoção à história que está informando essa emoção.

Ollie: Eu estou entendendo, Jenn. Sei que a sua vida está bem diferente de antes da Astrid. Sei que você teve dificuldade em voltar à rotina e se sentir normal. Estou vendo que você está tendo mais dificuldade do que eu. As mudanças para você foram muito mais intensas. É por isso que tenho me esforçado tanto para fazer o jantar e levantar de noite para dar a mamadeira da Astrid. Eu estou tentando ser útil e parece que você está dizendo que eu não estou vendo nem fazendo nada para ajudar. É como se eu estivesse fazendo exatamente o contrário e tentando fazer você realmente se sentir sozinha.

Stephen: Jenn, como é para você ouvir o Ollie dizer isso?

Jenn: Acredito nele. Eu achava que ele não tinha notado como as coisas mudaram para mim. Sinto que, quando tento explicar, ele simplesmente fica defendendo o lado dele. Mas eu também não tinha percebido que ele está tentando fazer mais porque ele vê que as coisas estão diferentes para mim. Agora já não sei mais como lidar com isso ou processar essa informação.

Erin: Ollie, fiquei curiosa sobre o que você disse, sobre estar tentando fazer exatamente o oposto de deixar Jenn se sentindo sozinha. Você acha que a Jenn disse que você a está fazendo se sentir sozinha?

Ollie: Sim.

Erin: Parece que te machuca pensar que a Jenn está sozinha. É verdade isso?

Agora, Erin está tentando ajudar Ollie a passar para a etapa 3 da expressão intencional – a reflexão.

Ollie: Bem, acho que ninguém quer que o parceiro se sinta sozinho.

Erin: Claro que não, mas parece que isso é bastante significativo para você.

Ollie: Veja, minha mãe era uma mãe solo, e as coisas eram muito difíceis para ela. Ela trabalhava muito e nunca tinha ninguém para ajudá-la. Meus irmãos e eu tentávamos ajudar. A gente se virava sozinho, cozinhando, lavando a própria roupa e procurando manter a casa limpa. Você sabe, essas coisas básicas, mas ela parecia sempre estressada e... solitária. Uau! Não sei se disse isso no início, mas sim, ela parecia muito solitária, e tudo o que eu queria era que não se sentisse assim.

Stephen: Então imagino que ouvir a Jenn dizer que se sente sozinha seja algo difícil de se ouvir.

Ollie: Muito difícil. Fico achando que estou fazendo alguma besteira ou algo assim.

Stephen: Jenn, o que você está escutando?

Jenn: Eu sabia disso sobre a infância do Ollie, mas não achei que o que estava tentando dizer e o que eu estou sentindo tinham a ver com isso. Ollie, eu não estou tentando dizer que você está fazendo alguma besteira ou que está me deixando sozinha. Gosto de tudo o que você faz e me sinto bastante apoiada por você a maior parte do tempo. Acho que, de todo jeito, eu ia me sentir sozinha; só quero poder compartilhar isso com você e sentir que me entende.

Ollie: Agora vejo que eu não estava entendendo o que você queria dizer porque não queria escutar de verdade. Não foi de propósito, mas simplesmente tinha medo de que você se sentisse solitária como a minha mãe, e eu jamais quis que você passasse por isso. Tenho ficado na defensiva e estou vendo que isso não foi construtivo. Você me perdoa?

Jenn: Fico aliviada por você dizer isso e agora estou entendendo por que você se colocou na defensiva. Você não está estragando tudo ou me deixando sozinha. Às vezes, fico chateada e me expresso com intensidade e, desse jeito, acabo fazendo você não querer me escutar. Você me desculpa por isso?

Ollie: Claro que sim!

Jenn e Ollie agora conseguem se responsabilizar por suas ações e se perdoarem, o que os pode levar a agir diferente no futuro. Eles estão se encaminhando para as etapas finais da transição do conflito para a conexão — reparação e resolução.

Erin: Agora que vocês compreendem melhor o que está acontecendo, pode ser útil para ambos trazer o outro para dentro da história que cada um contou aqui hoje. Jenn, você estava contando a história de como o seu mundo mudou drasticamente. Ollie, você estava contando a história de que você via sua mãe se sentindo oprimida e solitária e o quanto tentou impedir que isso acontecesse. Se vocês fizerem perguntas um ao outro, pode ajudar a entender como essas histórias estão informando a sua experiência atual. Assim vocês vão poder entender outros momentos em que essas histórias vêm à tona e levam a diálogos truncados; depois vocês poderão conversar sobre elas de maneira curativa, como fizeram hoje.

COMO POSSO FALAR ISSO PARA O MEU CÔNJUGE? ROTEIROS

Veremos a seguir algumas dicas de como os casais podem expressar como estão se sentindo neste conflito, para que ele não se transforme numa competição sobre o mundo de quem ficou mais de pernas para o ar.

Expressão intencional — cônjuge que deu à luz

"Eu ando achando que não sei mais quem eu sou. Às vezes, sinto que, embora goste muito de mim como mãe, nem sempre eu me reconheço. Sinto falta de quem eu era. Alguma vez você já se sentiu assim?"

"Eu me pergunto se às vezes, quando conto sobre a minha experiência, acabo criticando a sua. Você sente que eu faço isso?"

"Às vezes, acho que tenho de ficar provando que estou dando tudo de mim ou o tanto que a minha vida mudou. Sei que você sabe que mudou, mas isso me faz pensar no que pode estar acontecendo com a gente. Será que a gente está deixando alguma coisa passar? Tem alguma coisa da sua história que você gostaria que eu realmente soubesse ou entendesse em um nível mais profundo? Também preciso pensar nas coisas da minha história que eu gostaria que você soubesse e entendesse em um nível mais profundo."

"Queria que a gente parasse um pouco para pensar sobre o que nos aconteceu desde que tivemos filhos. Você faria isso comigo? A gente podia dedicar nem que fosse só alguns minutos (ou mais!) para vermos como tudo mudou; e agora que tivemos filhos, tudo ficou melhor e mais desafiador. A gente já passou por tanta coisa!

Olha só essas coisas pelas quais estou realmente orgulhosa de nós e as coisas que têm sido difíceis."

Escuta intencional — cônjuge que não deu à luz

"Percebi que quando a gente fala sobre quem está fazendo o quê, quem está cansado e assim por diante, parece que a gente se desentende. Eu fico na defensiva e você fica quieta ou irritada. Acho que não estou entendendo alguma coisa. Ou estou? Eu queria entender."

"Olha, não sei se já falamos especificamente sobre isso, mas o que você acha que são as coisas que mais mudaram agora que você é mãe e que têm sido um desafio?"

"Eu entendo que agora somos pais e que ter um bebê mudou a nossa vida, mas uma diferença óbvia é que não fui eu quem deu à luz. Como você acha que isso faz a nossa experiência ser diferente? Tem alguma coisa que você acha mais fácil ou mais difícil para você que deu à luz?"

PERGUNTAS PARA VOCÊ REFLETIR

1. Alguma vez você já sentiu que a vida do seu cônjuge não mudou em nada?
2. Você e seu cônjuge já perceberam que ficam tentando provar um ao outro como a vida de cada um mudou?
3. Depois de ter filhos, você já sentiu que não se reconhece mais? E quanto ao seu relacionamento? Parece difícil de reconhecer? Do que (se houver algo) você sente falta, em relação a você e ao seu relacionamento, comparado com a vida antes de ter filhos?
4. Alguma vez você já sentiu que o diálogo entre você e seu cônjuge fica travado? Se você saísse do contexto (seja qual for o

motivo do conflito), há um tema sobre o qual você e/ou seu parceiro podem estar tentando se comunicar?

5. Você sente que tem evitado esse conflito? Há algo neste capítulo com o qual você se identifica? Isso despertou algum sentimento ou lembrança? Por que esses sentimentos e lembranças podem estar aflorando agora nessa fase da sua vida, como mãe ou pai?

CAPÍTULO 4

O conflito do "Eu não faço nada direito"

JADA E LUCIA estão juntas há doze anos e têm três filhos: Parker, com 7 anos; Oliver, com 5; e Ella, 3. Jada é ginecologista-obstetra e trabalha sessenta horas por semana. Lucia trabalha remotamente meio período como contadora; como seu trabalho é praticamente sazonal, é ela quem fica mais tempo com as crianças.

Desde o início, a conexão entre elas foi ótima. Cada uma sentia que podia contar com o apoio da outra de uma forma que jamais tinham vivido antes de se casarem. Antes de terem filhos, elas gostavam de acampar e fazer trilhas. A certa altura, Jada passou a gostar de participar de corridas e Lucia às vezes a acompanhava para treinar. Elas sempre gostaram de filmes e de conhecer restaurantes novos; e ainda gostam de fazer esses programas, mesmo sendo bastante ocupadas e tendo as crianças. Apesar de Jada trabalhar muitas horas, ela chega em casa e entra no clima: brinca com as crianças, faz o jantar e arruma a casa, para citar apenas algumas das tarefas noturnas.

Lucia entende que o trabalho de Jada é estressante e exige muito dela. Ela faz partos e participa dos dias mais felizes da vida de muitas pessoas, mas também acontecem dias difíceis em que seus pacientes passam por seus piores momentos. Lucia tem consciência de que Jada faz muitas coisas, mas ainda assim sente que a maior parte da educação das crianças sobra para ela, além de trabalhar e cuidar da casa. A parceria delas é boa, mas Lucia sempre sentiu que, mesmo antes de terem filhos, Jada encara a vida de maneira mais despreocupada e desapegada dos compromissos, algo que ela mesma nunca conseguiu fazer. É como se Lucia fizesse todo o trabalho sério e "desagradável", para depois Jada entrar em cena com a diversão.

Jada normalmente sai para trabalhar antes de todo mundo acordar e volta para casa próximo da hora do jantar. Assim, Lucia fica responsável por todo o planejamento, organização e implementação: arrumar as crianças de manhã e levá-las para a escola; cuidar das atividades extracurriculares; planejar a vida social das crianças, bem como a dela e de Jada; e cuidar da casa. Além de tudo isso, Lucia sempre pensa em como as crianças estão se desenvolvendo emocionalmente e como está sendo o dia delas. Não é que Jada não se importe com essas coisas, mas ela não está por perto para poder se envolver. Assim, muitas vezes Lucia sente essa diferença entre elas, a qual transparece em conversas como esta:

> **Jada:** Neste fim de semana, eu estava pensando em convidar os Howell para virem jantar aqui em casa. Mandei uma mensagem propondo o sábado e eles acharam uma boa ideia!
>
> **Lucia:** Mas Jada, você deu uma olhada na nossa agenda? O Parker tem ginástica no sábado de manhã, o Oliver vai ao futebol de tarde e a Ella tem uma festa de aniversário na casa dos Voss. Não dá para a gente receber os Howell. A gente já tem um monte de compromissos no sábado.
>
> **Jada:** Ah, eu não sabia.
>
> **Lucia:** Eu anotei na agenda já faz uma semana para você ver. Puxa, além de pôr as coisas na agenda, também tenho de ficar te lembrando de olhar lá?

Esse tipo de interação pode deixar Jada surpresa pelo tom crítico e afiado de Lucia, e essa se sente profundamente perdida pela aparente falta de consciência de Jada sobre a vida em família e de seu papel nela. No passado, elas até tentavam resolver esses atritos, mas ultimamente parece que quanto mais elas tentam conversar, pior fica.

Em um dia especialmente complicado, Jada estava de plantão naquela semana e teve que retornar ao hospital apenas vinte minutos depois de chegar em casa. Lucia ficou arrasada. Ela queria que Jada ficasse em casa e a ajudasse, assim não ficaria se sentindo responsável por tudo o que acontecia na família. Quando Jada chegou em casa mais tarde, os filhos já estavam na cama e Lucia estava sentada na sala, com a cabeça a mil.

Lucia: Queria que, pelo menos uma vez na vida, seu trabalho ficasse em segundo plano em relação a mim e à nossa família. Você não faz nem ideia do que acontece nesta casa. Eu fico aqui atolada de coisas para resolver todo dia. Você sabe que tem uma reunião de pais na escola semana que vem? Acho que isso não tem a menor importância para você, não é? Com certeza vai estar ocupada demais para vir junto e vai largar isso para mim.

Jada: Puxa, que pena que você teve um dia complicado hoje, Lucia... enquanto você estava se preocupando com a reunião de pais, eu estava fazendo um parto de risco. A vida das pessoas dependia de mim, mas tudo bem... Eu simplesmente abandonei você.

Lucia: Jada, deve ter sido horrível, mas olha só... O estresse do seu trabalho acaba ficando acima de tudo. A minha rotina e todo o malabarismo que preciso fazer para dar conta de tudo e todo o meu estresse acabam ficando em segundo plano por causa do seu trabalho superimportante. Você fica aí se escondendo atrás do seu trabalho enquanto eu fico aqui lidando com todo o resto.

Jada: Você sempre precisa criticar o jeito como levo a vida, que eu trabalho ou cuido das crianças. Talvez se você demonstrasse algum apreço por eu trabalhar duro, por eu tentar não trazer todo o estresse do trabalho para casa, se você tivesse consideração por eu me dedicar às crianças quando estou em casa, quem sabe eu estaria mais disposta a ouvir o que você tem para dizer. Mas você só vê o lado negativo e eu estou cansada disso.

Ambas ficaram se encarando desoladas. Em momentos como esse, elas se perguntam se algum dia vão conseguir superar esse desgaste.

POR QUE ESSE CONFLITO É NECESSÁRIO?

Quando você e seu parceiro estão dando o melhor de si, mas, ao mesmo tempo, se sentem incompreendidos, pode parecer impossível crer que estão lado a lado juntos. A crítica acaba com a relação e, infelizmente, ela está presente entre muitos casais.

Mas como isso acontece? — você deve estar se perguntando. A crítica coloca quem quer que seja na defensiva. Se você ou seu parceiro é constantemente julgado com palavras como "errado", "ruim" ou "falhando", o relacionamento começa a ficar insustentável. Isso não quer dizer que o cônjuge não possa oferecer ao outro um feedback construtivo ou se responsabilizar por ações ou erros. Na verdade, é um conflito saudável! Mas se o parceiro sentir que você o está sempre acusando de ser uma péssima mãe ou pai, dificilmente o relacionamento será cheio de vida e expectativas boas.

As críticas geralmente se infiltram no relacionamento quando um ou ambos os parceiros não se sentem ouvidos. Lucia está sobrecarregada e não acredita que Jada esteja entendendo ou veja como a vida está difícil para ela. Suas críticas visam chamar a atenção de Jada e convencê-la a ver que as coisas não andam bem. Muitas vezes, os parceiros usam a crítica para apontar que não apenas a situação não é ideal, mas que eles mesmos não estão bem. No entanto, o parceiro que está na defensiva (Jada) não está de fato em um estado de espírito propício a críticas. Então Lucia implora: "Escute aqui", e Jada, se sentindo atacada, é incapaz de escutar as verdadeiras preocupações de Lucia e responde defensivamente: "A sua vida está difícil? Bem, a minha vida está difícil e você só sabe reclamar".

É um ciclo exaustivo e, quando os casais fazem isso todos os dias durante anos, chegam ao ponto de querer desistir. É assim que a crítica pode acabar com um relacionamento e, por isso, esse conflito é tão importante. Você precisa desse conflito porque, para que o seu relacionamento sobreviva, é necessário deixar o ciclo de críticas e empregar a equação conflito-conexão para vocês dois passarem a ser ouvidos e compreendidos.

COMO ESSE CONFLITO PODE SE DETERIORAR?

As pessoas recorrem à crítica porque estão desesperadas para serem ouvidas, mas não sabem como expressar essa forte emoção. Ser verdadeiramente intencional na expressão demonstra vulnerabilidade e, como discutimos anteriormente, é assustador. Muitas vezes, um dos parceiros até tenta se abrir e, angustiado, se arrisca a expressar o que está sentindo, mas logo que se sente incompreendido, suspende a iniciativa.

Sinceramente, o ciclo de críticas é um tanto inevitável quando nos tornamos mãe ou pai. No nosso caso, atingimos nosso ponto mais baixo nas críticas quando nosso filho do meio tinha 2 anos e o mais velho, 4. Stephen trabalhava em tempo integral e estava escrevendo sua dissertação, e Erin ficava em casa com as duas crianças pequenas. Você conhece essa história: nenhum de nós estava dormindo o suficiente, dávamos 100%, mas sempre sentíamos que estávamos aquém das expectativas. A mãe de Erin morava longe e era a nossa única rede de apoio; com o tempo, Erin acabou perdendo o controle da situação. Stephen ficou sobrecarregado e exausto, mas ainda enxergava uma luz no fim do túnel; mas, para Erin, não havia luz, apenas um túnel escuro sem fim.

Erin tentava dizer ao esposo como estava sobrecarregada, mas toda vez que abordava o assunto, parecia que ele ignorava suas preocupações. Sua resposta soava como algo do tipo: "Eu sei que as coisas estão complicadas agora, mas não vai ser assim para sempre. Só mais alguns anos e daí teremos mais tempo". Stephen não queria que suas palavras fossem afiadas, mas era como se cortassem Erin com uma faca. Só mais alguns anos?! Já fazia alguns anos! Ela estava mais do que só cansada — estava se afogando. Stephen não se sentia exatamente feliz com a situação, mas entendia que realmente não havia outra opção a não ser tocar em frente. Quanto mais ele tentava manter uma visão positiva da situação, mais crítica Erin se tornava.

Tudo o que Erin não precisava era que Stephen tentasse dissuadi-la com seu idealismo. Ela precisava que ele se sentasse ao lado dela e dissesse: "Você não está bem, e isso é muito difícil. Para ser sincero, eu também não estou bem, mas estou tentando lidar com isso, me concentrando no objetivo lá na frente". Em seu estado de exaustão e sobrecarga, Stephen também precisava que Erin dissesse: "Estou triste e zangada por tudo estar tão difícil. Vejo que está difícil para você também, e eu tento fazer o melhor que posso. Mas me sinto abandonada por você e fico te criticando para tentar fazer você se colocar no meu lugar. Eu sei que você fica magoado com isso...".

É nesse ponto que o conflito muitas vezes desanda. Nossas diferentes estratégias de enfrentamento podem se chocar e, quando isso acontece, os parceiros recorrem à crítica para transmitir suas frustrações e tentar fazer com que o parceiro entenda sua perspectiva. Stephen tentou lidar com nossa situação, concentrando-se no objetivo. Erin sentiu que Stephen estava exigindo que ela se concentrasse na linha de chegada e "fosse positiva". Mas para Erin, essa abordagem do estresse parecia uma negação de sua sobrecarga. Ela tentava lidar com isso compartilhando sua experiência e pedindo a Stephen para vir a seu lado e "estar" com ela, porém o fazia de modo ameaçador a Stephen. Sua abordagem o fazia se sentir como se tivesse que pisar na poça de lama e ficar ali atolado com ela. Eles voltaram-se para as críticas na tentativa de fazer o outro entender seu ponto de vista e parar o estresse.

Com Jada e Lucia, as críticas surgem sobre coisas "bobas" e "menores", o que é extremamente comum nesse conflito. Há casais que nos procuram quase envergonhados sobre os temas das discussões: esquecer de pegar alguma coisa no supermercado, estacionar o carro na garagem de certa forma ou até mesmo colocar os talheres "de forma errada" na máquina de lavar louça. A verdade é que nunca é a ação em si. É sobre algo muito mais profundo, e o evento específico — não importa o quanto pareça insignificante — é o que desencadeia o sentimento no momento.

Um parceiro critica, enquanto o outro assume uma postura defensiva ou talvez até o ignore: o resultado disso é um sentimento de afastamento. É aqui que muitos casais ficam emperrados. Eles vêm até nós se sentindo desconectados e a quilômetros de distância. Felizmente, essa distância pode ser superada com pequenos ajustes no modo como o conflito se desenvolve.

DO CONFLITO À CONEXÃO: A SESSÃO DE LUCIA E JADA

Lucia está aberta ao fato de que, frustrada, ela pode se tornar crítica, e Jada parece não perceber que a forma como ela responde é fundamental para Lucia. Elas sabem que não querem ficar presas neste ciclo, mas ambas também estão dolorosamente conscientes de que a outra pode não estar disposta a ceder, assim acabam ficando mais tensas que o normal. A sessão é intensa desde o início, com grandes emoções já na superfície.

Lucia: Estou tão cansada de ficar comparando a vida de quem parece ser mais difícil toda vez que brigamos. Como a Jada é médica, ela sempre vence. Enquanto isso, estou em casa, trabalhando em várias frentes, dedicando tantas horas quanto ela e tomando decisões tão importantes quanto as dela para a vida de nossos filhos. Porém, muitas vezes sinto que faço isso sozinha, sem nenhuma ajuda ou sinal de apreço.

Erin: Eu entendo que você está com raiva, Lucia. Como você expressa isso para a Jada? Como ela sente a sua raiva?

Lucia: A Jada está envolvida demais com o trabalho para sentir qualquer coisa de mim. Eu ficaria surpresa se ela sequer notasse que estou chateada.

Jada: Eu vejo que você está chateada, mas nada vai fazer você se sentir melhor. Você só fica reclamando sobre como é difícil trabalhar e cuidar das crianças ao mesmo tempo, e que você tem essa tarefa impossível de ser mãe. Eu poderia até pedir demissão e ficar sentada em casa esperando você me dizer o que fazer, mas ainda assim você iria ficar chateada.

Stephen: Então você está dizendo que a Lucia tem algumas expectativas irreais e até tentar conversar é uma batalha perdida?

Jada: Isso. Sei que a Lucia faz muita coisa em casa e dedica muitas horas para fazer tudo isso para nossa família. Mas ela gosta desse tipo de trabalho e escolheu esse estilo de vida. Eu lido com uma tonelada de estresse no trabalho e, quando eu chego em casa, me envolvo no caos e também faço a minha parte para a família. Não tenho uma folga. Eu me levanto cedo, vou para a cama tarde, lido com a vida e a morte e ganho dinheiro para que nossa família possa ter uma vida boa. Ela parece querer um tapinha nas costas quando teve um dia difícil simplesmente porque fez o almoço para as crianças.

Lucia: Sim, é isso mesmo, Jada! Preciso que você me dê um abraço porque eu me esforço para fazer o almoço das crianças. Esse é um comentário tão condescendente e mostra que você não tem a menor ideia do que estou te falando.

Stephen: É condescendente, com certeza, mas acho que mostra que nenhuma das duas tem ideia do que a outra está falando. No final das contas, as duas acham que estão se aplicando demais. Vocês sentem que a outra não valoriza o que você faz e pode até achar que tudo o que você faz é o mais difícil. Ambas estão obstinadamente determinadas a fazer com que a outra entenda seu ponto de vista.

Jada: Não sei se eu colocaria dessa forma, mas o que quero é ser admirada pela Lucia e não que ela me diga que não estou fazendo o suficiente ou que eu não me importo. Tudo o que ouço dela são críticas sobre o que faço ou deixo de fazer.

Stephen: Estou entendendo... E você, Lucia, o que você quer que a Jada entenda sobre você?

Lucia: Sinto que ela minimiza a importância do que eu faço e enfatiza demais o que ela faz. É sobre ela lidar com a vida e a morte e ela ser a divertida. Mas ela só é capaz de fazer isso por minha causa!

Erin: Você sabe o que pode acontecer nesta conversa? Cada uma acha que tem que reconhecer a experiência do outro às custas da sua própria ser válida. Jada, se você reconhecer que a Lucia se sente minimizada, você estaria, em essência, dizendo: "A minha experiência não importa ou não é verdadeira". Você acha que é isso?

Jada: Bem, não é isso o que estou dizendo? A Lucia sente que o dia a dia dela é pior e que ela lida com mais coisas. Para ela ficar contente, tenho que dizer que ela está certa e que a minha rotina está errada.

Erin: Então você sente que a única opção é descartar e invalidar a rotina da Lucia?

Jada: Bem, eu não quero descartar a rotina dela. Sei que ela está passando por uma experiência, mas definitivamente acho que ela não está enxergando o quadro todo.

Erin: E para que ela veja o quadro todo, você diz que a intensidade ou energia que ela sente sobre o que está acontecendo com ela não é tão ruim, o que pode ser considerado que você está minimizando a situação dela.

Lucia: Eu me sinto constantemente minimizada e invalidada.

Stephen: Imagino que você sinta algo semelhante, Jada... ou seria mais correto dizer que você se sente desvalorizada? Acredito que você usou essa palavra antes.

Jada: É. Acho que saio dessas conversas me sentindo mais desvalorizada do que minimizada. Se eu percebesse que a Lucia realmente valorizasse minha rotina de trabalho, que ela admirasse a intensidade de meu trabalho, meu empenho em fazer parte da família e cuidar dela. Mas só o que ela sabe fazer é apontar todas as coisas que eu não estou fazendo ou o que fiz errado.

Stephen: Ela começa a te criticar e isso a desmotiva e pensa que tentar será um esforço em vão.

Jada: Exatamente. Por que alguém iria querer tentar se sabe que vai ser acusado de estar errado?

Erin: Então, de certa forma, uma quer que a outra entenda sua experiência de forma tão profunda que acaba descartando e invalidando a experiência da outra. Isso faz você, Lucia, se sentir minimizada e você, Jada, desvalorizada?

Lucia e Jada (com um suspiro exausto)**:** É mais ou menos isso.

Erin: Bem, me parece um problema que podemos resolver.

Jada: Como assim?

Erin: É aqui que a nossa equação conflito-conexão pode ajudar. Vocês duas precisam de certa orientação para se expressar e escutar intencionalmente.

Stephen: Há três mentalidades que precisam mudar para que se possa iniciar um diálogo. Mudar essas mentalidades levará vocês pelos processos de expressão e escuta intencionais. A primeira é **parar de pensar como se houvesse uma competição (avaliar e suspender a defensividade)** — a experiência de quem é mais difícil ou quem faz mais — e aceitar que cada experiência é diferente e apresenta dificuldades e desafios únicos. Resumindo, uma está tentando explicar à outra a sua experiência diferente. A segunda mudança de mentalidade é que **reconhecer a dificuldade de seu parceiro não significa que você tenha de negar a sua (refletir/compartilhar e acreditar na experiência do outro)**. Pode ser fácil cair num ciclo de ouvir seu parceiro dizer: "Estou cansado" ou "Estou ocupado" e depois responder: "Está bem, eu também estou muito cansado e ocupado". É assim que começa a mentalidade da competição e a mentalidade de sentir que reconhecer o outro é invalidar a si. A terceira mudança de mentalidade é que a **crítica não é comunicação (reparação)**. A crítica é frequentemente usada pelos cônjuges para tentar fazer com que o outro ouça e preste atenção. É como aumentar o volume para que alguém perceba a urgência da sua situação; porém, na verdade, você acaba fazendo a outra pessoa ficar assustada e tapar os ouvidos porque o barulho é ensurdecedor.

Lucia: Percebo que a gente entrou numa competição. A Jada diz que teve um dia difícil no trabalho, daí eu entro falando como meu dia foi difícil também, porque não quero que ela pense que é a única que teve dificuldades. Agora vejo que compliquei as coisas interrompendo ela para contar a minha história.

Jada: E geralmente ela vai fundo dizendo como fiz alguma coisa errada ou que eu simplesmente não entendo nada.

Lucia: Eu consigo admitir isso. Tenho um bom olho para o que a Jada deixa de fazer.

Jada: Percebi que acabo entrando numa competição com a Lucia. Acho que muitas vezes a gente compara quem teve o dia pior ou quem estava mais ocupada. Às vezes, faço isso porque sei que você está trabalhando muito duro e até me sinto mal por você ter que fazer tudo sozinha. Mas quero que você saiba que eu não estou sentada sem fazer nada no trabalho.

Jada e Lucia acabam competindo porque seus gatilhos foram acionados e elas se sentem ameaçadas. É isso que a etapa de avaliação ajuda os parceiros a compreenderem. O conflito se torna controverso ou sai dos trilhos porque os parceiros se sentem ameaçados e ficam na defensiva. Isso leva a diálogos truncados e interações de quebra de apego.

Stephen: Hm, isso é interessante, Jada. Você pode falar um pouco mais sobre se sentir mal pela Lucia estar em casa cuidando das crianças?

Esta pergunta é um toque para levar Jada a refletir e compartilhar. Qual é a história que a está motivando a se sentir mal e contribuindo para sua defensividade?

Jada: Bem, sei que meu trabalho é muito pesado e exigente. Também sei que estar com as três crianças o dia todo é exaustivo. Ao contrário da Lucia, posso tirar alguns minutos do dia para respirar e me recompor. Para estar mais envolvida e engajada com a nossa família, eu me levanto cedo para trabalhar, volto para casa o mais rápido possível e tento fazer o que posso nas poucas horas em que estou com as crianças. Mas sou capaz de ver como a Lucia se sente exausta e acho que eu não estou fazendo o suficiente para ajudá-la.

Stephen: Essa frase que você usou no final é interessante: "Acho que não estou fazendo o suficiente para ajudá-la". E você disse que, quando sente que a Lucia te critica, o que ela está dizendo é: "Não importa o que você faça, não é suficiente ou a coisa certa". Parece que talvez uma das razões pelas quais a crítica dela dói tanto seja porque você já está sendo bastante crítica consigo mesma e achando que não está fazendo o suficiente.

Jada: Sim, eu me sinto mal, e daí dou o máximo que posso para compensar, mas isso simplesmente não dá certo. Eu só quero que a Lucia saiba que estou trabalhando duro pela nossa família e entendo que ela também está. E quero me sentir mais como parte de uma equipe e nós apreciarmos o que a outra faz. Eu não gosto de me sentir mal por tudo o que estou fazendo quando, sinceramente, já me sinto culpada às vezes por não poder estar por perto mais tempo.

Lucia: Eu não sabia que você se sentia mal por não estar tanto por perto. Eu não quero que vocês me entendam mal, mas me faz bem saber que você também se sente mal. Não quero que você se sinta mal, mas realmente não sabia que você enxergava assim ou percebia que sou eu quem assume a maior parte dos cuidados com as crianças. Acho que criticar é uma forma de eu pôr para fora a minha frustração e raiva, porque não sabia que você me notava e eu estava me sentindo minimizada.

Lucia agora está começando a transitar pelo processo. Ela está observando o que a provoca (avaliação), está refletindo e compartilhando sobre o que motiva seus sentimentos fortes no conflito e está interrompendo sua atitude defensiva e acreditando na experiência da parceira.

Jada: Bom, fico feliz de saber que me sentir mal tenha sido útil!

Lucia: Eu sei que você trabalha muito. Eu nem imagino como são seus dias! E quando está em casa, você é ótima com as crianças e o ambiente fica melhor. A sua dedicação ao trabalho nos beneficia muito. Eu me sinto sozinha e sobrecarregada às vezes, mas seu trabalho como médica é visto como tão nobre e importante que acabo sentindo que o meu trabalho como mãe passa despercebido.

Stephen: Jada, você sabia que a Lucia se sentia assim em relação ao papel dela como mãe, que não é tão nobre ou respeitado quanto o seu?

Jada: Não, acho que o que ela faz é muito importante. Nossos filhos são incríveis e (com um sorriso irônico) pelo menos 30% disso é por causa da Lucia.

Lucia: Obrigada pelo reconhecimento. Outra coisa que estou percebendo é que me sinto mal também por precisar de mais ajuda da Jada. Sei que ela rala muito todos os dias. Ela dá duro, e eu vejo que ela está exausta. Acho que às vezes me sinto envergonhada por estar sobrecarregada e exigir mais dela quando ela chega em casa. Quero dizer, ela está lidando com a vida e a morte todos os dias e eu não quero ser mais um fardo para ela.

Jada: Ah, Lucia, você não precisa se sentir mal! Nós duas estamos só tentando manter o nariz fora da água para respirar. Eu acho simplesmente que isso faz parte de sermos mães. Quero ajudar e sei que você também quer me ajudar. Só estamos cansadas.

Esses comentários indicam que Jada e Lucia estão acreditando na experiência uma da outra e estão entrando em estado de reparação. Elas estão se conscientizando de como suas reações de uma para outra são motivadas por inseguranças e medos de se sentirem mal ou envergonhadas.

Erin: Lucia, eu me pergunto se algumas das críticas também vêm desse sentimento de constrangimento. Você sente que a Jada tem uma profissão respeitada e que seu trabalho não é reconhecido. Às vezes, nós criticamos para tentar chamar a atenção que queremos, mesmo que isso afaste as pessoas.

Lucia: Sim, sinto que eu não deveria estar passando por um momento difícil ou que eu não deveria precisar de ajuda. A "cultura da parentalidade" está bastante cheia de casais reclamando de como seu parceiro nunca está presente. Creio que me sinto ignorada e depois fico constrangida por me sentir assim, porque parece mesquinharia e carência. Então fico com raiva porque as mães que ficam em casa são negligenciadas e se sentem mal, e isso se acumula.

Jada: Estou te entendendo, Lucia. Ao mesmo tempo, acho que o que me frustra é não me sentir como um desses parceiros que não ajudam. Eu fico bastante tempo fora de casa, mas sinto que não estou alheia ao fardo que você carrega.

Lucia: Você não é uma pessoa que não se envolve. Só acho que fico sobrecarregada e começo a buscar ajuda, e às vezes você não está lá. E eu sinto que é pesado demais.

Observe como Lucia e Jada não estão abrindo mão do que sentem nem cobrando uma da outra. Elas estão reconhecendo os sentimentos uma da outra e percebendo que a defensiva que surgiu durante a resposta ao estresse de cada uma acabou ferindo a outra. No entanto, o tom é de conexão, não de crítica. Esta é uma interação que fortalece o vínculo, pois as duas estão passando pela sensação de serem validadas e compreendidas.

Stephen: Nós sugerimos que vocês precisavam de três mudanças de mentalidade para transformar esse conflito emperrado numa conexão e, não sei se vocês perceberam, mas nos últimos minutos nenhuma de vocês esteve competindo, evitando reconhecer a experiência da outra por medo de que a sua fosse descartada, e nem criticando. Vocês perceberam como isso aconteceu?

Lucia: Não de forma consciente. Acho que o que mudou para mim foi ouvir da Jada que ela está vendo que estou muito mais encarregada das crianças do que ela, e que isso tem sido difícil. Eu já não me sinto minimizada.

Stephen: Sim, ela também reconheceu a sua experiência sem comparar com a dela. É assim que se sai de uma interação negativa de quebra de apego. Você tem que **parar com a competição, reconhecer a experiência do outro e parar com as críticas.** Essas mudanças de mentalidade podem introduzir a expressão e a escuta intencionais. Quando você reconhece a experiência do outro, isso se torna um convite para que ele faça o mesmo. Não há necessidade de competir se o seu parceiro ouvir você dizer: "Eu estou vendo como você está dando duro" ou "Estou entendendo isso". Além disso, não há necessidade de criticar se vocês sentirem que são uma equipe em vez de oponentes.

Lucia: Estou entendendo. Quando a Jada disse que via eu fazendo muito e se sentia mal com isso, não senti que devia proteger a minha experiência. Ela entendeu, e isso fez eu me sentir convidada a compartilhar e reconhecer, e ver que ela queria ser acolhida.

Jada: Sim, eu também vejo dessa forma. Porém, é difícil lembrar de fazer isso no calor do momento.

Erin: Claro que é, mas isso é algo que se aprende a fazer. À medida que você continua o diálogo, fica cada vez mais fácil aplicá-lo.

COMO POSSO FALAR ISSO PARA O MEU CÔNJUGE? ROTEIROS

Vocês dois trabalham bastante como pais. Para cada um, isso tem um significado diferente, e cada um lida com isso de forma diferente.

Competir sobre quem tem a vida mais difícil e criticar o outro em um esforço para convencê-lo de que você está vencendo o jogo "mais difícil" é uma receita para a ruína do relacionamento. Se você está mergulhado nesse padrão de competição e crítica, há uma saída, mas você precisará mudar sua comunicação para passar do conflito à conexão. Eis alguns roteiros nos quais você pode se basear para manter o *ethos* de reconhecimento no centro do conflito.

Expressão intencional

"Tenho notado que sempre que começamos a falar sobre quem está cansado ou quem está fazendo o quê em casa ou para as crianças, as coisas não se saem bem. Parece que ficamos competindo para defender um ponto de vista ou sermos entendidos. Eu não quero fazer você sentir que precisa competir comigo, e não gosto de sentir que tenho de competir com você. A gente pode tentar falar sobre nossas experiências sem competir? Eu vou realmente tentar escutar e não ficar na defensiva."

"Uma das coisas que ouvi você dizer é que eu não te escuto ou não tento entender a sua perspectiva. Eu não discordo. Acho que me sinto criticado por você, e isso faz eu me afastar. E imagino como isso deve ser frustrante para você. É frustrante para mim me sentir criticada. Gostaria de ter essa conversa de maneira diferente. Quando você estiver se sentindo crítica em relação a mim, você pode me explicar o que está acontecendo com você? Posso te dizer como me sinto ao ser criticada?"

Escuta intencional

"Percebo que quando me sinto sobrecarregada ou sozinha na criação dos filhos, acabo me tornando muito crítica. Eu não consigo imaginar que você goste desse jeito assim tão negativo de falar... Eu quero ser menos crítica e não me aproximar de você para te afastar. Podemos tentar ter essa conversa de novo e então eu vou me empenhar para ser menos crítica?"

"Acho que ultimamente a gente está se sentindo da mesma maneira. Estou trabalhando muito e fazendo muito e você não está entendendo como estou me sentindo sobrecarregada. E acho que você diria a mesma coisa. O que estou deixando de perceber em relação a você? Posso tentar explicar o que sinto que você está deixando de perceber em relação a mim? Eu só quero que a nossa conversa seja diferente, porque acho que estamos realmente frustradas com o rumo que ela tem tomado até agora."

PERGUNTAS PARA VOCÊ REFLETIR

1. Você viu seus pais serem críticos um com o outro?
2. O que você mais gosta sobre você e seu parceiro como pais, neste momento? Você sente que passa mais, menos ou o mesmo tempo aprimorando seu papel como mãe ou pai e incentivando seu parceiro em seu papel de mãe ou pai, ou oferecendo feedback e opiniões sobre o que melhorar?
3. Alguma vez você já se sentiu minimizado ao exercer seu papel de mãe ou pai? Alguma vez você já se sentiu desvalorizado como mãe ou pai?
4. Neste conflito, qual ponto você acha que é mais difícil de lidar? Neste conflito, qual é a coisa mais importante para você? Como isso se tornou tão importante para você? O que está em jogo para você?
5. Você sente que tem evitado esse conflito? Há algo neste capítulo com o qual você se identifica? Isso despertou algum sentimento ou lembrança? Por que esses sentimentos e lembranças podem estar aflorando agora nessa fase da sua vida, como mãe ou pai?

CAPÍTULO 5

O conflito do "Não aguento mais seu toque"

MATEO E CARRIE têm três filhos. Eles se conheceram e começaram a namorar na faculdade de direito, e ambos sentiram que seu destino era formar um casal. Quando olham para trás, eles se lembram daquela época com muita ternura. Foi um desafio, com certeza, mas também um bom momento para eles.

> **Carrie:** A gente se dava bem. A nossa turma era a mesma, então era normal termos as mesmas matérias e fazermos pesquisas juntos. Quando não estávamos estudando, curtíamos passar o tempo juntos. Até quando não tínhamos nada de especial para fazer, era divertido ficar juntos.

> **Mateo:** É verdade. A gente passou diversas noites estudando e se estressando, mas para mim era como estar com a minha melhor amiga, e vivemos intensamente essa parte da vida como um casal. Pensávamos que, se a gente conseguisse superar essa fase e, no final, continuasse juntos, seríamos capazes de fazer qualquer coisa na vida.

Depois da formatura, os dois conseguiram emprego em empresas diferentes e começaram suas carreiras. Quando tiveram o segundo filho, houve muita discussão e deliberação, e Carrie decidiu ficar em casa por um tempo para cuidar das crianças. Eles organizaram seus horários, as finanças e a rotina para que essa ideia desse certo. Novamente, parecia que eles estavam alinhados e compartilhavam os mesmos valores e visão para seguir a próxima etapa da família.

> **Carrie:** Foi uma decisão difícil, mas Mateo me deu muito apoio durante esse período. Eu tinha me dedicado muito para me tornar advogada e sabia que esse afastamento me deixaria para trás no mercado de trabalho. No entanto, era o que eu queria, e mesmo assim me questionava bastante: se realmente era isso mesmo. Se quando ficasse mais velha, ficaria desapontada comigo mesma, ou se eu estaria criando uma dificuldade para mim no futuro.
>
> **Mateo:** Eu sei que a Carrie é batalhadora, mas também sei que ela adora estar com as crianças e ela realmente queria explorar a possibilidade de ficar em casa. Eu achava que, a qualquer momento, ela poderia voltar a trabalhar caso esse novo arranjo não desse certo. Mas, no final das contas, acho que funcionou superbem.

Passados quatro anos, Carrie ainda é uma mãe que fica em casa e o terceiro filho chegou para completar a família. Para eles, a situação atual está funcionando, apesar de ela às vezes pensar em um dia retornar ao trabalho. Ela não sabe quando, como ou mesmo se isso vai acontecer, mas ela reflete sobre isso às vezes. Carrie e Mateo sempre se sentiram próximos — eles percebem que realmente se entendem e se identificam um com o outro, pois já passaram por muitas coisas como casal. No entanto, há algo sobre o qual eles não se sentem à vontade para conversar, pelo menos não com alguma esperança de que isso se resolva: o toque físico.

Para sermos claros, não estamos falando de toque como um pseudônimo fofinho de sexo. Não, queremos dizer toque como proximidade física: um toque de pegar na mão, um longo abraço de reconexão após um dia afastado do outro, ou se sentar ao lado do outro no sofá para assistir à televisão. Já se passaram anos e Carrie e Mateo ainda não têm certeza de como falar sobre toque sem que um ou ambos deixem a conversa se sentindo incompreendidos ou mal interpretados. Esse conflito os deixa angustiados, pois um não tem certeza do que realmente está acontecendo com o outro. O toque físico costumava ser uma estratégia de reconexão para eles e, como não está funcionando mais, eles estão se sentindo cada vez mais desconectados. Eles oscilam entre os sentimentos de confusão, frustração e raiva, e os dois concordam que estão ficando cada vez mais distantes.

Carrie costumava tomar a iniciativa do toque físico com frequência e percebeu que essa proximidade a ajudava a se sentir conectada a si mesma e a Mateo, mas agora, embora odeie admitir, sente mais repulsa do que atração pela proximidade física do marido. Ela não queria que fosse assim, e até tenta dizer a si mesma que não é assim, mas continua tendo esses pensamentos, não importa o quanto tente evitá-los. Várias vezes ela tentou explicar esses sentimentos para Mateo, mas o que acaba falando é algo na linha de "Eu acho que me sinto superestimulada, e qualquer toque a mais me parece demais". Essa afirmação por si só é boa, mas nunca leva a conversa até um ponto no qual ela se sinta mais compreendida. Carrie realmente não sabe bem o que está tentando dizer ou como espera que Mateo reaja. Na maior parte das vezes, ela se vê recuando quando antecipa que Mateo pode estar vindo para um abraço, um beijo ou um simples toque em seu braço.

Embora Carrie não tenha dito nada, ele definitivamente sente o que ela está fazendo. Mateo percebe que ela fica tensa quando ele se aproxima. Ele não está cego para o fato de que ela costumava gostar de se aconchegar quando assistiam a filmes ou de dar um abraço ou beijo espontâneo de vez em quando. Agora, isso parece uma memória distante. Ele diz a si mesmo que não comenta nada, porque não quer pressioná-la ou parecer um idiota. Ele gostaria de dizer: "Eu adoraria um abraço quando chego em casa do trabalho", mas racionaliza: "Ela está ocupada com as crianças o dia todo" ou "Talvez o problema seja eu" ou "Talvez ela não me ache mais atraente", ou ainda "Talvez eu esteja querendo demais".

Ele jamais tentaria agir ou falar com maldade ou fazer com que Carrie se sentisse responsável por melhorar o humor dele, mas, às vezes, Mateo acaba falando coisas sem pensar em reação à frieza dela.

Na semana passada, ele tentou ser direto em vez de ficar passivo enquanto Carrie estava sentada no sofá, mas não deu certo.

Mateo: Sabe, eu entrei na sala e me passou pela cabeça sentar ao seu lado, mas daí achei que você ia me dar um "chega pra lá" e pedir para eu te dar espaço. É estranho eu não me sentir à vontade para sentar ao seu lado no sofá.

Carrie: Mateo, eu não me importo de você se sentar ao meu lado no sofá. A gente já se sentou junto um monte de vezes. Às vezes, eu só preciso de um pouco de espaço. Tem um milhão de mãozinhas me pegando o dia todo. Acho que você está sendo dramático demais.

Mateo: Bem, às vezes parece que você precisa que eu te dê espaço o tempo *todo*.

Carrie: Mas eu não quero que você me dê espaço.

Mateo: Então, se eu for aí me sentar ao seu lado agora, como você se sentiria?

Carrie: Bem... Agora estou me sentindo um pouco sufocada, então eu sentaria um pouco mais para o lado, mas eu não me levantaria.

Mateo: Então você precisa que eu te dê espaço.

Carrie: Mateo, eu não estou conseguindo explicar o que quero dizer. E não quero te magoar.

Carrie gostaria de se sentir novamente próxima e fisicamente conectada ao seu marido, mas ela nem sabe por onde começar. Mateo quer entender, mas não consegue e se sente ferido. Ele quer reencontrar a leveza e a conexão que os uniu tantos anos atrás, mas teme que talvez isso não seja mais possível. Ele sabe que a vida de Carrie mudou drasticamente desde que se conheceram, mas achava que era isso que ela desejava e agora teme que ela não o queira mais. Carrie continua tentando se lembrar de que gosta de Mateo, mas a tensão simplesmente não cede. Ambos odeiam o crescente abismo entre eles, mas não têm ideia de como chegar à raiz do problema sem culpar o outro e fazer tudo ficar pior do que já está.

POR QUE ESSE CONFLITO É NECESSÁRIO?

Os casais precisam conversar sobre como vivenciam as mudanças físicas que ocorreram (e que ainda podem estar ocorrendo) antes, durante e depois da gravidez. Ao longo dos meses, desde a confirmação da gravidez até o parto, os casais vivenciam uma desconexão física. Um parceiro está passando por algo extraordinário em seu corpo e o outro não. É impossível para quem não está carregando um bebê na barriga saber como a outra pessoa se sente. Isso não acontece porque o parceiro não grávido está deliberadamente tentando se desconectar da experiência física de sua parceira. É simplesmente um resultado da diferença entre a experiência física de cada um.

Vejamos algumas das realidades físicas, psicológicas e emocionais que uma mulher grávida ou parturiente pode vivenciar:

- A pressão e a emoção de tentar engravidar.
- Os seios doloridos durante a gravidez.
- A alegria de sentir os primeiros pontapés durante a gravidez ou o medo de que uma pontada mais forte signifique algo além.
- A constante ansiedade de perder o bebê.
- Os vômitos e as náuseas.
- Ganho e perda de peso.
- As incógnitas sobre como será o parto — quanto tempo vai demorar e o que ela vai sentir.
- As preocupações sobre se o bebê nascerá com segurança e se será saudável.
- Uma experiência traumática de parto.
- Uma linda experiência de parto.

- O medo de ir ao banheiro após o parto.
- A dor dos pontos.
- O medo de subir ou descer escadas pela primeira vez após o parto.
- Sentir-se completamente impotente com o que está acontecendo com o seu próprio corpo.

Carrie esteve grávida e deu à luz três vezes. Seu corpo fez coisas incríveis, mas muitas vezes ela sente que ele não lhe pertence. O que ela talvez sinta, mas ainda não conseguiu formular em palavras, é que o toque físico passou a significar alguém tirando algo dela. Ela aceita que seus filhos usem seu corpo para brincar, mas quando Mateo se aproxima, a sensação de que ele também precisa do corpo dela é cansativa. Ela não quer que ele precise ou tire algo dela.

Isso também tem um impacto no outro. Pense no conflito atual entre Carrie e Mateo. O sentimento de Carrie de ser "tocada demais" influencia a experiência de Mateo consigo mesmo. Ele está se perguntando se Carrie ainda o deseja. Ele não quer ser um idiota e pressioná-la ou ser percebido como carente, e, definitivamente, não quer tirar nada de Carrie. O casal passou pelas gravidezes e partos de maneira a moldar seus mundos e as emoções que sentem um pelo outro e por si mesmos. Contudo, agora se sentem incompreendidos e consideram as respostas um do outro como pessoais.

Cada parceiro deve entender o impacto holístico (bom, ruim, desconfortável, assustador, bonito, em pânico, feio) da jornada para a maternidade e a paternidade através das lentes do corpo. Um parceiro tem que lidar com o impacto da gravidez e do parto no corpo, e o outro precisa aprender a não levar essas mudanças para o lado pessoal. Isso dá trabalho, porque, embora seja sobre você, na verdade, não é sobre você. Trata-se de entender a jornada pela qual você e seu parceiro passaram e trabalhar o impacto das mudanças em você e em seu relacionamento como um todo.

COMO ESSE CONFLITO PODE SE DETERIORAR?

Esse conflito atinge profundamente o que é pessoal para a maioria das pessoas. A temida desconfiança: será que ele ou ela ainda me deseja? Teoricamente, esse conflito pode parecer que é sobre o sentimento de Mateo de que ele não é mais desejado. Ele está pensando consigo mesmo: "Talvez ela simplesmente não me queira mais". Mas provavelmente o oposto também seja verdade. O diálogo interno de Carrie pode ser assim: "Eu não quero ser necessária apenas para fazê-lo se sentir melhor consigo mesmo. Eu também quero ser desejada. Quero dominar as minhas vivências, meu corpo, minhas necessidades e meus desejos". Esse sentimento é inquestionavelmente válido.

Em nosso relacionamento, Erin se enquadra mais no campo "o toque leva à conexão com o parceiro e consigo mesmo", e Stephen cai mais na categoria "uma vez conquistado o espaço pessoal, ele quer toque e conexão". O toque muitas vezes é regulador para Erin, enquanto para Stephen é desregulador — uma diferença que pode dificultar a comunicação.

Eis um pequeno exemplo de como essa diferença se desenrolou entre nós. Erin muitas vezes queria que Stephen se aproximasse dela e do bebê que ela estava gerando de maneira concreta. Ela dizia algo como: "O bebê está se mexendo! Venha ver, ponha a mão aqui!". E Stephen provavelmente colocaria a mão na barriga dela para sentir, mas não porque quisesse. Dependendo do dia, essa falta de entusiasmo feria os sentimentos de Erin. O que ela poderia ter dito e que realmente poderia ter feito a diferença seria algo como: "Eu gostaria muito que você tentasse curtir eu e o bebê de uma forma significativa para mim". Em vez disso, o que geralmente saía era algo como "Stephen, você sequer tenta se conectar, nem que seja pelo bem do nosso bebê?!".

É compreensível que esse tipo de comentário tenha magoado e confundido Stephen, que no fundo queria de verdade se conectar a Erin e ao bebê. Porém, sentir o movimento da barriga de Erin era realmente estranho para ele. Stephen queria se conectar com o bebê e Erin à sua maneira; ele dizia coisas como "Eu vi que alguém mandou um livro de presente para o bebê. Tudo bem se eu ler em voz alta para ele?". Erin adorava momentos como esse, mas decerto não entendia isso como um esforço de Stephen para se conectar, porque não era a maneira como ela teria se comportado.

O que tivemos de aprender um com o outro foi como o toque se relacionava aos nossos estilos de regulação e como a gravidez e o parto informaram como nós dois encaramos o toque — assim como aconteceu com Carrie e Mateo. O que ajuda os casais a encontrarem a conexão que desejam não é discutir se precisam de espaço ou de toque. O que ajuda os casais é descobrirem como eles regulam seus corpos e percebem a conexão, e que impacto a gravidez e o parto tiveram sobre eles.

DO CONFLITO À CONEXÃO: A SESSÃO DE CARRIE E MATEO

Mateo e Carrie são um casal que temos atendido há algum tempo, e quando o tema do toque vem à tona, é quase sempre de forma passiva-agressiva. Eles sabem que é algo sobre o qual querem falar, e é por isso que sempre voltamos ao tema, mas eles também têm medo de machucar um ao outro e de se sentirem incompreendidos e magoados.

Stephen: Mateo, você nos contou a história de que entrou na sala, viu a Carrie no sofá e pensou em se sentar ao lado dela, mas decidiu que era melhor não, porque achou que ela precisaria de espaço. O que você esperava que a Carrie entendesse quando você contou isso?

Mateo: Realmente não sei se eu estava tentando dizer algo sobre mim. Acho que estava só tentando perceber que me senti triste, por ser esse meu processo de pensamento. Que eu pensei em estar perto dela, mas depois eu me questionei.

Erin: Como você preferiria que seu processo de pensamento tivesse sido, Mateo?

Mateo: Bem, eu queria ter entrado na sala e pensado, "E*u gostaria de me sentar ao lado da Carrie para estar junto dela*", e então ser capaz de ter feito isso e queria que ela tivesse retribuído.

Carrie: A maneira como você está me descrevendo não me parece justa. Eu não tenho aversão a ficar perto de você.

Stephen: Como você descreveria as coisas, então?

Carrie: Eu realmente não sei como explicar. O Mateo não está errado, eu não sou uma pessoa tão carinhosa e presente quanto era no passado. Não é sempre que eu gosto que ele venha se sentar ao meu lado no sofá ou só me abraçar aleatoriamente. Às vezes, ele só quer segurar na minha mão enquanto estamos no carro dirigindo, e isso é demais para mim. Entendo que isso pode ser confuso para ele e ele pode até sentir que eu não gosto do seu toque.

Stephen: Mateo, é assim que você se sente às vezes, que a Carrie simplesmente não quer tocar em você?

Mateo: Acho que sim. Ela parece que não se importa quando as crianças estão pulando em cima dela e ela tem um estoque interminável de abraços e beijos para elas, mas quando se trata de mim, ela titubeia e fica mais reservada. Até quando a gente se despede de manhã cedo: ela dá um abraço apertado nas crianças e, em mim, dá um abraço de lado e às vezes um beijo na bochecha. É difícil eu não sentir que ela não quer estar perto de mim.

Stephen: Carrie, você disse que não sabe como explicar. Há algo sobre como você sente o toque que parece misterioso, como se só pudesse entender estando no seu corpo. Faz sentido?

Carrie: O que faz sentido é essa parte de ter que estar no meu próprio corpo para entender. Eu não sei por quê, mas só de pensar nisso me sinto angustiada e tenho vontade de chorar.

Erin: O que você acha que seu corpo está tentando lhe dizer?

Carrie: Sei lá... Só sei que todo o processo de engravidar, ter os bebês e ser mãe tirou muito mais de mim fisicamente do que eu podia imaginar.

Mateo: Como assim? Achei que você adorava estar grávida, amamentando e brincando com as crianças. Parece que você ama todos os aspectos físicos de ser mãe.

Carrie: Eu adoro, mas isso não significa que eu não tenha pagado caro com o meu corpo. Quero dizer, estive grávida, parindo e amamentando durante os últimos sete anos, sem falar que ainda trabalhava fora até pouco antes do nosso caçula nascer. Eu só estou esgotada.

Erin: Dá para perceber na sua voz. É como se, ao tentar descrever o que seu corpo passou, tanto as partes boas quanto as ruins, deveria escalar o Monte Everest. É simplesmente indescritível.

Carrie: Exatamente. Para ser justa, também tem sido maravilhoso, e tenho orgulho de meu corpo e de como tenho sido capaz de cuidar de nossos filhos. Acho que isso também faz parte de toda a confusão. Tem dias em que sinto que não vou conseguir amamentar ou tirar leite com a bombinha nem mais uma vez, ou pegar uma das crianças no colo enquanto ela chora, mas, ao mesmo tempo, curto esses momentos. É tão confuso!

Stephen: Então, quando o Mateo quer estar perto fisicamente, pode parecer que é mais uma coisa na sua lista para dar conta e suportar?

Carrie: Bem, eu me sinto péssima dizendo isso, mas sim, é assim que eu me sinto às vezes.

Stephen: E é isso que você sente da Carrie, Mateo?

Mateo: É, quero dizer, nenhum marido quer se sentir como mais uma tarefa na lista da sua esposa.

Erin: Mas, Mateo, você consegue ver que não é exatamente isso que a Carrie está dizendo?

Mateo: Como assim? É o que ela disse, e é assim que eu me sinto ao estar com ela. Quero dizer, é pedir muito simplesmente querer me sentar ao lado dela no sofá?

Mateo está tendo dificuldade em ouvir Carrie. Ele está preso na atitude defensiva. Ao mesmo tempo, Carrie também não está conseguindo ouvir o que Mateo está tentando comunicar. Ambos precisam de ajuda com a escuta intencional.

Stephen: Você está preso a um padrão, Mateo. A Carrie está tentando te contar algo sobre a experiência dela; você está preso na sua própria experiência e não está conseguindo se colocar no lugar dela.

Mateo: Então só me resta esquecer de mim e engolir esse sapo?

Stephen: Parece que é isso o que quero dizer, mas não é. Acompanhe o meu raciocínio por um instante. O que estou dizendo é que muitas vezes os parceiros ficam num impasse quando estão tentando se comunicar. Seria mais ou menos assim: "Eu não vou te escutar até que você me escute primeiro". Não há solução se a abordagem for essa. Vocês dois perdem. Mas quando nos empenhamos na escuta intencional, o impasse pode acabar. Mateo, para fazer isso, primeiro você precisa sair da atitude defensiva.

Observe que o primeiro passo da escuta intencional (avaliar) foi feito. Claramente, Mateo enxerga a conversa como um gatilho e responde defensivamente. Nesse caso, vamos ao próximo passo: interromper a atitude defensiva.

Mateo: Eu me sinto um pouco na defensiva quando você diz isso, mas vamos adiante. Melhor assim?

Stephen: O que você acabou de fazer é a chave. Você tem que perceber que está na defensiva e interromper esse comportamento por um momento para conseguir escutar o que a Carrie está dizendo. Gosto de pensar assim: digamos que essa defensividade seja qualquer tipo de objeto, pode ser um livro, uma caneca de café, qualquer coisa. Que objeto você quer que ela seja?

Mateo: Sei lá... Um livro.

Stephen: Certo. Um livro. Interromper a atitude defensiva significa simplesmente que você a pega, ou seja, o livro, e guarda na estante por alguns minutos. Você vai poder pegá-lo de volta. Você também pode pegar e falar sobre ele mais tarde. Você não precisa parar de ficar na defensiva para sempre. Sinceramente, o fato de você se sentir na defensiva provavelmente significa que existe alguma coisa importante que você sente que está sendo ignorada e você gostaria que fosse reconhecida. Então não precisa parar de ficar na defensiva. É só suspender por um momento. Colocar o livro na estante.

Mateo: Tudo bem, consigo fazer isso. Vou colocá-lo na estante.

Observe que esta imagem visual de como suspender a defensiva é usada para ajudar a impedir que Mateo se sinta provocado e para encorajá-lo a ouvir intencionalmente.

Erin: Carrie, agora que o Mateo está se esforçando para suspender a atitude defensiva, o que você gostaria que ele recebesse sobre sua experiência de toque agora?

Carrie: Quero muito que ele entenda como tem sido para mim esses sete anos, como foi perder cada centímetro de independência e espaço físico que eu costumava ter. Às vezes, parece que ele se importa mais com eu pegar a mão dele do que se preocupar em entender por que o toque é tão difícil para mim. Parece que ele está sendo egoísta.

Erin: Imagino que deve ser difícil escutar isso, Mateo, mas você entende o que aconteceu com a Carrie?

Mateo: Entendo o que ela está dizendo. Realmente não sei como é perder seu espaço. Sinceramente, até sinto um pouco de vergonha de dizer isso, mas eu nunca tinha considerado que a Carrie ficou sete anos seguidos grávida, amamentando e carregando as crianças no colo.

Este é Mateo tendo a capacidade de transitar para o passo 3 da escuta intencional – acreditar na experiência de Carrie – porque ele não está se apegando à atitude defensiva. Ele está aberto e intencionalmente tentando ser receptivo ao que ela está dizendo.

Stephen: Carrie, como é para você ouvir o Mateo dizer que ele está percebendo como as coisas têm sido para você?

Carrie: Eu não consigo acreditar. Só de ouvir esse simples reconhecimento é tão bom – reconhecer que passei por algo que mudou a forma como eu me sinto em relação ao meu espaço físico. Entendo que ele não consiga compreender essa experiência logo de cara. Eu nem sei como explicar, mas parece que ele está se concentrando em mim e não em si, quando diz que sabe como os últimos sete anos foram difíceis.

Erin: Mateo, o que você acha do que a Carrie acabou de expressar?

Mateo: Bem, estou feliz que ela sinta que estou ouvindo. Eu quero continuar assim. Deve ter muito mais coisas para entender sobre o que ela diz. Está claro que eu não estava percebendo alguma coisa.

Carrie: Mateo, realmente estou gostando de como você está se empenhando em me ouvir. É tão bom! Pode ser que você esteja sentindo a mesma coisa — que eu estou deixando de perceber alguma coisa. O que você acha que pode ser?

Carrie agora está transitando para suspender sua atitude defensiva e escutar Mateo intencionalmente.

Mateo: Eu me sinto um pouco hesitante porque não quero descartar o que a Carrie disse sobre a experiência dela.

Carrie: Eu também posso colocar o meu livro na estante, Mateo.

Erin: Isso mesmo, Mateo. A escuta intencional não é unilateral. O que você espera que a Carrie saiba sobre sua experiência?

Mateo: Quero que a Carrie entenda como me sinto solitário e desconectado porque o toque mudou no nosso relacionamento. Não é só uma questão de segurar a mão da Carrie. O toque me ajuda a me sentir conectado como um casal de uma forma que a Carrie não entende, e ela não está se esforçando para me entender. Não sei qual é o limite entre tentar respeitá-la e me conectar de uma forma que também faça sentido para mim.

Erin: Essa sensação de estar preso e não saber como explicar que o toque tem um significado diferente para você é uma parte importante da sua experiência. Carrie, o que você está escutando o Mateo dizer?

Carrie: Eu não estou entendendo muito bem, porque o toque não significa algo tão profundo para mim. Gosto de toque, mas parece que para o Mateo é um ato realmente conectivo para o qual não dei atenção. Parece que o que é demais para mim está faltando para o Mateo.

Erin: Mateo, o que você está falando é parte essencial do vínculo humano e do sentimento de conexão. A proximidade ou o contato físico são uma necessidade primária que temos para nos sentirmos seguros e conectados. Claro que todos nós sentimos essa necessidade com diferentes intensidades — você e a Carrie, obviamente, sentem de maneiras distintas nesta fase do relacionamento —, mas é uma parte importante de como nos sentimos ligados ao nosso parceiro.

Carrie: Parece que um dos motivos por que o Mateo sente tanta intensidade em relação ao toque é porque, para ele, realmente o ajuda a se sentir conectado e próximo de uma forma que não acontece comigo. Dessa forma, ficar de mãos dadas não é tão sem sentido quanto eu acho que é. Quando o Mateo quer estar perto, na verdade, ele quer se conectar.

Stephen: Mateo, isso faz sentido para você?

Mateo: Faz!

Suspender a atitude defensiva ajudou a acontecer o processo de escuta intencional. Mateo e Carrie estão se escutando de forma diferente. O que o casal pode fazer agora, na prática, para efetuar a reparação?

Erin: Agora que vocês dois estão entendendo do que se trata, espero que isso possa levar a algumas ações diferentes.

Stephen: Nessa conversa eu captei duas necessidades primárias. Carrie, você precisa que o Mateo saiba que você tem necessidade de certo espaço, e Mateo, você precisa que a Carrie saiba que você quer certa proximidade. Há alguma maneira, embora não seja perfeita, de vocês atenderem a essas necessidades?

Carrie: O Mateo tem assumido a rotina matinal para eu ter tempo de acordar com calma e tomar um banho. Isso tem sido muito bom. A gente tem se organizado desse jeito nas últimas três semanas; você iria ficar surpreso de ver como isso impacta o meu dia.

Mateo: Ah... Eu não sabia que fazia toda essa diferença.

Stephen: Mas agora você sabe. Agora vocês dois sabem. E para você, Carrie, isso pode ficar registrado como "Mateo entendeu. Ele está levantando cedo e cuidando da rotina matinal para eu poder ter espaço, porque ele compreende tudo pelo que o meu corpo passou". E, Mateo, você agora tem consciência de por que o chuveiro é tão importante e separa esse tempo para a Carrie.

Erin: E você, Mateo? De que maneira você pode estar perto da Carrie?

Mateo: Bem, uma coisa que eu gosto é quando a gente leva o cachorro para passear com as crianças e andamos de mãos dadas. É algo simples, mas me faz sentir que temos uma vida boa juntos e estamos conectados.

Stephen: Carrie, segurar a mão do Mateo enquanto vocês passeiam com o cachorro parece uma coisa difícil de fazer?

Carrie: Não, também adoro as nossas caminhadas.

Stephen: Ótimo! Então deixe que isso seja um grande negócio. Carrie, você consegue andar de mãos dadas com o Mateo e isso pode valer como uma mensagem de que entende como o toque é importante para ele. Mateo, isso pode ser uma mensagem de que a Carrie está tomando a iniciativa em relação a você. Às vezes pode ser que você tenha que tomar outras medidas, mas muitas vezes existem coisas que você já está fazendo e pode ver sob uma nova luz, permitindo que elas sejam significativas.

Mateo: Entendi. Na verdade, não parecer tão impossível já ajuda.

Carrie: Concordo. Se pensarmos bem, devem existir outras formas de você me dar espaço enquanto estou perto, e ainda nem percebemos.

Erin: Talvez sim. Essa semana, deixem que o banho de manhã e andar de mãos dadas sejam especiais, e fiquem atentos a outras coisas que vocês já estão fazendo um pelo outro.

COMO POSSO FALAR ISSO PARA O MEU CÔNJUGE? ROTEIROS

Mateo e Carrie estavam com dificuldade de achar um jeito de lidar com o conflito do "toque demais", assunto que pode parecer bastante sensível de ser abordado. Muitas vezes os casais não dizem nada para não "piorar as coisas" ou "fazer o outro se sentir mal". Mas, ao se envolverem nesse conflito de maneira saudável, os parceiros podem se sentir vistos, ouvidos e, finalmente, mais próximos um do outro em sua relação de casal com filhos. Apresentamos a seguir alguns roteiros que podem ajudar você e seu parceiro a começar a conversa.

Para o parceiro que se sente "tocado demais"

> "Sinto como se meu corpo não me pertencesse mais. Não sei se gosto, odeio ou me sinto completamente neutra em relação a isso, mas é como se eu fosse uma estranha dentro do meu próprio corpo. Queria poder falar disso com você. Eu não preciso que você entenda, só quero que você me escute."

> "Sei que já faz um tempo, mas acho que nunca discutimos sobre o quanto meu corpo passou durante a gravidez e o parto. Sinceramente, fico muito triste porque durante todo esse tempo eu não reconheci isso comigo. Passei por muita coisa pela nossa família. Eu não estou querendo elogios ou reconhecimento, mas preciso que você compreenda que é importante para mim sentir que você está me entendendo."

Para o parceiro privado de toque

> "Ultimamente tenho me sentido desconectado de você. O que me ajuda a me sentir próximo é o toque físico. A minha intenção não é te pressionar ou isso ser mais uma coisa que você precisa fazer, mas podemos falar sobre essa tensão e ver se podemos mudar alguma coisa?"

PERGUNTAS PARA VOCÊ REFLETIR

1. Qual tem sido sua relação com seu corpo ao longo da sua vida?
2. Você e seu parceiro já dedicaram algum tempo para mapear as experiências pelas quais seus corpos já passaram ao longo da jornada parental?
3. Depois de ter os filhos, você conseguiu dedicar algum tempo para reconhecer seu corpo? E seu parceiro? Vocês dois conseguiram dedicar algum tempo para reconhecer o corpo um do outro e perceber como mudaram depois dos filhos? Do que (se houver algo) você sente falta no seu corpo e na relação física com seu parceiro, comparado com a vida antes de terem filhos?
4. Alguma vez você já sentiu que seu parceiro o magoou no conflito do "toque demais"? O que você sente que está deixando de perceber em relação à experiência do seu cônjuge? E o que você gostaria que ele entendesse sobre sua experiência?
5. Você sente que tem evitado esse conflito? Há algo neste capítulo com o qual você se identifica? Por que certos sentimentos e lembranças afloraram só agora nessa fase de sua vida, como mãe ou pai?

CAPÍTULO 6

O conflito do "Pare de microgerenciar meu jeito de ser mãe/pai"

HARVEY E WENDY estão juntos há cinco anos e têm dois filhos: Quentin, com 4 anos, e Lilah, com 2. Harvey trabalha fora em tempo integral e Wendy optou por ficar em casa com as crianças.

Grande parte da paixão de Wendy pela maternidade se deve ao desejo de proporcionar a seus filhos uma experiência semelhante à que teve quando criança. Wendy amou sua infância e acha que seus pais fizeram um ótimo trabalho, proporcionando-lhe um ambiente acolhedor e afetuoso para se desenvolver. Harvey também valoriza o ambiente em que cresceu e é grato por seu pai ter lhe mostrado o valor do trabalho árduo para prover sua família. Ele tem orgulho de seu papel na família e está contente por Wendy ter a opção de ficar em casa; por outro lado, sente que está perdendo a infância de Quentin e Lilah, porque o serviço lhe toma bastante tempo.

Wendy passa muito de seu tempo livre pesquisando os estudos mais recentes sobre parentalidade, estudando o "melhor" estilo parental para as crianças. Ela lê todos os blogs, segue todos os influenciadores nas redes sociais e está altamente focada em como ela e Harvey podem ser os melhores pais. Em casa, ela é a principal tomadora de decisões nas questões relacionadas à parentalidade. Wendy elaborou um plano de como as crianças e o casal devem comer, determinou o tom de como ela e Harvey devem disciplinar as crianças, estabeleceu a rotina noturna, e assim a lista segue...

Harvey vê a paixão de Wendy pela maternidade e admira tudo o que ela faz. Ele fica bastante tempo fora de casa, assim é compreensível que Wendy tenha muito mais a dizer sobre a parentalidade, afinal, ela tem mais tempo para pesquisar e definir um plano para a família. Ele acredita na visão que Wendy tem para a família e confia inteiramente nela.

No entanto, Harvey ocasionalmente sai da cartilha quando está sozinho com as crianças. Às vezes, ele ignora a rotina da hora de dormir ou permite alimentos que Wendy talvez não deixasse, tudo em nome de um pouco de diversão e de não ser tão rígido. Quando Wendy está por perto, no entanto, ele sente que é ela quem deve dar as ordens e que ele está lá só para apoiá-la nas suas decisões. Ele diz que para ele está tudo bem, mas às vezes se irrita com isso. Wendy sabe que Harvey "trapaceia" em algumas das regras e lhe diz que "está tudo bem", mas às vezes ela também se irrita com isso.

Em um sábado, Harvey estava cuidando das crianças enquanto Wendy passava um tempo com a mãe e a irmã, que moram na cidade. Harvey estava animado por ter esse tempo a sós com Quentin e Lilah; porém, ao longo do dia, Wendy ficou enviando-lhe várias mensagens para garantir que ele estava seguindo o horário do cochilo de Lilah, alimentando as crianças com as comidas indicadas e controlando o tempo de tela. No início, Harvey não se ofendeu com as mensagens, mas, com o passar das horas, elas foram ficando mais tensas:

Harvey: Wendy, eu sei o horário da soneca e as crianças comeram sim. Eu dei o que você tinha deixado pronto na geladeira.

Wendy: É só para ter certeza, porque você gosta de fazer as coisas do seu jeito.

Harvey: Você está curtindo passar o tempo com a sua mãe e a sua irmã? É tanta mensagem que você me manda que eu aposto que elas estão com ciúmes de quanto tempo a gente está passando juntos hoje.

Wendy: Desculpe por eu não confiar que você conseguiria lidar com a situação por conta própria. Essa é só a terceira vez em um ano que você fica sozinho com as crianças.

Harvey: Minha terceira vez? Poxa! Sempre que você sai, eu fico com as crianças.

Wendy: Sim, mas normalmente eu estou um pouco mais perto para poder ficar de olho. Estar com as crianças enquanto estou ocupada em casa não é a mesma coisa do que ficar sozinho com eles o dia todo.

Harvey: Eu não preciso da sua supervisão, Wendy.

A seguir, quando Wendy chegou em casa vinte minutos depois da hora de dormir e as crianças ainda não estavam na cama, a coisa ficou feia.

Wendy: Então você não precisa de supervisão, Harvey? Por que eu sempre acho que você está criando as crianças de qualquer jeito, sem seguir o plano?

Harvey: Você não pode me deixar ser pai e parar de me dizer como fazer as coisas? A gente estava indo para a cama. Só demorou um pouco mais do que de costume. Não é o fim do mundo.

Wendy: Não é o fim do mundo para você, mas sou eu quem vai ter que lidar com crianças cansadas amanhã, porque não dá para confiar em você como pai.

Harvey: Wendy, você está exagerando. Vinte minutos não é grande coisa, e falar que eu não sou digno da sua confiança é golpe baixo. Como se eu fosse um tonto que não consegue nem amarrar os próprios sapatos. Eu sou pai deles também, sabia?

Wendy: Bem, com certeza não parece que você é pai se eu tenho que andar atrás de você para arrumar seu serviço malfeito.

Apesar dessa interação, Wendy acha que Harvey é um bom pai. Ela se sente apoiada por ele na maioria das vezes, mas parte dela sente que ele não está realmente envolvido nem comprometido. Harvey é muito competente no trabalho, mas em casa as coisas funcionam melhor quando ele segue o que Wendy diz. No dia a dia, nenhum dos dois percebe um ressentimento crescente em relação ao outro, mas quando o assunto é parentalidade ou quando Harvey fica responsável por alguma tarefa no cuidado dos filhos, eles esperam o pior. Harvey não está tentando se distanciar, mas a verdade é que é isso que Wendy espera dele. Ele não precisa que as coisas mudem drasticamente em casa ou em relação à parentalidade, mas ele tem a nítida sensação de que Wendy o acha incompetente e que o modo como ele resolve as coisas parece perpetuar essa narrativa.

Essa é uma daquelas situações de "quem veio primeiro, o ovo ou a galinha?" que costumamos discutir com os casais com frequência — na qual ambos conseguem ver, ao menos até certo ponto, as motivações do outro. Por exemplo, Harvey poderia dizer: "Eu entendo por que a Wendy acha que sou mais descomprometido em casa e mais ligado ao trabalho. É que no trabalho as pessoas confiam nas minhas intenções, mas, em casa, sinto que a Wendy está sempre atrás de mim, duvidando — não só se eu sei cuidar de meus filhos, mas também parece que ela não confia nas minhas decisões. Se ela pudesse dar um tempo e confiar mais em mim, eu adoraria tomar a iniciativa e me comprometer mais com a nossa casa. Mas ela não vai, então fico de mãos atadas". E Wendy poderia dizer: "Eu adoraria que o Harvey fosse mais comprometido! Mas ele não consegue se ausentar do trabalho ao menos pelo tempo suficiente para levar as crianças até a escola, sem ter que atender a uma ligação da empresa no caminho. Então não, eu não confio que ele vai se comprometer e tomar a iniciativa sem eu ter que ir atrás para ver se deu tudo certo".

Esse é um daqueles momentos em que Harvey e Wendy estão guardando para si aqueles grandes pensamentos e sentimentos — embora não de forma intencional. Eles temem o que pode vir à tona se analisarem esses grandes sentimentos e as coisas profundamente dolorosas que às vezes pensam e sentem um pelo outro. Na superfície, eles acham que trabalham bem juntos e formam uma boa equipe, mas, no fundo, estão cronicamente tão desconectados que a situação parece ser difícil de consertar.

POR QUE ESSE CONFLITO É NECESSÁRIO?

Para Harvey e Wendy, e possivelmente para você também, esse conflito envolve palavras como *confiável, descomprometido, desinteressado* e *controlador*. Outros casais que enfrentam esse conflito usam frases como:

- "Você fica implicando comigo."
- "É como se eu tivesse três filhos e não só as duas crianças."
- "Pare de pegar no meu pé."
- "Você é tão egoísta."
- "Você é tão arrogante."
- "Se você quer dar opinião, então vá se informar primeiro."

Este conflito é sobre casais que querem perpetuar ou corrigir experiências de apego em sua própria família. Como discutimos no Capítulo 1, uma das razões pelas quais os conflitos ficam tão diferentes quando os casais se tornam pais é que a parentalidade mexe com as experiências de apego que cada um teve na infância. Dependendo da qualidade dessas vivências, os cônjuges tendem a replicá-las ou a mudá-las quando chega a sua vez de exercer a parentalidade. Esse conflito em que um parceiro microgerencia o outro é uma forma comum dessa dinâmica emergir.

Wendy valoriza a experiência que teve na infância. Ela tinha um lar caloroso e afetuoso, e uma mãe presente e envolvida, que a fazia se sentir especial. É assim que ela deseja que seus filhos se sintam com ela e em sua casa. O pai de Wendy estava ausente com frequência, e embora ela entendesse que ele estava se esforçando ao máximo para sustentar a família, ela sentia sua falta e desejava que ele fosse mais presente. Harvey também teve uma boa experiência na infância, e um de seus valores fundamentais é trabalhar duro para dar à sua família uma boa vida, assim como seu pai o fez. Ao mesmo tempo, Harvey sentia falta de ter o pai por perto. Portanto, uma das coisas que ele tenta corrigir em sua família é que, quando ele estiver em casa, a experiência deve ser memorável e divertida.

É por isso que os casais precisam desse conflito: o desejo de dar o melhor a seus filhos é tão forte que qualquer desvio do plano ou das expectativas pode parecer uma ameaça ao sucesso. É fácil começar a duvidar que você e seu parceiro estejam na mesma equipe, o que pode levar a falhas na comunicação. Em vez de se comunicarem a partir de um ponto de abertura e colaboração, ambos tentam controlar um ao outro, e a comunicação se torna fechada, diretiva e crítica, em vez de colaborativa. Vocês precisam desse conflito para poder lidar com a parentalidade como um casal que confia um no outro e comunica suas expectativas e medos de forma aberta. Para Harvey, esse conflito é sobre se sentir microgerenciado e constantemente criticado por Wendy, o que o leva a sentir que ela não confia nele. Para Wendy, esse conflito é sobre sentir que ela precisa microgerenciar Harvey, porque se não for assim, ele não vai seguir o plano e isso não será o melhor para as crianças. O maior medo de Wendy é de que Harvey não se importe o suficiente com ela e as crianças, a ponto de nem tentar tomar a iniciativa.

Quando enfrentado de forma saudável, esse conflito permite que os casais deixem de interpretar as ações do parceiro com uma visão pessimista e dolorosa, e passem a entender as expectativas do outro em relação à família nesta fase da parentalidade. Neste conflito, somos motivados pelo nosso desejo de dar o melhor aos nossos filhos, mas estamos equivocados em nosso medo de que o parceiro não nos ajude a chegar lá. A equação conflito-conexão pode ajudar os casais a responderem um ao outro sem medo, desconfiança ou necessidade de microgerenciamento.

COMO ESSE CONFLITO PODE SE DETERIORAR?

Esse conflito não nos é estranho. Cada vez que mais um filho nascia, encenávamos alguma versão desse conflito nocivo. Uma das maneiras básicas de ele ocorrer no nosso dia a dia era quando Stephen chegava em casa do trabalho todos os dias. Ele trabalhava de nove a dez horas por dia num hospital. Assim, quando chegava do trabalho, estava cansado, distraído, talvez falando ao celular, e estressado com o que ainda precisava fazer à noite para terminar sua dissertação de doutorado. Erin e as crianças ficavam animadas com a volta dele para casa. Na época, a família tinha apenas um carro, então Erin e as crianças ficavam limitadas a circular apenas pelo bairro e ansiavam sair e se divertir em família. Erin também gostava de ter outro adulto com quem compartilhar a atenção das crianças e receber algum apoio depois de um dia todo sendo mãe.

O conflito era basicamente Stephen entrar em casa e ser recebido com empolgação, perguntas, abraços e expectativa de atenção. A resposta dele era tipicamente algo como: "Opa, esperem aí. Deixem só eu colocar essas coisas no chão". Ele não demonstrava muito interesse ou entusiasmo ao encontrar a família. Erin via essa reação, sentia a decepção das crianças (para não mencionar sua própria decepção) e começava a tecer comentários como: "Você podia ao menos tentar mostrar um pouco de emoção? Esperamos o dia todo por você". Depois de um tempo, ela até começou a monitorar cada passo de Stephen após passar pela porta. "Quando você entrou em casa hoje, estava com o celular na mão; você precisa guardá-lo assim que chegar." Ou: "Você nem olhou para as crianças quando entrou. Você disse oi, mas não olhou para eles".

Stephen começou a perceber que Erin estava constantemente vigiando e julgando seus passos, seu humor e como ele interagia quando chegava em casa. Ele achou que Erin o tratava como se ele não soubesse ser pai e interagir com seus filhos. O conflito se agravou com o tempo e, na pior fase, Stephen sentia que lhe diziam que não sabia como ser pai e que ele não era confiável; já Erin achava que Stephen não queria se envolver com a família. Nós estávamos presos a esse conflito improdutivo e nenhum de nós conseguia expressar de forma intencional o motivo de sentirmos emoções tão fortes em relação a um evento tão rotineiro como o reencontro ao chegar em casa. Depois de aplicar a equação conflito-conexão, finalmente chegamos a um ponto em que conseguimos nos expressar intencionalmente.

Erin percebeu que uma das coisas que mais amava em sua experiência de apego com a mãe era o quanto ela era envolvente, divertida e presente quando estavam juntas. Erin tinha toda a atenção da mãe para si, embora fosse uma mãe solo que trabalhava em tempo integral. Uma das coisas que Erin queria replicar com nossos filhos era esse mesmo sentimento de presença, um valor importante em que se baseava sua experiência de apego. Em princípio, Stephen não discordava disso. Ele entendia a importância de estar comprometido e presente com as crianças, mas, durante sua infância, seu pai raramente agia assim. Quando não trabalhava à noite, ficava sentado no sofá assistindo à TV, em vez de passar tempo com ele e seus irmãos. Stephen gostaria de estar mais disponível para seus filhos do que seu pai jamais esteve para ele, e conseguia isso de várias maneiras. No entanto, ele não sentia que essas experiências eram percebidas ou reconhecidas por Erin. Ele também sabia que às vezes ficava aquém, e quando Erin destacava esses momentos, ele se colocava na defensiva.

A falta de confiança muitas vezes leva à sensação de que alguém ou algo precisa ser controlado. Erin percebeu que havia ficado com medo de Stephen não estar presente e comprometido como pai e, portanto, mirava em qualquer atitude que justificasse seu medo. Stephen começou a entender que uma das coisas com as quais ele mais se importava era não dar a seus filhos uma experiência de apego semelhante à dele. Ele se empenhou para ser diferente e se comprometer. Por isso, quando Erin apontava seu comportamento descomprometido ao chegar em casa, ele se sentia ferido. Ela parecia procurar maneiras de destacar seus piores momentos, ignorando e minimizando completamente todas as interações em que ele estava presente e comprometido. Isso o colocava na defensiva.

Precisávamos desse conflito para entender como nossas experiências de apego estavam contribuindo para nos comunicarmos diante do medo e da defensividade. Como pais, todos queremos proporcionar uma experiência positiva e saudável para nossos filhos — mas sempre há espaço para nosso próprio crescimento e cura. Ao enfrentar o conflito de forma aberta e sincera, o casal pode encontrar a trilha para caminharem juntos.

DO CONFLITO À CONEXÃO: A SESSÃO DE HARVEY E WENDY

Atendemos Harvey e Wendy por algumas sessões antes que esse conflito aflorasse. Quando isso acontece, nenhum dos dois se sente confortável em explorar as emoções mais profundas que estão sentindo. Eles tendem a evitá-lo até chegarem a um ponto em que fica claro que precisamos falar sobre o elefante na sala.

Harvey: A Wendy é uma ótima mãe, de verdade. Eu admiro tudo o que ela faz, mas ela age como se eu não tivesse a menor ideia de como cuidar das crianças; isso não é justo.

Wendy: Claro que você consegue cuidar das crianças, mas sou eu quem fica encarregada de cuidar delas na maior parte do tempo. Você vai trabalhar e eu dou conta do recado em casa.

Erin: Wendy, essa divisão das responsabilidades — Harvey trabalhando e você tomando conta da casa — é assim que você quer que as coisas sejam?

Wendy: Sim, eu queria poder ficar em casa com as crianças. A minha mãe ficava em casa e foi maravilhoso para mim e para os meus irmãos. Sempre imaginei que faria a mesma coisa; felizmente, o Harvey tem um ótimo emprego e ele trabalha muito, por isso posso ter a opção de ficar em casa. O Harvey também é um ótimo pai. Quando ele está em casa, ele está disponível para as crianças e dividimos as coisas relativamente bem em termos de tarefas domésticas.

Stephen: Então, para mim, está parecendo que tudo está indo bem. Como é que as coisas vão do "tudo bem" para o ponto em que o Harvey sente que a Wendy considera que ele não sabe ser pai?

Harvey: Sei lá... A Wendy realmente tem mais responsabilidades com a casa e as crianças. Ela pesquisa bastante sobre os diferentes estilos de parentalidade e eu sigo cegamente suas orientações, leio os artigos que ela me manda e acho que a gente está alinhado quanto à criação de nossos filhos. Mas sinto que ela pensa que não falamos a mesma língua, e de alguma forma acabo indo contra ela quando o assunto é parentalidade.

Stephen: Wendy, como você encara o que o Harvey acabou de dizer?

Wendy: Eu concordo que estamos em sintonia quando se trata de parentalidade, mas acho que às vezes o Harvey trabalha contra mim. Sempre quis ficar com as crianças e me esforço bastante para fazer da nossa casa um lugar agradável. Eu lembro que a minha mãe fazia de tudo para a gente se sentir bem em casa. Tudo era limpo e organizado, e era divertido. Fazíamos bagunça e ríamos; as coisas tinham sentido. Era um lugar seguro e afetuoso. Eu tento recriar esse ambiente em casa, mantendo uma rotina e um ritmo diário. As crianças gostam, eu gosto, e isso faz os dias transcorrerem com tranquilidade. Mas o Harvey está sempre estragando tudo.

Erin: Como é que o Harvey estraga as coisas?

Wendy: Ele muda a rotina. Ele muda os planos. Exemplo: quando eu saí para visitar minha mãe e minha irmã. Eu deixei a comida pronta. Tinha comida para o almoço e o jantar, e eu queria que as crianças comessem, mas o Harvey acabou pedindo comida fora. Ou com a hora de dormir — a rotina ajuda as crianças a estabelecerem um ritmo consistente, assim não ficam acordadas até tarde e estão descansadas de manhã. O Harvey sempre passa do limite e não faz as crianças dormirem na hora certa. São coisas pequenas, mas quando o Harvey muda o plano ou não segue o que eu esperava, ele acaba tornando as coisas mais difíceis para mim. Se as crianças acordarem cansadas, sou eu quem vai ter que lidar com isso, e não quero ter que enfrentar birras e discutir com elas porque estão cansadas.

Erin: Porque as crianças mal-humoradas e a rotina bagunçada afetam negativamente o que você tem se empenhado tanto em criar: um ambiente calmo, divertido e positivo em casa.

Wendy: Isso mesmo. Se o Harvey muda o plano, é divertido para ele, mas não para mim ou para as crianças, então sinto que tenho que ficar controlando para ter certeza de que ele não está estragando as coisas.

Harvey: Eu acho que isso é um exagero. Não mudo os planos o tempo todo, e as crianças e eu nos divertimos muito juntos. Talvez você esteja só sendo um pouco rígida demais, Wendy. Não vejo como ir para a cama tarde pode ser tão impactante.

Stephen: Parece que estamos caindo naquele diálogo truncado que normalmente temos sobre esse assunto. Wendy, você acha que o Harvey está te invalidando e te ignorando, e, Harvey, você acha que a Wendy não confia em você e está tentando te controlar.

Harvey e Wendy: Isso.

Nenhum dos dois parece muito chateado ou irritado no momento. Eles sabem que estão frustrados, mas nenhum deles está entendendo a história que está por trás, a que pode estar influenciando o motivo de estarmos nesse impasse. Podemos começar a mudar o rumo da conversa para nos concentrarmos nas etapas 2 e 3 do processo de expressão intencional — sintonizar e refletir.

Stephen: Harvey, alguma vez você já passou um pouco dos limites? Quero dizer, você deixou as crianças ficarem acordadas até um pouco mais tarde quando a Wendy saiu para visitar a mãe e a irmã. Você está dizendo que essas coisas nunca aconteceram antes?

Harvey: Eu me desvio do plano. Admito.

Stephen: Por que você faz isso?

Harvey: O que você quer dizer?

Stephen: Bem, quero dizer, por que você acha que é uma boa ideia? Não consigo imaginar você passando o dia tramando algo do tipo:

"Como é que eu vou irritar a Wendy?". Para você, por algum motivo, é importante desviar do plano do jeito que faz. Por que isso?

Harvey: Bem, como na outra noite, quando ficamos acordados até um pouco mais tarde, o Quentin disse que queria ajudar a preparar o jantar. Normalmente, eu teria dito não e tentado fazer o jantar logo, para evitar fazer bagunça. Mas daí eu me lembrei de como a Wendy adora brincar com eles na cozinha; eles misturam os ingredientes, fazem a maior farra; é uma coisa que ela mesma fazia quando era criança e adorava. Então pensei em tentar, sem me estressar com a bagunça e a programação; para me divertir junto com o Quentin.

Erin: Por que você achou que se divertir com o Quentin era tão importante?

Harvey: Eu sinto falta do Quentin e da Lilah. Não é sempre que consigo estar em casa, então quando eu estou, quero que seja divertido, uma ocasião inesquecível.

Stephen: Harvey, alguma vez você já se sentiu mal por não ficar mais tempo em casa?

Harvey: Totalmente. Meu pai ficava muito ausente e eu me lembro de sentir falta dele; eu queria que ele não trabalhasse tanto. Fico dividido porque, como a Wendy disse, ela pode ficar em casa porque eu trabalho bastante, isso é um privilégio para ela e as crianças. Quero proporcionar isso a eles e por isso trabalho duro. É uma coisa que eu admirava no meu pai. Ao mesmo tempo, eu sentia muito a falta dele, então acho que quando estou em casa, quero que seja marcante para as crianças.

Stephen: Wendy, você sabia que é assim que o Harvey se sente ou o que ele pensa quando está em casa?

Wendy: Pode ser... Sei que ele gosta de trabalhar porque o pai dele fazia isso para a família ter uma vida boa. Mas eu não sei se sabia que o Harvey se sentia mal por não ficar tanto em casa. Acho que realmente não considerei o que significava para ele não estar por perto.

Erin: Wendy, o que você entende do que Harvey está dizendo?

Wendy: Bem, que ele se preocupa por não estar tão presente, que ele se incomoda com o impacto disso nas crianças e queria que elas tivessem uma boa experiência com ele.

Erin: Harvey, é isso mesmo?

Harvey: É, sim, é verdade. Só quero que as crianças saibam que eu me importo com elas e, mesmo quando estou ausente, quero ser relevante; eu não quero que elas sintam o que eu senti, essa falta do meu pai.

Stephen: Wendy, de certa forma, muito do que você disse que deseja para as crianças, o Harvey acabou de falar. Você percebeu?

Wendy: Eu não tenho muita certeza. O que você quer dizer?

Stephen: Bem, se eu entendi o que você disse, você quer criar um ambiente acolhedor e afetuoso, parecido com o que a sua mãe criou na sua casa quando você era pequena. Você quer que seus filhos saibam que você se importa e quer ser importante para eles, como a sua mãe era, não por egoísmo, mas porque quando as crianças e seus pais têm relacionamentos fortes, isso contribui para que eles sejam saudáveis.

Wendy: Sim, isso mesmo.

Stephen: Acho que você e o Harvey estão dizendo a mesma coisa sobre o que vocês querem para as crianças. Um ambiente acolhedor e afetuoso, onde elas sabem que seus pais se preocupam com elas e onde elas podem criar memórias positivas. Vocês desejam criar um ambiente de apego que seja positivo e seguro para elas.

Wendy: Acho que estamos dizendo a mesma coisa. Não parece que estamos, mas estou te entendendo.

Erin: Harvey, você está percebendo como você e a Wendy talvez estejam, na verdade, alinhados quanto ao tipo de ambiente que vocês querem criar para as crianças?

Harvey: É, estou sim.

Erin: Mas, Wendy, você disse que nem sempre parece que vocês estão falando a mesma língua, e Harvey, acho que você concorda. Parece que o desejo de vocês de criar um ambiente de forte vínculo para as crianças acaba colocando vocês dois em desacordo em certo nível.

Erin está fazendo o casal refletir sobre como o que eles desejam para os filhos, com base nas suas próprias experiências de apego, está atrapalhando a comunicação entre eles. A expressão intencional está conduzindo o casal a uma escuta intencional, suspendendo a defensividade, fazendo-os acreditar na experiência um do outro e caminhando para a reparação.

Wendy: Às vezes, não concordo com o Harvey. Fico com medo de que o tipo de lar que desejo para nossos filhos não aconteça. Sinceramente, na maior parte do tempo as coisas vão bem, mas quando o Harvey não segue o que estava planejado, isso desencadeia meus medos. Então tento e planejo o que ele tem de fazer, para as coisas saírem como espero.

Harvey: Acho que não entendi de verdade como uma simples mudança de planos pode ser tão impactante assim. Vejo como isso deixa a Wendy com medo de que eu não esteja alinhado com ela, ajudando a criar um ambiente positivo para as crianças. Acho que acabo me concentrando mais no meu medo de que eles sintam a minha falta e depois sintam o mesmo que eu sentia pelo meu pai.

Wendy: Eu com certeza não estava percebendo que você estava preocupado pelas crianças sentirem sua falta e que as suas mudanças no planejado eram um esforço para criar momentos inesquecíveis com elas. Agora entendi. Eu não gosto de mudar os planos ou de quando você sai do roteiro, mas estou entendendo por que isso acontece.

Harvey: Eu não quero que você pense que eu não estou em sintonia com você, Wendy. Eu estou. Adoro a nossa casa e tudo o que você faz para ela ser do jeito que é. Nossos filhos têm muita sorte de ter você como mãe. Te peço desculpas pelas minhas mudanças terem feito você achar que não pode confiar em mim. Agora estou entendendo como você se sente.

Wendy: Bem, eu também estou entendendo como você ficou se sentiu microgerenciado. Não quero que você pense que não é um bom pai ou marido. Nós somos muito gratos por você, e sei que meu medo do que poderia acontecer me tornou controladora. Não quero mais ser assim.

Faz parte da reparação planejar mudanças a serem feitas. É o que vai acontecer a seguir.

Stephen: Então vocês dois estão percebendo que querem o mesmo tipo de experiência de apego, mas não sabem como é possível se alinhar para que o outro não seja um obstáculo ao tipo de ambiente e relacionamento que desejam para as crianças?

Wendy: A verdade é que nós dois queremos que as crianças tenham uma experiência de apego memorável e tentamos conseguir isso cada um do seu jeito. Cada um acha que o seu caminho é o certo dependendo do momento, porém eu fico tentando microgerenciar o Harvey enquanto ele tenta criar um momento especial saindo da rotina planejada.

Stephen: Excelente! Estou ouvindo que vocês dois precisam de alguma afirmação sobre coisas diferentes. Harvey, você sente necessidade de saber que a Wendy confia em você como pai e que ela permite que você crie momentos inesquecíveis. E Wendy, você sente necessidade de saber que o Harvey valoriza a sua rotina e seus planos, porque isso leva à criação de boas lembranças e de uma experiência de apego positiva para as crianças.

Harvey: Acho que é isso mesmo.

Wendy: É, eu também acho.

Erin: Wendy, quando você sente vontade de controlar os detalhes, e Harvey, quando você se sente controlado, o que, na verdade, pode estar acontecendo é que ambos estão querendo que os seus desejos sejam validados?

Wendy e Harvey: Sim, parece que sim.

Stephen: Então, como podemos evitar a falta de comunicação e começar a expressar essas necessidades? Nessas situações, gosto de pensar nesta fórmula:

> *Definam qual é a situação, peçam esclarecimentos, validem um ao outro e criem um plano para a próxima vez.*

O que eu quero dizer é isso: Wendy, vamos voltar para a situação em que você chega em casa depois de um dia fora e encontra as crianças ainda acordadas. Você já começa a se sentir um pouco irritada, porque tem aquela preocupação de que talvez você e o Harvey não estejam falando a mesma língua. Parte disso é reconhecer que você ficou perturbada. Harvey, você sabe que quando a Wendy voltar ela não vai gostar das crianças ainda estarem acordadas, então você provavelmente também está um pouco perturbado. Definir a situação e pedir esclarecimentos é isso.

A Wendy vai dizer algo como:

> *Olha, Harvey, estou vendo que as crianças ainda não estão na cama e posso tirar muitas conclusões sobre isso. Não quero levar para o lado negativo. Você pode me ajudar a entender o que está acontecendo?*

e Harvey diria:

> *Eu achei mesmo que você iria se perguntar por que as crianças ainda não estão na cama. Sei que você pode achar que eu não estou jogando em equipe, mas eu tenho um motivo. Posso levar as crianças para a cama e depois a gente conversa?*

Assim, falem um ao outro as histórias que vocês acabaram de nos contar hoje. Wendy, conte ao Harvey a parte sobre querer se sentir alinhada com ele e como você sente medo de que ele não queira a mesma coisa que você, e acaba se desviando do plano. Harvey, diga a Wendy a parte sobre querer exatamente o que ela quer e sua ansiedade de criar boas lembranças com as crianças, porque você fica ausente bastante tempo. Lembrem um ao outro quais são suas motivações e como elas estão alinhadas. Depois disso, vocês podem **se validar**. É mais ou menos assim:

A Wendy vai dizer algo como:

> *Certo, é bom você me lembrar disso, Harvey. Entendo que você estava tentando criar um momento especial com o Quentin e não tentando trabalhar contra mim.*

e o Harvey vai dizer algo do tipo:

> *Eu sei que ser uma ótima mãe e criar um ambiente mágico em casa é muito importante para você. Essa é uma das coisas que eu amo em você, e sou muito grato por você ser a mãe dos nossos filhos. Eu quero as mesmas coisas que você. Entendo como é para você voltar para casa e as crianças ainda estarem acordadas; você pode achar que não estou de acordo com você.*

Dessa forma, vocês podem **estabelecer um plano para a próxima vez.** O Harvey pode dizer:

> *Entendo que esta noite não foi ideal. Seria bom que da próxima vez eu te avisasse que as crianças não vão estar na cama porque estávamos* (com um sorriso) *criando alguns momentos memoráveis?*

ao que Wendy responderia:

> *Não sei. Acho que isso pode ser bom ou pode me deixar frustrada; daí eu não vou gostar do que estou fazendo. Mas acho que seria melhor me avisar e, a partir disso, vou tentar superar qualquer frustração por conta própria. Seria bom eu saber com antecedência para a gente ficar alinhado. Fazer isso mostra seu cuidado em não me pegar de surpresa.*

Depois, o Harvey pode dizer:

> *Eu compreendo que é importante as crianças estarem na cama. Mas talvez eu possa ser mais atencioso e te pergunto: 'Olha, tudo bem se hoje a gente ficar acordado até um pouco mais tarde?' Ou também posso manter a rotina da noite e fazer alguma coisa diferente com eles de manhã, como sairmos juntos para tomar o café da manhã em algum lugar. Só quero que você saiba que eu não estou tentando te desrespeitar ou decepcionar.*

ao que Wendy responderia:

> *Bem, ter essa conversa e saber que estamos em sintonia me ajuda a entender por que às vezes você foge da rotina. Mas prefiro que você faça as coisas que criam boas lembranças sem interromper a rotina (como sair para um café da manhã). Acho boa a sua sugestão de tentar ter um pouco mais de previsibilidade.*

Então o Harvey pode dizer:

> *Eu vou me esforçar e agradeço a sua flexibilidade; caso isso não aconteça, podemos conversar sobre isso de forma mais clara e com mais antecedência.*

Vocês acham boa essa forma de abordar a questão?

Wendy: Sim, muito melhor.

Harvey: Claro que sim!

COMO POSSO FALAR ISSO PARA O MEU CÔNJUGE? ROTEIROS

Iniciar uma conversa é um dos desafios quando a comunicação falha por causa da falta de confiança. As coisas podem facilmente cair no antigo padrão de sentir que um parceiro está microgerenciando, enquanto o outro está na defensiva e não está ouvindo. A seguir, mostramos algumas maneiras possíveis de iniciar a conversa.

Expressão intencional — cônjuge microgerenciado

> "Olha, eu queria falar com você sobre algo que é importante pra mim. Sinto que existem momentos em que parece que você não confia se eu sei o que fazer quando estou sozinho com nossos filhos, e você não está junto. Posso não estar percebendo direito, mas eu me pergunto: Você acha que precisa me supervisionar? Se sim, me ajude a entender o que está acontecendo com você?"
>
> "Às vezes, tenho a sensação de que você acha que não estamos de acordo sobre como criar nossos filhos. Adoro o jeito que a gente os educa e admiro suas ideias. Tem alguma coisa que eu faço ou deixo de fazer que faz você se sentir como se não estivéssemos jogando no mesmo time?"

Expressão intencional — cônjuge que sente não poder confiar no outro como mãe ou pai

"Sabe, sinto certa ansiedade sobre o jeito que a gente está criando as crianças. Eu não estou tentando dizer que você está fazendo alguma coisa errada, mas eu me pergunto se estamos alinhados, porque isso me deixa desconfortável. Quero que a gente esteja em sintonia. Podemos falar sobre o que estamos fazendo e como pensamos o nosso jeito de ser mãe e pai?"

"Há momentos em que discutimos um plano de ação, mas logo em seguida você se desvia dele. Penso que você e eu estamos alinhados, então não acho que você diria que concorda para depois fazer tudo diferente. No entanto, fico me perguntando... Posso te dar um exemplo do que quero lhe dizer e você pode me ajudar a entender o que estava pensando? Eu não quero fazer suposições."

PERGUNTAS PARA VOCÊ REFLETIR

1. Alguma vez você já sentiu como se não fosse permitido errar ao exercer seu papel de mãe ou pai, sem que isso chateasse seu parceiro?
2. Em que aspectos específicos o microgerenciamento acontece no seu relacionamento? Você e o seu parceiro conhecem e entendem por que esses aspectos são tão significativos?
3. Quais eram as coisas que você mais gostava na sua infância? Você sabe se, intencionalmente ou não, tentou realizar isso agora com sua família? Seu parceiro tem conhecimento desses fatos e o quanto eles foram importantes para você?
4. Há algo pelo qual seu parceiro é responsável ao exercer a parentalidade que você sente que precisa gerenciar?
5. Você sente que tem evitado esse conflito? Há algo neste capítulo com o qual se identifica? Isso despertou algum sentimento

ou lembrança? Por que esses sentimentos e lembranças podem estar aflorando agora, nesta fase da sua vida, como mãe ou pai?

CAPÍTULO 7

O conflito do "A carga mental está toda em cima de mim"

GABRIEL E ANYA estão juntos há quase dez anos e têm dois filhos, um de 6 e outro de 4 anos. Ambos trabalham fora em tempo integral, mas Anya aguarda o terceiro turno sempre quando chega em casa. Já Gabriel, quando volta do trabalho — na visão de Anya — parece pensar: "O trabalho acabou, agora posso relaxar". Não é raro que eles tenham uma conversa como essa:

Anya: Que bom ter uma empregada para limpar o que você suja e lavar sua roupa, não é?

Gabriel: Do que você está falando, Anya? Acabei de limpar a cozinha.

Anya: Sim, mas você só limpou porque eu falei.

Gabriel: Espere aí, você está brava comigo porque eu fiz o que você me pediu? Isso não faz sentido.

Gabriel quer ajudar. Ele acredita que tem tentado, mas tem sido inútil; assim, os dois ficam irritados, e ele acaba concentrando sua energia em ficar com as crianças o máximo possível. Anya reconhece o grande pai que Gabriel é, mas mesmo assim está ressentida, porque afinal é ela quem cuida de tudo nos bastidores, fazendo todo o trabalho invisível que permite a Gabriel relaxar e curtir os filhos. Essa dinâmica faz Anya sentir-se presa no modo de produtividade. Por exemplo, enquanto ela prepara o jantar, já põe as roupas na máquina de lavar e olha as mochilas das crianças para ver se veio algum recado na agenda. Quando é a vez do Gabriel fazer o jantar para que ela possa ficar com as crianças, ele literalmente só faz o jantar e todas as outras tarefas ficam pendentes; assim, Anya não pode brincar e relaxar como ele.

Anya: Gabriel, você não viu que tem um monte de roupa aqui esperando para ser colocada na máquina?

Gabriel: Não, não vi. Eu estava focado em fazer o jantar.

Anya: É por isso que não posso brincar com as crianças. Quando sou eu quem faz o jantar, olho pela casa para ver se tem mais alguma coisa que precisa ser feita.

Gabriel: Se você queria que a roupa fosse lavada, por que não me pediu?

Anya: É exatamente essa a questão, Gabriel. Eu não quero ter que ficar *pedindo.* Quero que você perceba a pilha de roupas para lavar enquanto está fazendo o jantar, e faça as duas coisas ao mesmo tempo, como eu. Quando eu tiver terminado de brincar com as crianças, queria que você já tivesse resolvido todas as coisas pendentes. Agora, o que aconteceu? Fui brincar com as crianças, mas ainda tenho um monte de coisas para fazer antes de ir dormir.

Gabriel: Anya, eu poderia ter limpado a casa toda antes de você chegar que, ainda assim, você encontraria alguma coisa para se irritar.

Gabriel percebe que, não importa o quanto ele tente, não importa quantas tarefas ele realize, ele é uma decepção para Anya. Cada um sente o outro como uma pessoa horrível que está tentando fazer a vida do parceiro ficar insuportável, embora essa seja a última coisa que qualquer um dos dois queira. Eles querem se sentir conectados um com o outro, mas acabam passando os dias se segurando para não fazer provocações que levem a brigas sem sentido.

As discussões sobre as tarefas domésticas são frequentes entre eles. Gabriel geralmente fica irritado com a interminável lista de tarefas e o que consegue realizar nunca é suficiente, mas ele tenta fazer calmamente o que ela pede para evitar as brigas. Ultimamente, porém, ele tem tido pensamentos recorrentes como: "Mesmo se eu fizer tudo o que ela me diz para fazer, ela ainda vai achar alguma coisa errada" ou "Nem meu pior inimigo falaria comigo assim".

Anya se sente cada vez mais frustrada também. E acredita ser aceitável fazer comentários duros e incisivos ao Gabriel quando está com raiva e sobrecarregada. Na verdade, atualmente Anya e Gabriel estão trazendo à tona o que há de pior em cada um. Ela também odeia que seus filhos presenciem essa dinâmica nociva entre eles. E definitivamente não quer ser vista como uma chata, mas deseja sobretudo que seus filhos vejam que os pais estão se empenhando para poderem aproveitar mais tempo livre com eles. A essa altura, ela teme que tudo o que os filhos vejam seja duas pessoas tentando evitar o ressentimento. A briga deles se parece com algo assim:

Anya: Lavar a roupa, lavar a louça e manter a casa em ordem não são coisas que um adulto precise ser lembrado, Gabriel.

Gabriel: Você está dizendo que eu não sei como agir como um adulto?

Anya: Os adultos não precisam que alguém fique apontando todas as tarefas que precisam ser feitas para ter uma casa funcionando.

Gabriel: Anya, eu quero te ajudar, mas você não quer minha ajuda. Você quer que eu veja numa bola de cristal o que você deseja que seja feito, quando você deseja que seja feito e como você deseja que seja feito. Então, sim, acho melhor você me dizer tudo, assim eu economizo tempo e faço tudo que você quer.

Anya: Não quero que você me ajude, Gabriel. Quero um parceiro! Quero que você entenda o que é preciso para viver a vida, ter filhos e trabalhar juntos.

Gabriel e Anya querem fazer o que precisa ser feito para terem mais conexão e menos mágoa e raiva. No entanto, qualquer conversa nesse sentido desanda imediatamente. Eles podem ter uma discussão enorme ainda antes das nove da manhã por causa de um copo na pia ou uma meia jogada no chão antes de dormir; porém, o problema vai muito além. Até eles aprenderem a lidar com esse conflito de maneira positiva e conectando-os, a dor e a raiva continuarão a crescer e o abismo entre eles se alargará.

POR QUE ESSE CONFLITO É NECESSÁRIO?

Este conflito normalmente é uma área de grande, *realmente* grande ressentimento. Enorme a ponto de "se não conseguimos resolver isso, se você não percebe como imploro para que esteja comigo nisso, então não sei se consigo continuar nesse relacionamento". É comum ouvirmos alguma versão da história de Gabriel e Anya, e sempre é de cortar o coração.

Fundamentalmente, este capítulo vai tratar de reconhecer que há desigualdade entre os pais. Essa desigualdade é chamada de carga mental, isso significa que um dos cônjuges (aquele que automaticamente se tornou o cuidador principal) é excessivamente responsável pelas necessidades físicas, emocionais, psicológicas e práticas da família. O que torna essa realidade tão desagregadora e controversa é que isso está intimamente ligado às expectativas da sociedade sobre os papéis atribuídos às mulheres no sistema familiar, as quais afirmam que as mulheres são as responsáveis pelo lar, mas os homens não.

Tomada como uma normativa, a dinâmica de um parceiro encarregado da carga mental maior (o cuidador principal) também é encontrada em casais do mesmo sexo ou gênero. No entanto, um desafio em particular se apresenta em casais formados por um homem e uma mulher, centrado em torno de papéis de gênero e sistemas sociais patriarcais. Gabriel e Anya estão enfrentando esse desafio.

Gabriel deve entender que há uma realidade no mundo de Anya que não é a mesma para ele. Anya está se afogando porque é esperado que ela desempenhe em tempo integral os papéis de funcionária, esposa, mãe, assistente social, gerente da casa, cozinheira, destinatária e remetente de recados escolares, pesquisadora, monitora das necessidades emocionais... — uma lista sem fim. Seu trabalho está além das 24 horas do dia, 7 dias por semana. Quando Anya diz que está se afogando é porque não tem espaço para sentir um momento de parar e respirar, sem que algo desmorone e ela também tenha que resolver. Será que Gabriel quer perpetuar isso? Decerto que não. Mas sua intenção não atenua o fato de que ele perpetua essa dinâmica, quando depende de Anya para lhe dizer como "ajudá-la". Parte do motivo pelo qual Gabriel não entende isso é porque ele nunca o sentiu na própria pele. Nos relacionamentos conjugais, tanto entre homens e mulheres como entre pessoas do mesmo sexo ou gênero, os homens ou os cuidadores secundários enfrentam uma enorme curva de aprendizado. As expectativas não são as mesmas para os homens ou os cuidadores secundários nos casais com filhos. A sociedade espera que as mulheres e os cuidadores principais façam muito mais do que os homens e os cuidadores secundários, e essas expectativas geralmente são invisíveis para todos, exceto para aqueles em que a carga recai.

Esse conflito é essencial porque Gabriel e Anya precisam chegar ao âmago da questão de divisão das tarefas entre os cônjuges, considerando que a desigualdade inerente a essa dinâmica perpetua expectativas sociais destrutivas para as mulheres e cuidadores principais. Este conflito não é sobre Gabriel não lavar a roupa ou Anya ter padrões inalcançáveis. Este conflito é sobre a dor que Anya sente porque Gabriel não percebe as expectativas impossíveis colocadas sobre ela. Uma das maneiras pelas quais ela tenta conscientizá-lo dessas expectativas impossíveis é descarregar nele todas as coisas que ele não está fazendo, assim como foram descarregadas nela. O que Anya precisa comunicar é como as coisas estão impossíveis e injustas para ela, e como dói saber que seu parceiro não se empenha em entender a experiência dela nem proponha mudanças radicais que modifiquem essa experiência. Gabriel também precisa desse conflito para reconhecer a realidade da carga mental e o impacto prejudicial dessa mensagem para as mulheres, percebendo como a desigualdade na divisão do trabalho perpetua essa percepção. Em segundo lugar, ele precisa desse conflito para que ele e Anya possam caminhar juntos em direção a uma divisão de tarefas mais equilibrada. Em terceiro, Gabriel precisa do conflito para poder expressar que ficou magoado como Anya comunicou sua mágoa e raiva, sem que lhe dissessem: "Não importa como você se sente".

COMO ESSE CONFLITO PODE SE DETERIORAR?

Esse é um conflito realmente desgastante para se lidar, e, infelizmente, quanto mais tempo ele ficar sem solução, mais difícil é identificar suas raízes. Ele consome toda a energia do relacionamento e até destrói a motivação para recuperá-la. *Por que eu tenho de me esforçar para fazer uma reparação? Com ela/ele? Por que vou me preocupar? Ela/ele virou um monstro que eu não gosto muito mesmo, e eu virei um monstro que a/o despreza.* Esses sentimentos podem parecer intransponíveis, mas sentir-se finalmente compreendido — seu parceiro entendendo verdadeiramente a dor e a raiva envolvidos — pode ser o que vai salvar o relacionamento.

Anya precisa que Gabriel reconheça a desigualdade de carga mental e eles devem criar um sistema para dividir igualmente as tarefas da vida familiar — juntos. Eles perdem muito tempo discutindo sobre o que Gabriel está deixando de fazer ou apenas "ajudando"; assim, desviam a atenção do real motivo pelo qual Anya está com raiva e magoada.

Nossa versão desse conflito foi se intensificando progressivamente nos primeiros seis anos como pais, até que chegou a um ponto crítico. Erin muitas vezes tentava expressar que estava completamente sobrecarregada cuidando das crianças e da casa, sua dor por ter perdido um bebê na gravidez, o planejamento escolar, as refeições e os lanches, nossos compromissos sociais e assim por diante. Ela não estava bem, e Stephen fazia o máximo que podia quando estava em casa, mas parecia que nunca era o suficiente para nenhum deles.

Sinceramente, era legítima a perplexidade de Stephen diante de Erin sentir que ele não estava sendo útil o suficiente. Ela oscilava entre se sentir derrotada e silenciar, e ficar zangada com o quanto ela estava cronicamente superestimulada e sobrecarregada. De certa forma, ela achava que não tinha o direito de se sentir daquele jeito, porque Stephen não ficava sentado no sofá o dia inteiro — ele estava trabalhando duro —, mas ela percebia que ele não tinha a menor ideia da profundidade do que ela sentia.

O que Erin estava tentando dizer a Stephen era que as coisas não estavam justas. Ele saía de manhã às 7h30 e não voltava antes das 19h. Durante todo esse tempo ela também trabalhava, e seu trabalho parecia interminável. Não havia nenhum parente próximo a quem pedir ajuda e não havia dinheiro para contratar alguém. O que ela tinha eram duas crianças pequenas com as quais ela era muito grata. Mas Erin não conseguia nem ir ao banheiro sozinha ou almoçar tranquilamente e ter um tempinho de silêncio. Mesmo quando Stephen estava em casa, as crianças o ignoravam e procuravam Erin para pedir ajuda ou queriam um lanche ou um abraço. Ela era sempre necessária e ficava de plantão, a todo momento, pensando mais nos outros do que nela mesma, e se alguma coisa escapava, ela teria que resolver depois.

Quando Stephen chegava em casa, essa sensação de "sempre" não parava. Parecia até que jogava mais lenha na fogueira, porque ele perguntava: "Você quer que eu faça alguma coisa?" ou "Vamos convidar nossos amigos para jantar este fim de semana?" ou "Você não ligou para o dentista hoje e agendou a consulta?" ou ainda "Claro que você não consegue encontrar a sua carteira, olha essa bagunça". Até mesmo atualizar Stephen dos acontecimentos rotineiros e envolvê-lo na família era uma tarefa adicional e ele não percebia. Era um trabalho invisível, e percebíamos a desconexão entre nós. Stephen não queria ficar alheio, porém suas intenções não eram suficientes para mitigar o impacto prejudicial. Ele ficava na defensiva quando Erin tentava expressar sua experiência, e essa reação a deixava cada vez mais desorientada, triste e zangada. E ele se sentia cada vez mais derrotado, exasperado, e começou a pensar que não havia meio de fazer a esposa feliz. Também Erin começou a sentir que Stephen jamais entenderia o que ela estava tentando lhe dizer.

Assim como Gabriel e Anya, Stephen e Erin ficaram travados, contudo, há uma maneira de remodelar esse conflito usando a equação conflito-conexão para primeiro reconhecer a desigualdade, validar o fardo causado pela desigualdade e a mágoa causada pela comunicação nociva do casal, e iniciar ações práticas e específicas para lidar com a desigualdade.

DO CONFLITO À CONEXÃO: A SESSÃO DE GABRIEL E ANYA

Gabriel e Anya descreveram essa disputa brevemente em nossa consulta inicial, assim, na primeira sessão, os ajudamos a abordar o fato de que teriam que dividir suas tarefas domésticas. Eles precisavam entender quais eram as tarefas e chegar a um acordo sobre tudo o que estava envolvido para completar cada tarefa do começo ao fim. Eles vieram para a sessão seguinte otimistas, porém cautelosos, pois não tinham certeza de que as coisas poderiam mudar. Cada um queria reconhecer para o outro que não eram perfeitos, mas também não conseguiam entender o que o outro estava tentando lhe dizer.

Anya: O Gabriel só me ajuda se eu pedir explicitamente ou se eu implicar até ele não aguentar mais!

Gabriel: Isso não é verdade. Eu gosto de te ajudar. Pergunto o que você quer que eu faça, porque normalmente você tem uma maneira muito específica para as coisas serem feitas. Por exemplo, limpo a cozinha, mas você vai atrás de mim e reorganiza a louça dentro da máquina porque você não gosta do jeito que faço. Então, acho melhor esperar você dizer o que quer ou eu te perguntar sobre isso.

Anya: Esse é só um jeito de dizer que as minhas expectativas são muito altas, quando o problema é que você é descuidado e faz as coisas de qualquer jeito. Eu peço para você ajudar na cozinha; daí você carrega a máquina de lavar louça, mas deixa todas as panelas e vasilhas na pia sem lavar. Isso me ajuda em quê? Como é que você não entende o que significa uma cozinha limpa? Sinto como se você fosse mais uma criança para quem eu tenho que ensinar como se faz as coisas básicas de uma casa. Então, não, a sua ajuda não é útil; e sim, vou atrás verificar, porque você não sabe fazer as tarefas de todo dia por conta própria.

A hostilidade é palpável, o tipo de energia gerada quando os parceiros são provocados e ficam presos em sua reação ao estresse. Nenhum deles é capaz de sair do estado de defensividade e expressar ou escutar intencionalmente.

Gabriel: Olha aqui, não é culpa minha você ser tão exigente e temperamental. Você quer que as coisas sejam feitas em um nível que eu não acho necessário.

Anya: Então a minha expectativa de querer que as panelas e vasilhas sejam incluídas no padrão de uma cozinha limpa é demais para você?

Stephen: Ok, acho que entendi. É assim que vocês fazem quando estão em conflito, e tudo pode descambar para um lado bem sarcástico e agressivo.

Gabriel: Sim, e a Anya não tem receio algum em me dizer como sou burro ou incapaz.

Anya: E você? Não tem receio nenhum de me dizer que sou implicante e temperamental.

Stephen: Então, o que você está querendo mudar, Anya?

Estamos procurando fazer a conversa mudar de rumo para sair da interação de quebra de apego e entrar na transição do conflito para a conexão. Esta pergunta pode ajudar Anya a passar para a segunda etapa da expressão intencional – sintonizar.

Anya: Eu não quero me sentir como se fosse a única adulta da casa.

Erin: Você pode explicar um pouco mais sobre o que é ser "adulta"?

Anya: Bem, o Gabriel brinca com as crianças e se diverte muito com elas, só que daí todo o resto sobra para mim. Tem roupa para lavar, louça suja, lancheiras a serem preparadas, compras no supermercado. A lista é infinita. Se eu quero que algo seja feito, ou eu faço sozinha, ou tenho de criar uma lista de verificação muito detalhada para o Gabriel e depois ficar no pé dele até ele terminar.

Gabriel: Olha, eu consigo ajudar com esse tipo de coisa. É só me pedir!

Anya: Por que eu tenho de lhe pedir que faça coisas tão óbvias para se viver numa casa? Ter que ficar pensando no que é que tenho de te pedir e ainda explicar como tem de ser feito, para mim, é mais uma tarefa nas minhas costas.

Stephen: Anya, o que você prefere? Se o Gabriel fizesse as coisas de "adulto", como seria isso?

Anya: Seria ele saber o que faz a nossa casa e a família funcionarem. Ele saberia antecipar as necessidades das crianças e da família, porque nos conhece e conhece nossas necessidades. E não deixaria tudo nas minhas costas, achando que vou dar conta de tudo.

Erin: Gabriel, o que você entende disso que a Anya acabou de descrever?

Essa é uma tentativa de incentivar Gabriel a se expressar de forma intencional, ajudando-o a sintonizar seus sentimentos com o que ele interpreta da fala de Anya.

Gabriel: Não é nada que eu já não tenha escutado antes. Ela age como se eu não quisesse ajudar. Gosto de ajudar, mas o jeito como ela pede também não é nada convidativo. Sinceramente, ela fica com raiva e depois começa a me xingar, dizendo que sou inútil; isso praticamente me faz querer ir embora.

Stephen: A sua desconexão está em como a Anya te trata quando sente que você não a está ajudando ou sendo um "adulto".

Gabriel: Sim, quero dizer, até o uso da palavra *adulto* tem a intenção de me menosprezar. Eu *sou* um adulto. Trabalho, tenho um monte de responsabilidades, cuido de todas as nossas finanças, cuido dos nossos filhos e da Anya. Sou adulto, mas o negócio dela é zombar de mim. Não gosto disso, e desse jeito também não quero ajudar. Isso não é nada simpático nem justo.

Tanto Anya quanto Gabriel foram capazes de detalhar o conteúdo do conflito (louça, roupa para lavar etc.) e chegar ao sentimento central do conflito: as coisas que os ferem. Eles estão transitando pelas etapas de sintonia e reflexão da expressão intencional.

Stephen: Então, como você gostaria que fosse, Gabriel? Como você gostaria que essas conversas acontecessem ou como você gostaria de se sentir nelas?

Gabriel: Quero me sentir como se fôssemos uma equipe. Que nós dois temos nossas tarefas, nossas responsabilidades e interagimos um com o outro como quem joga no mesmo time. A gente pode até discordar ou ter papéis diferentes, mas sem ficar atacando o outro. A gente consegue resolver os problemas juntos e se tratar com um mínimo de gentileza.

Anya: Gentileza não faz você me escutar, Gabriel. Posso até te pedir para fazer as coisas com um sorriso no rosto, só que se você achar que não é uma coisa importante ou se você não estiver a fim de fazer, o serviço não sairá. E, para falar a verdade, você nunca está a fim de fazer nada que precisa ser feito em casa.

Erin: Voltamos ao velho impasse… Anya, você deixou a gentileza de lado porque está com raiva. E, Gabriel, acho que você se sente magoado pela Anya ter se voltado contra você, talvez trocado de time, e você não quer mais ouvir ou ajudar, que é como você expressa sua raiva. A Anya usa certas palavras para expressar mágoa e raiva e você não as interpreta. A partir disso, você para de ouvir e fazer, e a sua mágoa e raiva transparecem nas suas ações, ou melhor, na sua inação.

Anya: Para mim, isso já passou dos limites e não aguento mais. É melhor eu tocar em frente, fazendo tudo por conta própria, do que esperar o Gabriel tomar uma atitude.

Gabriel: Eu não sei se estou com raiva, mas isso me fere e acabo ficando indiferente.

Stephen: Sim, e a indiferença contribui para a inação.

Gabriel: Sim, é isso mesmo.

Aqui estamos modelando como a escuta intencional se parece. Estamos tentando imaginar como deve ser a experiência de Gabriel e Anya para ajudá-los a chegar ao ponto de acreditarem na perspectiva do parceiro. Assim, eles podem lidar com as dificuldades de forma construtiva, acolhendo a experiência do outro e promovendo a reparação, em vez de adotarem uma postura defensiva, com críticas ou rejeição.

Erin: Ouvimos e vemos muito isso com outros casais. Em primeiro lugar, o modo como vocês estão vivenciando esse conflito é algo exclusivo do seu relacionamento, porém, ao mesmo tempo, essa dinâmica é muito comum. O que descobrimos é que há duas coisas que podem ajudar. Gabriel:...

Gabriel: Eu?

Erin: Para mim, parece que a Anya não está pedindo a sua ajuda; ela está pedindo um parceiro. Você sabe qual é a diferença?

Gabriel: Na verdade, não.

Erin: Pense nisso como numa empresa. Vocês são sócios no empreendimento que é a sua casa. Os sócios não ajudam. Os sócios definem a visão da empresa. Eles criam estratégias para o futuro da empresa. Em suma, eles lideram o rumo do negócio. Os sócios conhecem os números, conhecem os possíveis problemas, sabem como alcançar soluções e definem o ritmo ativamente. Creio que a Anya está dizendo que se sente como se fosse a única sócia dessa empresa, que é a casa de vocês. Anya, você concorda com essa analogia?

Anya: Sim, totalmente. Eu não quero que alguém me ajude. Quero que alguém seja meu sócio.

Erin: Gabriel, você consegue enxergar a distinção entre ser ajudante e ser sócio?

Gabriel: Pode ser.

Stephen: Gabriel, para ser franco, acho que você não entendeu porque nunca foi desafiado a entender. Vamos nos ater à analogia da empresa. Quantas horas tem uma típica semana de trabalho?

Gabriel: Quarenta horas.

Stephen: E é do meu entendimento que você e Anya trabalham em tempo integral, então vocês dois trabalham quarenta horas por semana, certo?

Gabriel: Concordo.

Stephen: No entanto, o que Anya descreveu é que ela sai do trabalho e chega em casa para trabalhar. Ela chega ao seu terceiro turno e começa a coordenar as refeições, a lição de casa, a limpeza, compromissos sociais e muito mais. Ela faz tudo isso além do emprego dela em tempo integral, o que exige uma enorme quantidade de energia mental, emocional, física e cognitiva. Você concorda?

Gabriel: Concordo.

Stephen: Essa energia adicional que ela tem de gastar é algo que você acaba somando ao não fazer parte desse trabalho extra também. Você chega em casa — eu sei que você não fica deitado sem fazer nada — e confia que a Anya vai te dizer o que fazer. Mesmo que você esteja mais do que disposto a realizar qualquer tarefa, ela ainda precisa gastar energia mental, emocional, física e cognitiva para fazer você entrar no mesmo barco que ela e tomar a liderança da administração da casa. O que a Anya está dizendo é que ela quer que você chegue em casa e faça o terceiro turno, assim como ela faz. Ela quer que você compartilhe a energia mental, emocional, física e cognitiva para ser sócio dela no trabalho, e não uma pessoa para quem ela tem que explicar como ajudar. Esta é a carga mental. É isso que ela não quer continuar carregando sozinha.

Gabriel: Certo, estou entendendo. Ao chegar e dizer: "Olha, me fala como eu posso ajudar", acabo aumentando seu trabalho. Estou vendo como isso não é justo. Mas na prática não vejo o que isso tem de diferente. Sinceramente, a Anya diz que quer um sócio, mas acho que não. Ela quer administrar a empresa e quer que eu faça o que ela manda.

Stephen: Eu imagino que seja assim que você se sente e talvez até seja isso o que a Anya às vezes comunica. A gente vai chegar lá. Primeiro, vamos voltar à analogia do sócio que a Erin estava usando para responder à sua pergunta sobre a diferença na prática. Temos uma estratégia que pode ajudar. Eu gosto de separar assim:

1. Faça a pesquisa.
2. Trace um plano.
3. Execute o plano.

Vou explicar. *Fazer a pesquisa* é a sua mudança de ajudante para sócio. Como sócios, precisam saber os horários das crianças, saber e estar alertas de quando há roupa para lavar, precisam conhecer ou ter decidido mutuamente o plano de refeições da semana, saber o horário da perua escolar e quais tarefas estão envolvidas na administração da casa. Não é algo que a Anya tenha que te dizer. Como sócio, você também faz a pesquisa, presta atenção, observa os processos e estabelece as prioridades.

Traçar um plano é a etapa em que você olha para sua vida e as tarefas que precisam ser feitas, e depois coordena seus horários de trabalho, de ir à academia, de curtir seus hobbies e qualquer outra coisa com as tarefas que devem ser realizadas. Em outras palavras, você cria um plano de trabalho para a sua empresa e demonstra como faz parte da realização desse plano.

Executar o plano é a etapa em que você e Anya se sentam e dividem as responsabilidades, trocam ideias, resolvem problemas e colocam o plano em ação.

Anya, o que você acha?

Anya: Se isso realmente acontecesse, ficaria bastante impressionada.

Erin: Anya, pare um minuto e imagine o Gabriel fazendo a pesquisa, criando um plano e executando-o; que sensações você percebe no seu corpo ou que emoções afloram em você?

Anya: Só de imaginar, meus olhos se enchem de lágrimas de alívio! Sinto os ombros mais leves e o aperto no peito diminuindo. Seria tão bom... seria como se o Gabriel e eu fôssemos uma equipe. Como se estivéssemos juntos, e não a quilômetros de distância!

Erin: Gabriel, como é para você ouvir Anya dizer isso? Que ela também quer fazer parte do time?

Gabriel: Bom, é legal! Nem sempre parece que ela quer fazer parte do time, mas seria muito legal!

Stephen: Então, Gabriel, o que a Anya acabou de dizer é que isso seria como se vocês estivessem jogando juntos no mesmo time. É assim que vocês se tornam colegas de equipe, sócios.

Gabriel: Claro, mas como já disse antes, acho que a Anya não quer que eu seja um sócio. Ela quer dar as ordens e eu obedeço.

Stephen: Certo. Então, como eu disse, voltaríamos a essa parte. Anya, você entende o que Gabriel está dizendo? Você quer estar no comando?

Anya: Bem, sei o que ele quer dizer. Quero e não quero estar no comando. Às vezes, eu me pergunto se esse impulso ficou mais forte só porque estou com raiva e não sinto que o Gabriel é meu sócio.

Stephen: Talvez, em meio à sua mágoa e raiva, isso tenha se manifestado como uma atitude de controle e cancelamento.

Anya: Sim, isso é verdade. Eu não queria que isso tivesse acontecido e realmente não quero que o Gabriel se sinta controlado. Mas, às vezes, não acredito que ele consiga ser um sócio.

Stephen: Gabriel, você percebe como não reconhecer a carga mental pode contribuir para que a Anya sinta que não pode confiar em você? Ela precisa que você entenda.

Gabriel: Anya, estou te entendendo. Eu não estava ciente da carga mental e estive tão na defensiva que não te escutei, nem percebi como você se sentia sobrecarregada e como as coisas estavam desequilibradas. Claro que você não iria confiar em mim. Eu não percebi isso e peço desculpas.

Anya: Obrigada, Gabriel. Isso significa muito para mim.

Stephen: Anya, agradeço a sua sinceridade. Imagino como é difícil para você confiar que o Gabriel possa ser um sócio. Mas fazer parte de uma sociedade também envolve aceitar o sócio. Um dos fatores que torna uma empresa forte é ter sócios diferentes de nós. Vocês podem não ser iguais e resolver os problemas de maneira distinta. Mas aceitar a sociedade do Gabriel vai se mostrar importante nas reuniões do casal, depois que ele fizer a pesquisa e elaborar um plano.

Erin: Isso mesmo. E vocês dois têm a responsabilidade de confiar um no outro como sócios. Gabriel, você pode desenvolver confiança fazendo a pesquisa, montando um plano e colocando-o em prática. Anya, você vai desenvolver confiança aceitando o Gabriel como sócio. Essas são as áreas que causaram a desconexão e alimentaram o conflito.

Stephen: Vocês acham que ficou bom para vocês dois?

Gabriel: Parece difícil. Estou entendendo por que a Anya sente que precisa assumir o controle. Eu não faço a pesquisa; vejo a parentalidade como o mundo dela, onde ela está no comando. Mas agora enxergo como isso acaba sendo uma pressão, que perpetua a necessidade de ela aguentar a carga mental.

Anya: Quero que ele seja meu sócio, mas com certeza sinalizo que a sociedade tem que ser do meu jeito. E entendo que isso não é muito convidativo. Gabriel, estou vendo como tenho sido dura e pouco gentil na forma como comunico a minha raiva. Eu realmente digo que você não é um adulto ou que é egoísta, e isso faz você achar que eu te desprezo. Entendo por que é difícil de acreditar que quero um sócio. Eu te peço desculpas por ter me expressado assim.

Gabriel: Eu agradeço de verdade, Anya. Doeu, mas também vejo como eu não reconhecia a desigualdade e como isso contribuía para sua raiva e fez as coisas acabarem assim. Sinto muito por não ter escutado quando você tentava me dizer que estava sobrecarregada.

Gabriel e Anya fizeram a reparação. Ambos assumiram a responsabilidade pelo modo como suas ações afetaram um ao outro; eles se perdoaram e avançaram para a implementação de ações.

COMO POSSO FALAR ISSO PARA O MEU CÔNJUGE? ROTEIROS

Esse conflito é intenso para muitos casais, mas temos certeza de que, quando enfrentado de maneira curativa, pode ser transformado em interação de apego. A seguir, veremos alguns roteiros que podem ajudar você e seu parceiro a começarem a dialogar de uma nova maneira.

Expressão intencional — cônjuge que sente estar com a maior carga mental (cuidador principal)

"Discutimos muito sobre como as tarefas de casa estão divididas e sobre quem acha que está fazendo mais. É uma briga horrível; não gosto disso e sei que você também não. Eu não sei direito como falar com você sobre isso. Podemos tentar resolver isso com alguma ajuda externa? Acho que preciso de alguma orientação sobre como me expressar com você e escutar a sua perspectiva."

"Existe esse assunto que os casais com filhos falam muito hoje em dia. Chamam de carga mental. Você já ouviu falar? Eu gostaria de conversar com você sobre como sinto que nosso relacionamento está sendo afetado pela carga mental. Quero que a gente sinta que estamos juntos e nos entendemos; talvez isso me ajudaria a descrever o que estou sentindo."

Expressão intencional — cônjuge que é cuidador secundário

"Sabe, agora percebo que não reconhecia essa desigualdade entre o que se espera de mim e o que se espera de você como pai/mãe. Você tem tentado me dizer que está sendo julgada por um padrão diferente e isso está te sobrecarregando, não é justo. Eu não tinha percebido isso e até acabei reforçando-o. Eu te peço desculpas."

"Sei que não posso simplesmente dizer que apenas te entender já alivia a sua carga mental. Eu preciso fazer as coisas de forma diferente para trabalhar ativamente contra essa desigualdade, e não tenho feito isso. Agora estou pensando em como fazer mudanças na prática. Posso compartilhar isso com você?"

PERGUNTAS PARA VOCÊ REFLETIR

1. Quando eram crianças, quais papéis vocês viam seus pais desempenharem? Como era a divisão do trabalho entre eles, se é que havia?

2. Você e seu parceiro já observaram que ficam tentando provar um ao outro tudo o que fizeram no dia? Você sente que precisa fazer uma lista detalhando todas as vezes em que você contribui especificamente com as tarefas diárias da casa?
3. O que seria ideal para você em termos de divisão do trabalho doméstico? Você está atualmente longe desse ideal? O que poderia mudar nesta semana para você se aproximar do ideal? Quando essa mudança for colocada em prática, o que mais poderia mudar para você se sentir mais equilibrado?
4. Nesse conflito existem ressentimentos que você quer que seu parceiro reconheça e se solidarize realmente com você? E seu parceiro? Há aspectos nele que lhe despertam raiva, pelos quais você gostaria que ele se desculpasse? Há aspectos pelos quais você precisa pedir desculpas a seu parceiro? Para você, quais são os pontos não resolvidos nesse conflito?
5. Há algo neste capítulo com o qual você se identifica? Isso mexeu com algum sentimento ou lembrança? Mesmo que sejam anteriores ao seu relacionamento atual, que emoções despertaram em você? Por que esses sentimentos e lembranças podem estar aflorando agora nessa fase de sua vida, como mãe ou pai?

CAPÍTULO 8

O conflito do "Não aguento mais seu estresse"

PAUL E DOUG têm um filho de 1 ano chamado Ty. Paul é um pai que fica em casa e Doug é corretor de imóveis comerciais. Ambos queriam ser pais há muito tempo e, por meio de uma barriga de aluguel, finalmente puderam ter um bebê juntos. Paul se descreve como um cara calmo que adora levar a vida com espontaneidade e uma atitude de "vamos ver o que acontece". Doug é mais organizado e sistemático. A rotina e a ordem ajudam Doug a se sentir equilibrado e menos ansioso. Porém, quando as coisas ficam bagunçadas ou a rotina muda, ele acha difícil se recompor e não ficar irritado ou perdido. Já para quem vê Paul externamente, acha que ele não fica ansioso nunca, porque ele lida com o estresse frequentemente procrastinando ou reprimindo as emoções.

No caso de Paul e Doug, os opostos se atraíram: eles admiram como cada um ajuda o outro a acessar o que lhe é mais desafiador. Paul ajuda Doug a assumir riscos e curtir o presente; já Doug ajuda o parceiro a manter o foco e definir metas para o futuro (além de viver numa casa limpa).

Antes de terem seu filho, o casal às vezes ficava frustrado com suas diferenças, mas eram capazes de aceitá-las e achavam que elas tornavam seu relacionamento mais forte. Contudo, desde que Ty entrou em cena, essas diferenças, antes meramente irritantes, foram consideradas, cada vez mais, não são apenas como um obstáculo para serem bons pais, mas também para sua felicidade em geral.

Paul adora brincar com o filho e, às vezes, parece que um terremoto sacudiu a casa. Doug consegue saber por onde Paul e Ty passaram, seguindo os rastros da bagunça. Há brinquedos espalhados pela sala, poça de mingau que caiu no chão ao lado da mesa, cadeirão todo sujo de comida, fralda na escada e pijama de Ty largado no corredor a caminho do quarto. Doug diz que isso acontece todos os dias, mas Paul jura que é só de vez em quando.

Doug se ressente pela bagunça do "pai divertido" ficar para ele limpar e, quando isso acontece, ele atormenta Paul, provocando uma discussão que se desenrola da seguinte forma:

Doug: Olha, não precisa se preocupar, vou atrás de você como um empregado e limpo sua bagunça.

Paul: Ah, mil desculpas por não ter percebido que ter uma casa digna de capa de revista é mais importante que brincar com o Ty e ser um pai presente.

Doug: Bem, alguém aqui tem que arrumar a casa, não é? Sabe, se você ajudasse de vez em quando, eu também poderia passar mais tempo com o Ty.

Paul: Doug, você nem sabe como se divertir com ele. Você se preocupa mais em ter uma casa limpa do que em ser um bom pai. A sua ideia de brincar com o Ty é levar ele junto para resolver alguma coisa que você precisa fazer e chamar isso de tempo de qualidade.

Doug: Do que você está falando, Paul? Isso é uma coisa muito cruel de se dizer.

Paul: Doug, você fica estressado porque quer. Você não precisa ficar limpando tudo o que vê pela frente e bufando para todo lado. Você exagera.

Paul e Doug se sentem acusados e criticados pela forma como o outro lida com o estresse. Doug quer que Paul mantenha a casa em ordem e organizada para que ele possa manter a calma e se sentir mais capaz de se envolver emocionalmente. E Paul quer que Doug deixe sua sanha por ordem e organização de lado e brinque e se envolva mais, deixando a arrumação para depois. Paul sente que Doug tem uma lista interminável de coisas a serem feitas; ele acredita que Doug jamais vai conseguir relaxar e se envolver mais com a família, porque essa lista não acaba nunca. Isso não incomodava tanto Paul antes de Ty nascer, mas ultimamente Doug tem estado sempre tão tenso, que Paul não quer esse tipo de negatividade para si ou para Ty. Por outro lado, Doug sente que Paul contribui para seu estresse. Ele sente que Paul desconsidera sua necessidade de limpeza e ordem, e cria confusão e caos que depois ele tem que limpar. Paul e Doug passaram a fazer comentários sarcásticos, minimizando as necessidades e estratégias de enfrentamento um do outro, algo que agora virou rotina em suas interações.

POR QUE ESSE CONFLITO É NECESSÁRIO?

O estresse afeta a todos nós. Ela nos impacta de forma diferente, mas ninguém escapa ileso. É um fato inevitável, inclusive para mães e pais. A vida muda completamente e de tantas maneiras inesperadas quando temos filhos, que é natural afetar os casais. O estresse interfere nos relacionamentos porque coloca em xeque as diferentes maneiras com que cada um lida com ele. Uma afirmação típica de alguém nesse tipo de conflito é a seguinte: "Esse meu estresse seria reduzido pela metade se você não piorasse tudo colocando cada vez mais coisas nas minhas costas!". Os casais com filhos precisam enfrentar esse conflito para aprender o que lhes causa estresse e lidar com ele com a atitude de "Somos você e eu contra o estresse", em vez de "Nossas diferentes estratégias de enfrentamento jogam você e eu um contra o outro".

Para Doug e Paul, o estresse parece se concentrar na bagunça da casa. Muitos dos casais que atendemos se identificam com esse conflito, e por um bom motivo. Nossos mundos interno e externo estão conectados e, muitas vezes, quando sentimos o caos em uma área, procuramos obter controle em outra. Por exemplo, se um parceiro está preocupado com o trabalho, essa tensão interna pode se externalizar na forma de ansiar por uma casa impecável. Assim, esse cônjuge tenta aplicar ordem e controle a pelo menos uma parte de seu mundo. Ou se um dos cônjuges sentir que seu mundo externo está caótico, ele pode recuar para dentro de si e ficar mais introspectivo, ou apenas se envolver menos em geral, em um esforço para acalmar o caos externo.

Cada pessoa é provocada por fatos diferentes e se recompõe de formas diferentes também. Muitas vezes, achamos que nossos gatilhos são óbvios, mas não são. O que pode estressar uma pessoa não afeta a outra. Um pode realmente precisar que a roupa seja guardada antes de ir dormir, enquanto o outro parece nem perceber que em cima da cama tem uma gigantesca cesta de roupas lavadas para dobrar e guardar. Mas essa mesma pessoa que parece alheia ao estresse da roupa pode entrar no carro e se sentir instantaneamente provocada pelo estado de limpeza do carro e o assento fora da posição.

As causas do estresse variam. Para alguns, a sobrecarga é:

- O barulho. Você entra na sala e seus filhos estão gritando a plenos pulmões (porque os irmãos estão brigando ou brincando), e seu primeiro impulso é tentar restabelecer o ambiente a um nível de decibéis normal. Você faz isso para poder escutar seus filhos e seus próprios pensamentos, mas seu parceiro acha que é porque você se sente no direito de entrar na sala e "mudar o ambiente para ele se adequar a você e à sua sensibilidade".
- A bagunça. Você entra na cozinha e se depara com embalagens de comida abertas e copos de suco pela metade na beira do balcão. Você toma a iniciativa de limpar a bagunça, ao que o seu parceiro diz: "Eu já ia fazer isso! A gente ainda não acabou".
- Falta de disciplina. Talvez seja o modo como seu parceiro demonstra comportamento desorganizado, e você percebe que seu filho está começando a imitar isso.
- Estresse no trabalho. Talvez um dos parceiros tenha dificuldade de se desvencilhar do estresse do trabalho ou realmente nunca consiga deixá-lo de lado quando chega em casa.

- Ser rígido. Talvez o constante refrão de "Não largue isso aí", "Recolha os seus sapatos" ou "Vamos seguir o cronograma" seja irritante. Você quer ser capaz de ter uma abordagem mais flexível para criar seus filhos.

Assim como os parceiros não se estressam pelas mesmas coisas ou vivenciam o mesmo estresse igual, eles também não reagem a ele da mesma maneira. Muitas pessoas acham que as seguintes atividades diminuem o estresse:

- Atividade física
- Tempo com amigos
- Assistir a esportes
- Comer fora
- Banhos longos ou banhos de banheira
- Intimidade (sexual e não sexual)
- Assistir à TV ou a streamings
- Dormir
- Ter uma dieta saudável

É por isso que você e seu parceiro precisam enfrentar esse conflito – porque seus gatilhos são distintos, vocês reagem diferente e a falta de meios para extravasar intensifica o estresse de cada um, causando outros conflitos. Vocês precisam desse conflito para que possam estar estressados, lidar com seu estresse de maneiras diferentes, colaborar em estratégias de enfrentamento realistas e se sentir como parceiros em vez de adversários.

COMO ESSE CONFLITO PODE SE DETERIORAR?

Lidar com o estresse é uma das tarefas mais recorrentes da vida e encontrar uma solução que funcione pode parecer difícil. Quando você acha que está tudo sob controle, chegam os filhos e os inúmeros aspectos da parentalidade levam você aos limites físico, emocional e mental. Pergunte a muitos casais com filhos como eles estão, e você escutará algo como "Estamos sobrevivendo" ou "A gente está tão ocupado tentando criá-los que só vai tocando em frente".

Agora imagine incluir seu parceiro na equação do estresse. Enquanto você está tentando lidar com seu estresse, talvez nem esteja ciente de como seu parceiro também está tentando lidar com o dele. Isso tende a pegar a maioria dos casais desprevenidos, porque cada um dos cônjuges tem maneiras muito diferentes de lidar com isso, e essa desconexão pode levar a mais tensão em casa. Isso porque a maneira de um reagir pode estar em oposição direta à reação do outro, o que ativa ainda mais o estresse de cada um. Para um, sentar e relaxar com seu parceiro no sofá e "não fazer nada por cinco minutos" pode funcionar, enquanto o outro quer estar fisicamente ativo e se exercitar. Nosso tempo já é limitado, por isso não é possível atender às necessidades de enfrentamento de todos. Diante desse impasse, qual estratégia de enfrentamento vencerá?

Uma das principais maneiras pelas quais vemos esse conflito se degenerar é quando um parceiro acredita que o seu jeito de lidar com o estresse é o "certo", e o do outro está "errado". Stephen pode facilmente achar que Erin está perdendo tempo ou tentando procrastinar as tarefas quando quer dar uma volta ou um abraço porque está estressada. Para ele, parar é algo estressante, então ele acaba achando que a maneira de Erin reagir é ineficiente e perda de tempo. Erin pode olhar para Stephen e criticá-lo por ser um robô, que não se importa com mais ninguém ou nem mesmo precisa de ninguém. Sua mentalidade orientada para a tarefa de "cuidarei disso sozinho" pode ser vista como mecânica, não relacional. Quando cada um está tentando lidar com seu estresse, pode sentir que o outro está justamente tentando piorá-lo de forma ativa e proposital.

Outra forma muito comum de esse conflito colocar um contra o outro é quando um parceiro garante que sua necessidade de alívio do estresse foi atendida, enquanto o outro sente que não há tempo ou maneira de atender às suas necessidades. Você provavelmente já viu como essa dinâmica leva à raiva, e rápido. "Ah, você até conseguiu ir à academia hoje. Que bom para você." "Não é culpa minha se você não conseguiu ir também. Você podia ter arranjado tempo assim como eu fiz." Embora os parceiros precisem priorizar a inserção de atividades de alívio do estresse na rotina, não é tão fácil para o cuidador principal fazer isso. O cuidador secundário pode dedicar mais tempo para aliviar o estresse, enquanto é uma tremenda dificuldade para o cuidador principal encontrar um tempo livre. O cuidador secundário deve reconhecer que a oportunidade de simplesmente sair do ambiente não é a mesma, e os dois precisam trabalhar para garantir que o cuidador principal tenha as mesmas oportunidades de atividades de alívio de estresse que o outro.

Do contrário, o casal passará do sentimento de frustração para o sentimento de que não há mais esperança no relacionamento, embora nenhum dos parceiros esteja de fato tentando sabotar o outro ou fazê-lo perder a esperança. Estamos todos trabalhando para lidar com o estresse e nos conectar uns com os outros. Mas como fazer isso quando nossas necessidades são tão diferentes quando lidamos com esse fator? É possível ter essas diferenças e, ainda assim, agir em equipe como mães e pais. O primeiro passo é sair da atitude de "certo *versus* errado" e adotar uma atitude de "nós contra o estresse, e não um contra o outro".

DO CONFLITO À CONEXÃO: A SESSÃO DE PAUL E DOUG

Doug e Paul chegaram à sessão quietos e tensos. Podíamos sentir como estavam frustrados.

Doug: Quando o Paul disse que eu não gostava de sair com o Ty e que eu não era um bom pai, para mim foi a gota d'água. Aquilo doeu e foi cruel. Não quero continuar com esse tipo de conversa, e sinceramente, se é isso que o Paul pensa de mim, então o que é que a gente está fazendo junto?

Paul: Mas é verdade, Doug. Você anda por aí vomitando a sua ansiedade em todas as coisas que precisam ser feitas, como manter a casa organizada, por exemplo, e diz que a culpa é minha por você não passar mais tempo com o Ty. Então eu concordo com você. Se é assim que você vai ser, se tratar da sua ansiedade é mais importante do que estar comigo e com o Ty, o que é que a gente está fazendo junto?

Stephen: Assim a conversa está começando a ficar bem séria para vocês. Vocês estão questionando coisas como: "Por que estamos juntos?", "Devemos ficar juntos?", "É assim que eu quero que as coisas sejam pelo resto do nosso relacionamento?"

Paul: Sim, é horrível. Eu amo o Doug, mas não estamos mais conectados. Não sei se conseguiremos voltar a ser como éramos antes.

Erin: Como vocês costumavam ser?

Esta é uma pergunta que leva Paul à expressão intencional. Erin pede que ele reflita (etapa 3) sobre a história por trás do motivo pelo qual tudo isso é tão ruim. As coisas nem sempre foram assim, e a perda do modo como costumava ser faz parte do gatilho para o casal.

Paul: Nós gostávamos mais um do outro. Se entrássemos em uma discussão ou víssemos as coisas de maneira diferente, não era um grande problema. O Doug sempre foi um pouco ansioso, mas era fofo e eu conseguia lidar com isso. Já eu sempre fui um espírito livre, e isso irritava o Doug, mas agora acho que isso deixa ele furioso.

Erin: O que você acha, Doug?

Erin convida Doug para refletir também. Essa reflexão permite que Doug e Paul sintonizem (etapa 2) as emoções que intensificam o conflito.

Doug: Acho que o Paul descreveu muito bem. A gente dava mais espaço para o outro ser diferente e não tínhamos tanto atrito ou ressentimentos quando nossas diferenças afloravam. Agora tudo ficou tão pessoal. O Ty é maravilhoso, ele faz a nossa vida ser mais completa, mas há tantas coisas que precisam ser feitas; o trabalho em tempo integral, mais o exercício da parentalidade e ainda tentar manter uma casa... parece ser demais. Eu preciso da ajuda do Paul e ele parece que não se importa, isso dói.

Paul: Mas eu te ajudo. Não é como se eu fosse um babaca ou o Ty estivesse destruindo a casa. Boa parte da sua ansiedade é você mesmo quem cria. Você precisa que tudo esteja perfeito para se sentir bem, e isso não é realista quando se tem um filho. Eu não gosto que me digam que sou o problema, quando o problema parece ser a sua ansiedade. O Ty e eu não podemos ser responsáveis por fazer você se sentir melhor. Isso é o que parece ser pessoal para mim. Você fica ansioso e daí a gente é que paga o pato.

Doug: Sabe de uma coisa, Paul, estou ansioso. Organização e disciplina me ajudam a não me sentir mal. Gosto que a casa esteja limpa. Não preciso que esteja imaculada, mas me sinto sobrecarregado quando parece que todos os brinquedos da casa foram tirados do lugar e estão jogados no chão, e, na hora do jantar, ainda tem café da manhã no cadeirão do Ty e a cozinha está de cabeça para baixo. Não entendo como você não consegue tirar alguns minutos para limpar essas coisas. Você fica em casa. Eu estou no trabalho. Como isso pode não fazer parte do seu trabalho?

O tom mudou para culpa e defensividade, bloqueando a escuta intencional.

Paul: Porque eu considero que a minha maior prioridade é o trabalho de estar com o Ty e brincar, dar a ele toda a minha atenção. Se você parasse de se preocupar com a bagunça quando chegasse em casa, poderíamos lidar com ela juntos depois do Ty ir para a cama. Eu não preciso que você diga como fazer meu trabalho enquanto não está em casa. Eu não falo o que você tem que fazer no seu trabalho.

Stephen: Doug, podemos dizer que quando a casa está uma bagunça, o cadeirão ainda sujo do café da manhã... você sente que isso, de certa forma, é como Paul dizer que não se importa com você ou que não considera as suas necessidades?

Esta pergunta permite redirecionar a conversa de volta para a expressão intencional. A sugestão é oferecida para mudar o foco de Doug, que está na defensiva, para ele sintonizar-se com suas emoções e ver como isso se relaciona com seu estado após o gatilho ter sido acionado.

Doug: Claro que sim! Eu não estou pedindo ao Paul para ser perfeito, só quero saber se ele se importa. Então, sim, fico ansioso, e sinto que ele nem pensa em reconhecer isso ou sequer agir como se fosse importante para ele. Em vez disso, ele diz que é um problema meu e que eu sou a razão por que as coisas em casa não funcionam! Como isso pode ser um bom relacionamento?

Erin: Doug, será que você sente às vezes que Paul se importa mais com o Ty do que com você? Como se dar atenção total ao Ty todos os dias fosse mais importante do que a você?

Paul: Ah, com certeza. Ele fala isso, é inacreditável. Ele se sente ameaçado por um bebê, nosso próprio filho. É uma insegurança tão boba; é só mais uma forma da ansiedade dele atrapalhar.

Paul está tendo dificuldade em interromper sua atitude defensiva e acreditar na experiência de seu parceiro (etapas 2 e 3). Isso precisa mudar para que o casal possa praticar a escuta intencional.

Doug: Bem, agradeço por você ser tão compreensivo sobre a minha ansiedade e fazer eu parecer um tonto, Paul. Isso é tão acolhedor e compreensivo. Certamente não poderia ser porque você está tão hiperfocado e ansioso em não ser um péssimo pai quanto o seu foi, que fica em cima do Ty o tempo todo parecendo um helicóptero. Eu posso ficar ansioso por querer viver numa casa limpa, mas a sua ansiedade faz de você um pai prepotente e um parceiro distante.

Stephen: Hm... Paul, o que você entende do que o Doug está dizendo? Parece que há uma parte da história que ainda não ouvimos.

Paul: Eu não gosto quando ele fala que sou um pai helicóptero; ele já me disse isso antes. Acho que sou diferente dos meus pais, mas também sei que ser pai para mim está sendo estressante. Eu não tive a melhor das experiências com os meus pais. Eles não tinham interesse por mim e pelos meus irmãos; tratavam a gente como se estivéssemos atrapalhando muito. Os dois tinham seus empregos e estavam mais focados na carreira do que nos filhos.

Stephen: E como você vê que isso contribui para a sua ansiedade em relação à paternidade?

Paul: Eu não quero que meu filho se sinta indesejado ou que seja um fardo para mim.

Erin: Paul, será que quando o Doug se sente ansioso com a bagunça e a desordem em casa, você acha que ele quer dizer que o Ty é um fardo? Não estou dizendo que ele realmente está tentando dizer isso, mas pode te tocar naquele lugar em que você sente que as crianças são um problema e atrapalham — como, por exemplo, na manutenção de uma casa limpa ou em outras questões?

Esta pergunta destina-se a ajudar Paul a avaliar (etapa 1) seus próprios gatilhos. Se ele puder se conectar à forma como é provocado quando Doug está ansioso, podemos começar a caminhar em direção à expressão e escuta intencionais.

Paul: É. Acho que não fiz essa conexão diretamente, mas parece que é isso.

Stephen: Daí você enxerga a ansiedade do Doug como egoísta e "errada", semelhante a seus pais, e a rejeita como problema dele, não o seu?

Paul: Isso. É exatamente assim que eu me sinto e, sinceramente, não acho que seja minha obrigação resolver.

Stephen: Certo. Doug, imagino que quando você sente que a ansiedade do Paul está fazendo ele ficar hiperfocado no Ty e rejeitar você, parece que a ansiedade dele está ganhando e quem está pagando por isso é você. Parece muito com o que o Paul descreve: como se a sua ansiedade sempre prevalecesse e ele acabasse arcando com as consequências disso.

Doug: Exatamente, mas ele não vê dessa forma. Ele acha que o que ele está fazendo é o "certo" e que eu estou fazendo "errado". Quando, na verdade, nós dois estamos ansiosos com certas coisas e queremos que o outro pague por isso.

Stephen: Paul, você sabia que o Doug se sentia muito parecido com você em relação à forma como a ansiedade estava atrapalhando a sua comunicação e conexão?

Paul: Não, acho que não tinha percebido que ele sentia que a minha ansiedade era um peso para ele. Ainda acho que ficar ansioso para ser um bom pai é melhor que ficar ansioso por uma casa limpa, mas entendo que é um pouco hipócrita dizer que é tudo culpa do Doug.

Erin: Portanto, parece que a história por trás de tudo é que vocês dois têm algumas áreas da vida com as quais estão ansiosos e essas ansiedades influenciam a maneira como vocês se comunicam.

Doug: Estou entendendo... Essa forma de ver é mais equilibrada do que só eu ser um problema.

Paul: Eu concordo com o que você está dizendo.

Erin: Então, Doug, o Paul começou a refletir sobre os pais dele e como a experiência com eles pode estar contribuindo para a ansiedade de ser um bom pai e a frustração dele com a sua ansiedade.

Isso incentiva a escuta intencional e é importante porque, à medida que alguém compartilha (etapa 4 da expressão intencional), o parceiro tem que suspender sua atitude defensiva e acreditar na experiência do outro para poder entender a perspectiva dele. No final das contas, isso ajudará Doug e Paul a trabalharem com a ansiedade um do outro, em vez de ficarem achando que um deles está certo e o outro está errado.

Doug: É, eu conheci os pais dele. Eu sei do que ele está falando. Na verdade, eles até tratam o Ty como se fosse um inconveniente para a agenda deles. Sempre que perguntamos se eles podem ficar com ele ou se querem vir brincar, parece que eles ficam irritados. Fico chateado com isso.

Stephen: Doug, você consegue perceber que o Paul talvez sinta a necessidade de garantir que o Ty tenha toda a atenção dele e que brinquedos espalhados ou comida velha no cadeirão o distraem da sua missão?

Doug: Sim, entendo.

Essas perguntas fazem parte da ajuda para Doug suspender sua defensiva e acreditar na experiência de Paul, e entender como isso o influencia e contribui para sua ansiedade e sua reação quando Paul fica ansioso.

Erin: Paul, o que você acha que faz o Doug sentir tanta ansiedade em relação à organização da casa e outras coisas desse tipo?

Paul: Bem, sei que a mãe do Doug era rígida em relação à casa; ele me contou que às vezes não podia tocar em nada. Eu não acho que ele seja assim, mas entendo como as coisas fora de ordem podem parecer uma ameaça, porque sempre falaram para ele que isso era errado.

Erin: Então, uma sala cheia de brinquedos no chão pode parecer uma ameaça? Não é estranho como os brinquedos no chão podem ser uma coisa tão importante, pois teria sido importante para a mãe do Doug? Provavelmente Doug se sente pressionado a "fazer a coisa certa" ou "arrumar" para que ela não ficasse chateada... O que você acha, Doug?

Doug: Não sei se eu estava totalmente ciente disso, mas minha mãe ficava muito brava se algo estivesse fora do lugar; e eu ficava com tanto medo que corria para arrumar. Então, de um jeito estranho, quando o Paul deixa uma bagunça, sinto que ele não quer estar perto de mim, porque não está tentando manter as coisas limpas.

Tanto Doug quanto Paul começaram a se expressar e a escutar intencionalmente. À medida que se envolvem nesse processo, a conversa começa a se afastar de quem está reagindo certo ou errado, e há uma sensação de compreensão sobre como a ansiedade aflora.

Erin: Pois é, então cadeirões sujos são um grande problema.

Doug: Uau! Paul, acho que nunca percebi isso, mas às vezes me sinto assim. Compreendo que não é verdade, mas mesmo assim eu sinto isso.

Paul: É. Isso faz sentido. Principalmente porque parece um grande problema.

Doug: E consigo entender como o fato de eu estar mais focado na casa limpa e não no Ty pode te fazer se sentir mal e achar que eu não me importo com você e com o Ty.

Agora estamos transitando para a quarta etapa da escuta intencional — a reparação. Eles estão caminhando para se responsabilizarem, se perdoarem e tomarem ações para mudar.

Stephen: Então agora, em vez de dizer ao outro "Você está exagerando" ou "Você está ansioso e só precisa se recompor", vocês podem dizer: "Agora posso entender como o que está acontecendo com você e não está te fazendo bem e te deixando até ansioso".

A ansiedade está sempre alicerçada em uma ou várias histórias que sentimos estarem sendo reprisadas em nossa vida, e não queremos que elas se repitam. Assim, ficamos na defensiva, nos fechamos e pressionamos nosso parceiro dizendo: "Pare de ficar ansioso" ou "Pare de fazer eu me sentir ansioso". Não sei se vocês sabem disso, mas dizer a alguém para não ficar ansioso é a melhor maneira de deixar a pessoa mais ansiosa ainda.

Em vez disso, por meio da escuta intencional, você pode falar: "O que está acontecendo? Você me ajuda a entender? Estou vendo que você está passando por um momento difícil". Mas isso não é tudo. Podemos respeitar a ansiedade, mas isso não significa que devemos despejá-la no outro.

Doug: É aí que o Paul e eu continuamos presos. E agora?

Erin: Vocês dois terão que ceder um pouco quando se trata da ansiedade de cada um. Isso significa que terão de se ajudar mutuamente na regulação e suportar um pouco de desconforto. Paul, você mencionou algo mais cedo na nossa sessão que poderia ser um exemplo disso. Você disse que, quando o Doug chega em casa, gostaria que ele falasse com você e o Ty, se envolvesse, e depois vocês dois poderiam resolver o problema de arrumar a casa juntos.

Para você, Paul, o Doug chegar em casa e logo entrar na brincadeira com você e o Ty te ajudaria a aliviar a ansiedade. Doug, a sua ansiedade é aliviada se a casa for arrumada. Portanto, o objetivo não é dizer ao outro para não ficar ansioso nessas situações. Vocês vão ficar ansiosos. Respeitem isso. Vocês têm histórias que reforçam a ideia de que é bom ficar ansioso nessas situações.

Agora, descobrir um sistema que funcione para vocês dois é trabalhar em conjunto para lidar com a ansiedade. Doug, você pode esperar até depois da hora de dormir do Ty para limpar a casa? Paul, talvez o Doug gostasse de ter vinte minutos para se recompor do trabalho antes de entrar na brincadeira. Você poderia combinar com ele e deixar isso acontecer?

Em qualquer cenário, um está tentando ajudar o outro a se regular e precisa aceitar que deverá suportar um pouco de desconforto para lidar com seu parceiro, seja o estado em que ele estiver.

Paul: Certo, estou entendendo. Então não precisamos lutar contra a ansiedade e dizer ao outro para não ser ansioso. Só precisamos descobrir como podemos ajudar um ao outro, e isso vai exigir que cada um ceda um pouco.

Doug: Porém, é mais fácil falar do que fazer, me parece. Quero dizer, entendo, mas não sei se vamos conseguir fazer isso.

Stephen: Sabemos a história por trás do que gera a sua ansiedade quando se trata dessa transição no dia a dia. Mas digamos que, mesmo que você não entenda a ansiedade do outro, você está disposto a respeitá-la. Ou seja, o Paul quer que o Doug se envolva com ele e o Ty quando chegar em casa, e o Doug quer que o ambiente fique um pouco mais calmo para poder se envolver. Como vocês querem fazer isso? Essa transição pode ficar melhor para vocês dois, mas pode não ser perfeita também.

Paul: Bem, acho que eu posso me esforçar para arrumar um pouco a casa antes de você chegar, Doug.

Stephen: Gosto como você está se oferecendo para ceder, Paul, mas temo que isso ainda possa estar funcionando pelo sistema antigo, em que você sente a pressão para fazer o que o Doug quer, e o Doug sente a pressão para entrar logo na brincadeira quando chegar em casa.

Eu me pergunto se primeiro um poderia permitir ao outro lidar com sua própria ansiedade para depois vocês se reunirem. É nisso que estou pensando. Talvez, Doug, você possa avisar o Paul que está para chegar em casa e isso inicie a rotina de transição. Paul, você pode levar o Ty para cima ou para dar uma volta pouco antes do Doug chegar em casa. Talvez, Doug, você possa chegar em casa, ajustar um timer para dez minutos e arrumar um pouco a casa. Então, Paul e Ty retornam à casa, e o Doug estará aberto para eles, todos totalmente engajados e prontos para estarem presentes.

Doug: Sei lá... Mas isso parece bom, porque daí eu posso aliviar a minha ansiedade colocando a casa em ordem e não vou me distrair. Paul, sei que quando chego em casa você gosta que eu abrace logo você e o Ty, que eu veja como vocês estão e que eu seja presente junto de vocês. Seria difícil para vocês me deixarem ter esses dez minutos?

Paul: Bem, se eu souber com antecedência que você está chegando, acho que faz sentido. Se o Ty e eu simplesmente agirmos como se você não estivesse em casa por esses dez minutos, então seria como se estivéssemos te encontrando ao acabar de chegar, sem o seu costume de só passar pela gente e ir logo se ocupar com a limpeza. Pode dar certo!

Erin: E essa é a questão. Pode dar certo, como também não. Mas a ideia é que vocês tentem encontrar um arranjo que funcione. O objetivo é que vocês descubram o que é que funciona — o que é bem diferente de como vocês têm lidado com a situação até agora. Descubram o que funciona para vocês dois, mas tenham em mente que estão tentando trabalhar um com o outro a ansiedade de cada um, em vez de rejeitarem um ao outro e dizerem que o problema é o outro.

Doug: Gosto disso, trabalhar um com o outro. Quero resolver isso com você, Paul. Sei que vou ficar ansioso e isso pode ser um peso para você, mas não quero que seja assim. Eu gostaria muito de descobrir um jeito de nos sentirmos bem enfrentando esse tipo de conflito.

Paul: Eu quero a mesma coisa, Doug. Sabe, eu pensava que você era o único que estava ansioso, mas estou vendo como existem coisas que me deixam ansioso e eu também preciso de ajuda. Vamos experimentar essa ideia e ver como ela funciona. Podemos ajustar o que for preciso; vamos tentar.

COMO POSSO FALAR ISSO PARA O MEU CÔNJUGE? ROTEIROS

É fácil para os casais se sentirem em desacordo ao tentar lidar com o estresse individual. O conflito pode acabar girando em torno de qual reação seria a mais "certa" ou "errada". Por meio da equação conflito-conexão, os casais passam do diálogo truncado para a sensação de que estão trabalhando juntos contra o estresse, e não um contra o outro. A seguir, veremos alguns roteiros que podem ajudar você e seu parceiro a terem uma interação de apego ao lidar com o estresse.

Expressão intencional que convida à escuta intencional — o parceiro estressado

"Estou com a sensação de que a forma como estou tentando lidar com meu estresse, na verdade, está aumentando o seu, e vice-versa. Podemos falar sobre isso e tentar achar um jeito de nos apoiarmos, mesmo que a origem do nosso estresse e a nossa reação sejam diferentes?"

"Parece óbvio para mim que cada um de nós lida com o estresse de maneira diferente. Tenho certeza de que não entendo como você lida com o seu estresse, e acho que você também não entende como eu lido com o meu. Sinto que é melhor a gente conversar sobre isso e tentar ver se podemos nos sentir mais conectados um com o outro a respeito de tudo isso."

Expressão intencional que convida à escuta intencional — o parceiro não estressado

"Estou percebendo que me sinto frustrado com você por estar estressado. Não estou dizendo que está tudo bem. Eu não quero me sentir assim. Acho que estamos lidando com nosso estresse de maneira diferente, e quero tentar entender o que está acontecendo com você e o que é útil para você quando se sente estressado. Podemos falar sobre isso?"

"Acho que estou contribuindo ainda mais com seu estresse. Na verdade, talvez a maneira como eu abordo o estresse te irrita. Eu não quero que as coisas sejam assim. Você pode me ajudar a entender o que está acontecendo com você e o que te ajudaria a não se sentir estressado?"

PERGUNTAS PARA VOCÊ REFLETIR

1. Antes de ter filhos, o que você fazia para aliviar o estresse?
2. Você já teve a sensação de que seu parceiro se sente no direito de aliviar o estresse sem garantir que você também tenha as mesmas oportunidades de reduzir o seu? Você já sentiu que seu parceiro está chateado por você ter tempo para si mesmo? Isso poderia ser porque ele não tem esse mesmo tempo para si próprio?
3. Você sente que você e seu parceiro sabem bem quais são as coisas que normalmente desencadeiam o estresse de cada um? Você sente que vocês validam um ao outro nesses momentos estressantes?
4. Nesse conflito sobre como nosso estresse pode impactar o outro, existem feridas que você precisa que sejam reconhecidas e que seu parceiro poderia se aproximar de você para ajudar a curá-las? E seu parceiro? Para você, quais são os pontos não resolvidos neste conflito?
5. Há algo neste capítulo com o qual você se identifica? Isso despertou algum sentimento ou lembrança? Mesmo que sejam anteriores ao seu relacionamento atual, que emoções elas despertaram em você? Por que esses sentimentos e lembranças estão aflorando agora nessa fase da sua vida, como mãe ou pai?

CAPÍTULO 9

O conflito do "Eu estou mais cansado do que você"

ADAM E GWEN descobriram que estavam esperando Ana apenas algumas semanas após a lua de mel. Ambos queriam filhos, mas uma gravidez no primeiro ano de casamento não estava em seus planos. Após o choque inicial, eles começaram a ficar animados e a fazer planos para a família que estava crescendo.

Gwen achava que ia ficar cansada durante a gravidez, mas não tanto como de fato ficou. Ela já não era mais a mesma, principalmente no primeiro trimestre. Cochilava com frequência, até nos intervalos de almoço no trabalho e, quando chegava em casa, ia dormir cedo. À medida que a gravidez avançava, ela já não precisava de um cochilo todos os dias, mas sentia dores o tempo todo. Nenhuma massagem, por mais bem feita que fosse, aliviava seus pés, panturrilhas, costas e ombros. E acordava várias vezes à noite para fazer xixi. Por outro lado, Ana era muito ativa e Gwen adorava sentir a bebê se movendo. Gwen se sentia muito sintonizada com seu corpo e com Ana, e o desconforto e a exaustão valiam a pena, porque em breve ela iria conhecer sua bebê. Estava animada e ansiosa; era como se sentisse todas as emoções ao mesmo tempo só de pensar em ver e ouvir Ana.

Adam também estava se preparando para a chegada da filha. Ele tinha uma lista de coisas que queria concluir antes de Ana chegar

— por exemplo, garantir que a casa fosse à prova de bebês e fazer um seguro de vida. Diante disso, ele começou a se preocupar se Gwen teria um parto seguro. Adam tinha muitas dúvidas: "Estamos realmente prontos para um bebê?", "Como vamos ser capazes de pagar a creche?", "Vou ser um bom pai?", "Será que a Gwen e eu vamos perder o contato um com o outro, como aconteceu com tantos casais que conhecemos?".

Felizmente, a chegada da bebê foi praticamente de acordo com o plano de parto e, antes que percebessem, estavam deixando a maternidade e acomodando Ana no carro. Eles trocaram um olhar que significava: "Eu não acredito que vamos sair daqui com ela. Estamos realmente fazendo isso!". Naquele momento, eles sabiam que não preferiam fazer nada além do que exercer a parentalidade. Gwen queria amamentar e novamente ficou surpresa com quantas demandas isso exigia dela. Ela amava Ana e a amamentação, mas sentia que ninguém lhe havia explicado exatamente como ela se sentiria exausta e sobrecarregada.

Adam via o quanto um recém-nascido exigia, especialmente de Gwen, e queria dar o maior apoio possível. Ele deixava petiscos à mão para que ela pudesse comer a qualquer momento, mesmo com a bebê no colo, ou quando ela não pudesse preparar algo sozinha. Ele levantava de madrugada com Gwen para ela amamentar, porque às vezes ela dizia que isso a ajudava a não se sentir tão solitária. Ele trocava a fralda de Ana depois que ela terminava de mamar e a colocava de volta para dormir, ou dava mamadeira para a bebê quando Gwen queria ou precisava dormir mais. Em paralelo, Adam trabalhava em período integral como representante de vendas na área médica. Ele ajustou sua agenda de viagens, tentando evitar pernoites fora, mas, mesmo assim, continuava se esforçando para atingir suas metas mensais. Ele também não tinha ideia de como se sentiria exausto. Muitas vezes eles ainda trocavam aquele olhar entre si: "*Eu não acredito como isso é difícil. E estou tão feliz por estar fazendo isso com você*".

Adam e Gwen entraram em uma rotina de sono esporádico e inconsistente, tentando trabalhar duro durante o dia para estarem disponíveis para Ana e um ao outro. Gwen precisou descobrir como criar vínculo com Ana, amamentá-la, lidar com a montanha-russa emocional do pós-parto e pesar os próximos passos para quando a licença maternidade terminasse. Do ponto de vista emocional e físico, ela sentia que durante o dia estava conseguindo, embora alguns dias fossem mais difíceis; mas quando o sol se punha, muitas vezes ela se abatia, convencida de que talvez nunca mais fosse conseguir descansar e voltar a ser a mesma de antes. Adam se sentia requisitado em todas as direções. Ele tentava continuar avançando no trabalho para que pudesse sustentar sua família. Ele sentia falta de Ana e Gwen quando saía para trabalhar, mas, em casa, se sentia sobrecarregado tentando ajudar com a bebê e entender seu próprio relacionamento com Ana. Ele mal estava aguentando.

Certa vez, um grande cliente pediu a Adam que fosse a algumas reuniões que poderiam resultar em uma boa comissão. Ele precisaria ficar fora por dois dias e duas noites. Tanto ele quanto Gwen sabiam que ele precisava ir, e conversaram sobre o que ela poderia precisar enquanto ele estivesse fora. Eles não tinham rede de apoio por perto, por isso chamaram a mãe de Gwen para passar os dois dias com ela e assim pensaram que foi um bom plano.

Adam saiu de manhã cedo e a mãe de Gwen chegaria mais tarde no mesmo dia. Infelizmente, ela ficou gripada e achou melhor não ir, para não contaminar ninguém. Gwen entendeu e disse a Adam que ficaria bem, que ele podia se concentrar no trabalho. O fim de semana transcorreu bem, mas Gwen ficou exausta com a atenção constante dedicada a Ana e gostaria que Adam voltasse logo. A viagem de Adam também foi ótima; ele trabalhou longas horas enquanto esteve fora, dando tudo de si por dois dias seguidos. Ele também estava ansioso para retornar à casa. Quando chegou, estava esgotado física e mentalmente, assim como Gwen. Assim que entrou, abraçou Ana e Gwen e depois disse:

Adam: Nossa, estou exausto! Posso tirar um cochilo de meia hora? Estou tão cansado...

> **Gwen:** Ah, *você* está exausto? Tinha algum barulho naquele tranquilo quarto de hotel à noite? Aposto que foi difícil comer uma refeição quente que alguém preparou para você. Aquela partida de golfe que você jogou ontem foi realmente desgastante? É muita cara de pau. Eu fiquei aqui sem nenhuma ajuda, sem dormir, fazendo tudo! Você não sabe o que é cansaço!
>
> **Adam:** Gwen, não foi uma viagem fácil. Fiquei estressado o tempo todo tentando garantir que seria o fim de semana perfeito para o cliente e não estragar essa meganegociação. Um negócio que, a propósito, vai nos render muito dinheiro, justamente pela minha dedicação durante todo o fim de semana!

Ambos ficaram surpresos com a intensidade de suas reações e com a rapidez com que a situação se agravou. Esse momento pode ter sido o ponto crítico, mas ambos perceberam que algo nesse conflito tocou um ponto sensível. Gwen estava se lembrando das noites insones amamentando enquanto Adam dormia ao seu lado, ou dos dias em que ele saía para trabalhar e tinha tempo para si no escritório, enquanto ela ficava de plantão para Ana. Adam também estava ciente daquele sentimento que tinha quando Gwen o olhava como se ele não pudesse estar cansado ou doente, ou de mau humor, ou mesmo interromper momentaneamente o contato visual com Ana por um segundo. Ele começou a ficar com raiva e se pegou pensando: *Sei que ela está dando duro e que muita coisa acontece durante seu dia, mas meus dias também são recheados de preocupações. Eu estou toda hora pensando no trabalho e na necessidade de voltar para casa para que a Gwen não sinta que está fazendo tudo sozinha. Eu não dou conta.*

Nenhum deles tem cultivado essa lista de emoções conscientemente; na verdade, eles nem sabiam que tinham esses sentimentos. Na maior parte do tempo, eles sabem que estão se empenhando e sentem que o outro reconhece o quanto estão fazendo pelo bem de toda a família. É verdade que o fim de semana havia sido exaustivo para os dois, mas Gwen não consegue se livrar da sensação de que Adam é egoísta e coloca-se em primeiro lugar. Adam tem certeza de que não estava tentando agir de forma arrogante, mas apenas tentando recarregar a energia para poder dar a Gwen o tempo de descanso de que ela precisava. Ele sente que reformulou toda sua vida para colocar Ana e Gwen em primeiro lugar.

Nenhum dos dois quer ficar tão abalado por essas situações ou manter um registro dos "erros" do outro, mas ambos estão imersos em grandes emoções que acabam gerando ressentimentos recíprocos. Eles continuam tentando falar sobre isso, mas a conversa continua saindo dos trilhos. Gwen aponta como ela fica com raiva quando acorda à noite e vê Adam dormindo e, nesse caso, ele menciona todas as vezes que levantou porque Ana estava chorando, ou todas as fraldas que trocou enquanto Gwen dormia. Adam diz que adoraria poder ficar em casa e cuidar de Ana o dia todo, e Gwen responde: "Sim, porque só ficamos passeando no parque e damos risada o dia todo".

Gwen e Adam estão paralisados tentando descobrir o que está acontecendo, apontando momentos cheios de tensão que os machucam. Assim, cada um deles toma o assunto (ignorando completamente os sentimentos) e o desconstrói, fornecendo contraprovas de por que a outra pessoa não deveria se sentir da maneira como está se sentindo. Se eles já não estivessem tão cansados, esse conflito por si só seria suficiente para esgotá-los completamente.

POR QUE ESSE CONFLITO É NECESSÁRIO?

O cansaço de quem tem filhos é diferente. Você fica cansado até os ossos. É o cansaço do tipo "dei cada fibra do meu ser e amei com toda a minha alma até o último segundo deste dia". *Cansaço* é uma palavra muito usada, mas pode ter diferentes significados. Muitas vezes, até que esse conflito seja enfrentado, nenhum dos envolvidos sabe ao certo que tipo de cansaço está falando ou mesmo como diferenciar as opções. Mas uma coisa é certa: a exaustão física sempre exacerba as experiências emocionais.

Vamos voltar à interação entre Adam e Gwen quando ele chegou de sua viagem de trabalho. Adam iniciou a conversa mencionando que estava cansado tanto física quanto emocionalmente. Gwen estava fisicamente cansada naquele momento, mas igualmente esgotada emocionalmente, porque se sentiu ameaçada pelo comentário de Adam. Ela havia passado o fim de semana inteiro sozinha, e aguardava o momento em que o marido chegaria em casa e assumiria o controle, mas, ao invés disso, ele pediu que ela o ajudasse. Esse pedido ameaçou e frustrou diretamente a necessidade de sono de Gwen, e como nunca haviam tido esse conflito antes, sua reação foi rápida e mordaz.

Gwen reagiu antes mesmo de registrar que estava tendo uma reação intensa. O fato de Adam priorizar sua necessidade de descanso em detrimento da necessidade dela despertou sua ira, que se manifestou negando a possibilidade de Adam estar cansado. Observe que não estamos dizendo que Gwen não deve ficar com raiva. Nossas emoções são importantes e nos indicam o caminho para resolver a conversa. No entanto, quando Gwen reage minimizando a experiência de Adam porque sente que ele fez o mesmo com ela, a perspectiva dela se perde. Em outras palavras, a reação dela apontando o dedo para ele e dizendo que ele deveria se sentir apenas descansado e feliz, fez Adam desviar o foco de Gwen de tristeza, dor e raiva. A experiência dela e as emoções que a cercam são muito importantes, por isso a forma como ela comunica também é importante.

Mudando para a perspectiva de Adam, ele entra em cena sem ter lido o ambiente, portanto, está insensível ao significado subjacente do seu "simples" pedido. Sua pergunta tem um impacto pesado e doloroso, embora essa não fosse a intenção, e por isso é pego de surpresa pela explosão de Gwen. As emoções despertadas pela situação sinalizam que algo grande e importante está acontecendo e sendo sentido. O casal precisa de ajuda para pensar no impacto e na intenção — uma lição importante que os ajudará a lidar com esse conflito de uma maneira melhor no futuro.

É imprescindível enfrentar o conflito de quem está mais cansado. Na verdade, Gwen não acha que Adam não está cansado, e ele de forma alguma está tentando dizer que está mais cansado do que ela. Claro que ela sabe que Adam acabou de passar por um fim de semana exaustivo, mas quando ele expressou o fato naquele momento e naquele contexto, pareceu que foi de forma muito egoísta. Isso a feriu e a fez achar que ele jamais perceberia a desigualdade existente no relacionamento deles como pais. Embora este exemplo se refira a uma viagem de fim de semana a trabalho, poderia facilmente ter sido sobre uma terça-feira qualquer em que Adam dormia mal, mas todas as vezes em que Gwen levantava para atender Ana, ele parecia estar dormindo profundamente. Esse conflito é sobre os fins de semana ausentes e as boas e velhas terças-feiras quaisquer. Pode surgir quando seu parceiro diz que está passando mal ou que precisa de um tempo com os amigos. Pode surgir de maneiras diferentes, mas o conflito subjacente é essencialmente o mesmo.

Precisamos enfrentar esse conflito porque nós e nossos parceiros precisamos nos sentir livres e seguros para expressar como estamos nos sentindo e, mais do que qualquer outra pessoa, precisamos que nosso parceiro esteja conosco. Todos nós podemos ficar cansados de vez em quando, mas temos de levar em conta o contexto e a história de nosso parceiro na hora de expressar isso.

COMO ESSE CONFLITO PODE SE DETERIORAR?

Esse conflito é significativo para muitos casais. As palavras *estou cansado* vindo da boca de seu parceiro podem soar como um ataque frontal a seu sistema nervoso. *Estou cansado* é apenas uma expressão, mas pode parecer egocêntrica e facilmente levar a muitos de nós a apontar o quão ridículo é dizer isso quando as dificuldades dele nem se comparam às nossas. Esses pensamentos competitivos podem surgir na forma de: "Você quer me dizer que depois de roncar pacificamente ao meu lado enquanto eu peguei água para um filho, levei o outro para fazer xixi e amamentei o bebê três vezes ontem à noite, *você* acordou com sono? Oh, coitadinho". Ou "Você está doente? Quer dizer que você pegou o resfriado que eu venho enfrentando pelas últimas três semanas? Está com um pouco de tosse, então precisa de um dia na cama. Claro, parece justo para mim".

Esses pensamentos sempre parecem horríveis quando postos cruamente em palavras. Ninguém quer dizer essas coisas, e a verdade é que provavelmente nem acreditamos nelas. No calor do momento, sentindo-nos invisíveis em tudo o que passamos, acusamos nosso parceiro de ser um egoísta incompetente com quem acabamos nos metendo infelizmente.

Ouvimos essa reclamação dos casais o tempo todo. A narrativa do "é muita cara de pau" começa quando seu filho nasce e só aumenta com o passar do tempo. Repetidas vezes ouvimos alguma versão de como no dia seguinte à chegada do bebê, o parceiro que não pariu acorda e faz algum comentário sobre como o sofá do quarto da maternidade foi ruim para dormir, ou como ficou com frio porque não tinha cobertor ou acordou várias vezes com o barulho das enfermeiras. Claro que o cônjuge diz isso por ser verdade. Dormir em um sofá frio em um lugar desconhecido com muitas luzes e ruídos é realmente uma maneira desconfortável de passar a noite. No entanto, o parceiro que não deu à luz está dizendo essas coisas para a mãe de seu filho ou pelo menos ao alcance dos ouvidos dela, que acabou de passar muitas horas em trabalho de parto empurrando um humano para fora de seu corpo, ou submetida a uma grande cirurgia para tirar o bebê por meio de uma cesárea, passando por mudanças hormonais e físicas que muitos parceiros jamais conseguiriam sequer imaginar.

A questão não é que o parceiro que não deu à luz teve uma ótima noite de sono. Contudo, no contexto de estar com pontos em lugares onde ninguém gostaria, estar usando uma fralda, sentir dor no corpo todo e ter seus seios com volume triplicado da noite para o dia (ou a ansiedade sobre por que isso não aconteceu), esse comentário pode soar mais que indelicado. Ao sentir que seu parceiro é a pessoa mais egoísta do planeta, o parceiro que deu à luz começa a interpretar tudo por essa perspectiva. Foi atender o telefone? Está cronicamente desinteressado. Ficou até mais tarde no trabalho? Está absorvido em seu próprio mundo.

Quando a mãe começa a comunicar seu espanto sobre como o outro pode ser tão alheio à sua experiência, isso soa como invalidação e crítica. Mais uma vez, a raiva pela falta de empatia do parceiro é legítima, porém se perde na maneira muitas vezes mordaz como a frustração e a mágoa são comunicadas. O parceiro que não deu à luz acaba se sentindo atacado e, em vez de escutar as frustrações da mãe, fica na defensiva, o que só perpetua o ciclo. Esse conflito deve ser enfrentado para proporcionar a cada parceiro uma nova visão sobre o que realmente está acontecendo. Uma visão que tire os dois do estado de incompreensão e invalidação e os leve ao estado de curiosidade e empatia, onde conseguirão agir para demonstrar que entendem o que o outro está dizendo.

DO CONFLITO À CONEXÃO: A SESSÃO DE ADAM E GWEN

Quando Adam e Gwen chegam para a sessão, estão cansados. Suas emoções estão bem na superfície, mesmo que cada um tenha uma visão diferente da situação. Adam diz que estão tão cansados daquela dinâmica que até se propuseram a falar sobre isso na frente de estranhos (nós). Gwen afirma que também está cansada, mas não tem muita certeza se conseguiremos ajudar de alguma forma. "O que há de errado? A gente gostava muito um do outro, mas agora nosso relacionamento se limita a ficarmos invalidando um ao outro."

Nenhum dos dois quer ser o primeiro a falar. Eles não querem conversar sobre o assunto porque não querem retomar o conflito de sempre e estão cansados do ir e vir sobre isso. Adam finalmente começa usando o exemplo da viagem de dois dias para demonstrar como é a discussão deles.

Adam: Eu entendo que pedir a Gwen um tempinho para tirar uma soneca quando cheguei em casa provavelmente não foi a melhor ideia. O fim de semana tinha sido difícil para ela. E fico frustrado por ela se sentir mais cansada do que eu. Nesse meu raciocínio, está implícito que ela está trabalhando mais do que eu.

Gwen: Isso é tão frustrante. Eu *estou mesmo* muito mais cansada do que você. Você já tentou amamentar? Sabe quanta energia é necessária para fazer isso o dia todo? Eu não estou dizendo que você não está cansado ou trabalhando duro, mas não dá para comparar. O que estou fazendo é bem mais difícil e fico louca da vida quando você vem me pedir para deixar você descansar.

Adam: Isso é ridículo! Como você sabe quanto cansaço eu sinto? Virei minha vida de cabeça para baixo para apoiar você e estar junto enquanto você amamenta e se descobre como mãe. Acordo cedo. Trabalho até tarde da noite. Acordo com você para amamentar a Ana e me ofereço para dar a mamadeira durante a noite. Eu digo "Não" para meu chefe quando ele vem me pressionar para viajar, e estou constantemente tentando garantir que estou fazendo minha parte porque entendo que você está cansada. Eu só quero dizer que também estou cansado e acho que você nem percebe ou reconhece o que faço. Você nem liga! Você acabou de dizer que o que você está fazendo nem se compara ao que eu faço.

Gwen: Ugh... Você quer ganhar uma medalha pelo "trabalho" que está fazendo e precisa de reconhecimento por ser pai? *Eu* é que estou fazendo tudo! Eu dou de mamar para a Ana, troco as fraldas da Ana, levanto de noite quando a Ana chora, me preocupo com o desenvolvimento da Ana, pesquiso o que é bom para ela, e você só ajuda. Eu estou exausta física, emocional e psicologicamente. Você só está cansado porque não dorme o suficiente. É diferente.

Adam e Gwen tiveram seus gatilhos acionados. Eles precisam desacelerar e avaliar (etapa 1 da expressão e escuta intencionais). Interrompemos os dois para tentar parar a resposta ao estresse que ambos estão tendo.

Stephen: Opa, você escutou isso também, Erin?

Erin: Sim, escutei.

Adam: Do que você está falando?

Stephen: Bem, você e a Gwen estão presos num jogo que a gente costuma chamar de *Quem tem a vida mais difícil?*.

Erin: Pois é... é um jogo em que todos perdem e ninguém ganha.

Stephen: Provavelmente é o jogo mais famoso na vida da maioria dos casais, e é um dos maiores geradores de conflitos. Com o tempo, as perdas que cada parceiro sente — porque todos perdem neste jogo — realmente se acumulam num ressentimento intenso.

Gwen: Bem, com certeza acontece bastante com a gente. Normalmente somos ótimos como casal, mas é só um de nós dizer que está cansado, e tudo desanda.

Erin: Gwen, o que você quer que o Adam entenda sobre a sua experiência que você sente que ele não percebe?

Erin está conduzindo a conversa para a expressão intencional, e pede a Gwen para se sintonizar com sua experiência e descrever as emoções que sente (etapas 2 e 3).

Gwen: O Adam acha que eu consigo ter "tempo livre", que fico o dia inteiro só com a Ana no colo, deitada no sofá enquanto ele sai e trabalha. Mas eu trabalho duro todos os dias e não sei como explicar a exaustão que sinto. Esta é uma das coisas mais difíceis que eu já fiz na vida. E olha que já fiz muita coisa difícil antes! A maternidade está exigindo cada segundo do meu tempo. Acho que o Adam não enxerga o que está acontecendo comigo e realmente não entende o que quero dizer quando digo que estou cansada.

Erin: Então, tem alguma coisa na sua experiência atual como mãe que o Adam não está percebendo?

Gwen: Isso.

Erin: Adam, o que você quer que a Gwen entenda sobre a sua experiência que você sente que ela não percebe?

Agora é a vez de Adam se sintonizar com as emoções que está vivenciando.

Adam: Eu sei lá... Eu só não quero me sentir menor que ela ou desvalorizado. Ela não é a única que está com dificuldade e achando que a vida e o mundo viraram de ponta-cabeça. Estou tentando fazer a minha vida se encaixar com a da Gwen e da Ana. Estou me empenhando. Estou aqui. Tentando. Estou cansado e sobrecarregado, e não quero pensar que a Gwen quer que eu sofra pelo que ela está passando. Eu só quero sentir que podemos respeitar a dedicação um do outro.

Stephen: Essa é uma conversa difícil, e é totalmente compreensível que pareça tão carregada de emoção. Vou dar uma ideia para vocês dois conseguirem escutar e serem escutados. Muitas vezes isso é considerado validação, mas existe um componente-chave para a validação que é mais do que só ouvir o que seu parceiro está dizendo. É ter a sensação de que o outro entende, mesmo que não se identifique, mas que ele realmente entende o que você está se expressando. Para que a validação aconteça, vocês dois precisam sentir que o outro o enxergou. Esta é uma maneira elegante dos neurocientistas (estou falando de Dan Siegel) falarem sobre como é a validação.

Mas validação não é apenas se sentir visto. A validação também precisa levar à ação. Vou mostrar a vocês como ajudamos os casais a se comportarem no jogo do *Quem tem a vida mais difícil?*. Primeiro, você precisa sentir a validação. Segundo, você precisa demonstrar a validação.

Então é assim: são cinco perguntas que vocês precisam fazer um ao outro para sentirem a validação e cinco perguntas para demonstrarem a validação.

Estas são as cinco perguntas para sentir a validação:

1. Quais são as três palavras que você usaria para descrever seu nível de cansaço?
2. Há algum componente físico de seu cansaço que você quer que seu parceiro conheça?
3. O que mudou na sua vida desde que tiveram filhos, que você sente que é difícil, triste ou como uma perda?

4. Quando você está tentando descrever a sua experiência ao outro, mas acha que ele não entende, como você se sente? Diga duas palavras que você usaria para descrever o que sente.
5. Fale sobre um momento em que o outro *conseguiu* entender, ou pelo menos você sentiu que ele estava tentando. Você pode querer negar e dizer: "Isso nunca aconteceu". Mas pense bem. Mesmo que não tenha sido um momento perfeito, quando essa conversa teve um tom ou sentimento diferente que apontou para algo mais positivo?

E estas são as cinco perguntas para demonstrar a validação:

1. Existe algo prático que precisa mudar para sua experiência ser diferente?
2. Quando você diz que sente cansaço, há alguma maneira de eu responder que seja melhor do que as respostas que tenho dado?
3. Como posso dizer que estou sentindo cansaço de modo que não pareça que estou competindo com você? Existe algum jeito de falarmos sobre o que está acontecendo sem iniciar o jogo do *Quem tem a vida mais difícil?*.
4. Se começarmos a ficar presos a esse velho diálogo, o que podemos fazer para parar, nos reagrupar e nos conectar em vez de nos desconectar?
5. O que podemos fazer agora para ajudar um ao outro a sentir um breve momento de pausa ou alívio do cansaço?

Esta é uma maneira bastante estruturada de ajudar o casal a transitar pelas etapas da equação conflito-conexão. Fazemos isso porque esse conflito é um dos mais sensíveis para os casais e, a nosso ver, precisa de uma abordagem mais diretiva. A primeira parte, que é focada na validação do sentimento, orienta o casal por meio da expressão e escuta intencionais. A segunda parte, focada em demonstrar validação, é um olhar aprofundado sobre como fazer a reparação (etapa 4 da escuta intencional).

Erin: Vamos fazer esse roteiro juntos. Quem quer ir primeiro?

Adam: Gwen, vai você. Eu quero entender o que você diz, de verdade.

Gwen: Certo.

1. Quais são as três palavras que você usaria para descrever seu nível de cansaço?

Afogada, aprisionada e *murcha.* Acho que essas três definem bem.

Erin: São palavras fortes. Imagino como foram difíceis de serem ditas. Foi difícil dizer que é assim que você está se sentindo?

Gwen: Sim, eu não quero parecer que não gosto de ser mãe. Eu adoro, mas às vezes é tão difícil. Acho que eu me sinto envergonhada, não sei se as outras mães se sentem assim... Às vezes, não sei como dar conta de tudo.

2. Há algum componente físico do seu cansaço que você quer que o seu parceiro conheça?

Ah, eu nem sei como descrever meu corpo agora. Eu adoro. Eu odeio. Eu me sinto orgulhosa e traída por ele ao mesmo tempo. Fico chateada por meu corpo ter mudado tanto, ele nunca mais será o mesmo. Meus mamilos doem o tempo todo. Os dutos entopem de tempos em tempos, é horrível! Parece que a Ana está toda hora me tocando. Essa pressão de que ela precisa do meu corpo para sobreviver, isso faz eu me sentir como se não tivesse controle sobre ele. Antes eu me sentia em forma e forte, mas agora tem sido normal eu me sentir exausta e cansada. Mas também tenho orgulho por ter dado à luz e por tudo que meu corpo é capaz, como ele mudou para poder gerar a Ana. Meu corpo parece confuso, é como se fosse mais uma coisa que eu tenho de entender.

Erin: Seu corpo se sente confuso. Isso deve ser muito difícil. Imagino que muito disso aconteça de forma inconsciente na maior parte do tempo. Nós nos acostumamos tanto com nosso corpo que nos esquecemos de prestar atenção nele. É como se eu tivesse torcido o tornozelo e soubesse disso, mas se eu não tratar ou prestar atenção, acabo me ajustando à lesão e convivendo com o desconforto. Muita coisa acontece depois que temos filhos e, infelizmente — a menos que a gente saiba que deve evitar isso — tendemos a esquecer tudo pelo que passamos e seguimos em frente. As mudanças no corpo são monumentais, mas também precisamos nos concentrar em outras coisas e seguir adiante. Talvez a maneira como você se sente em relação a seu corpo tenha a ver com o cansaço, essa exaustão que é muito mais do que só falta de dormir o suficiente.

Gwen: Muito mais. É quase como ter um corpo que eu não reconheço mais. Não sei como descrever isso.

3. O que mudou na sua vida desde que tiveram filhos, que você sente que é difícil, triste ou como uma perda irreparável?

Bem, definitivamente, o que acabei de dizer sobre o meu corpo, mas também sinto que perdi a mim mesma. Eu tinha um emprego que para mim era importante, mas ele significa muito menos para mim agora. Também não sei se estou pensando nisso da forma correta. Eu não tenho mais energia mental nem espaço na cabeça para pensar na minha carreira. Além disso, sinto falta de estar mais com o Adam. Antes a gente tinha mais tempo e espaço juntos, a gente se divertia e éramos mais conectados. Agora estamos sentados aqui com vocês, nos empenhando e ainda nos sentindo desconectados.

4. Quando você está tentando descrever a sua experiência ao outro, mas acha que ele não entende, como você se sente? Diga duas palavras que você usaria para descrever o que sente.

Sozinha e *enlouquecendo*. Eu não consigo fazer ele ver que é mais do que uma transição ou uma grande mudança. Não existem palavras para descrever o que meu corpo, minha mente e meu espírito passaram. Sinto que ele trata o que eu estou dizendo como se fosse um novo "desafio" de negócios, uma oportunidade de se reunir com a equipe, planejar a estratégia e atacar com confiança. Só que isso aqui não é o mundo corporativo.

Erin: Então há algo de extraordinário acontecendo. Algo pelo qual nem você nem o Adam passaram antes, e você quer que ele perceba.

Gwen: Isso. Dizer tudo isso aqui está me ajudando a entender por mim mesma. Acho que eu não havia enxergado como a mudança foi drástica para mim.

5. Fale sobre um momento em que o outro conseguiu entender, ou pelo menos você sentiu que ele estava tentando. Você pode querer negar e dizer: "Isso nunca aconteceu". Mas pense bem. Mesmo que não tenha sido um momento perfeito, essa conversa teve um tom ou sentimento diferente que apontou para algo mais positivo?

Bem, acho que o Adam me entende quando ele levanta comigo à noite para amamentar. É uma coisa simples: ele estende o braço e massageia as minhas costas, e eu sinto que ele está comigo. É como se ele percebesse como eu me esforço. Lembro que uma vez a gente conversou sobre como levantar no meio da noite era tão solitário e, depois disso, ele começou a acordar comigo. Isso realmente significou muito para mim.

Erin: Então o Adam é capaz de entender, como de fato entendeu, mas tem horas em que ele não consegue.

Gwen: Isso.

Erin: E você, Adam?

1. Quais são as três palavras que você usaria para descrever seu nível de cansaço?

Adam: *Exausto, abarrotado* e *insuficiente*. É isso.

Erin: O que essas palavras significam para você na sua perspectiva, Adam?

Adam: Acho que o sentimento de persistência ou a natureza constante da paternidade. Não existe descanso. Eu passo cada minuto do dia trabalhando ou sendo pai, e se houver qualquer intervalo, ele é usado para eu me preparar para o trabalho ou para ser pai, ou para fazer algo que torne o trabalho ou a paternidade mais fáceis. Não para nunca.

2. Há algum componente físico de seu cansaço que você quer que sua parceira conheça?

Pode ser... Quero dizer, ouvindo a Gwen falar, fiquei abismado. Definitivamente, meu corpo não foi afetado por um bebê. Mas estou esgotado e, na maioria dos dias, mal consigo sentir meu rosto. Eu gostaria de ter tempo para malhar como antes, apesar da minha aparência física não estar diferente, pelo menos não do modo como a Gwen descreveu.

Erin: Não ser capaz de sentir seu rosto é uma ótima descrição. E mesmo no que acabou de dizer, você vê que existem algumas diferenças na forma como o corpo de cada um sofreu. Não quer dizer que não tenha havido impacto sobre você ou que esse impacto não seja importante, mas você enxergou alguma diferença entre a sua experiência e a da Gwen.

Adam: Sim, eu não fazia ideia de que a Gwen estava sentindo algumas dessas coisas e que ela achava que o corpo dela estava tão diferente. Quero dizer, é claro que eu tinha certa noção. Entendo como a mudança foi grande por tudo o que ela passou, mas não, não pensei da forma como ela descreveu.

3. O que mudou na sua vida desde que tiveram filhos, que você sente que é difícil, triste ou como uma perda irreparável?

Eu repetiria o que a Gwen disse. É difícil não ter mais tanto tempo para ficarmos juntos e conectados. Sinto falta da liberdade que tínhamos antes da Ana. É claro que amo a Ana e não trocaria ela por nada, mas realmente tem sido um abalo difícil de lidar.

4. Quando você está tentando descrever sua experiência ao outro, mas acha que ele não entende, como você se sente? Diga duas palavras que você usaria para descrever o que sente.

Hm... Acho que isso me faz sentir que estou *falhando* e sou *mal interpretado.* Sinto a Gwen me dizendo que o que eu faço e a forma como contribuo não são tão importantes. É como se eu tivesse um lugar secundário ao que ela faz, por isso meus sentimentos não têm importância. Eu acordo todos os dias querendo fazer parte da família e amar Gwen e Ana com todas as minhas forças. Então quando ela me diz que não estou cansado ou não estou tendo dificuldades, é como se eu não fizesse parte do que está acontecendo na família.

Erin: Parece devastador sentir alguém dizendo que você não é tão importante.

Adam: É. Devastador é uma boa descrição. Eu me sinto derrotado, como se fosse uma perda de tempo ficar tentando.

5. Fale sobre um momento em que o outro conseguiu entender, ou pelo menos você sentiu que ele estava tentando. Você pode querer negar e dizer: "Isso nunca aconteceu". Mas pense bem. Mesmo que não tenha sido um momento perfeito, essa conversa teve um tom ou sentimento diferente que apontou para algo mais positivo?

Sabe, já aconteceu da Gwen me dizer que estou trabalhando duro e tentando estar presente e equilibrar o trabalho e a família. Fiquei feliz por ela falar que gosta quando eu acordo junto à noite. Acho que os momentos em que ela vê que estou tentando são bons para mim.

Stephen: Gwen, você já ouviu o Adam compartilhar algumas dessas coisas antes?

Gwen: Pode ser... Provavelmente sim. Ele já falou antes, mas normalmente estamos no calor de uma discussão ou algo assim e eu realmente não registrei. Dito assim, fica parecendo que sou insensível, mas eu me importo.

Stephen: Então, desacelerar assim e ouvir um ao outro é útil?

Gwen: É. Acho que foi até legal para eu me ouvir dizer o que estava acontecendo comigo, e é claro que fiquei feliz em ouvir do Adam. Acho que agora consigo ver pela perspectiva dele um pouco melhor.

Adam: Para mim também. Essa expressão *extraordinário* realmente fez sentido para mim. A Gwen está vivenciando uma coisa completamente nova, e é muito diferente de como eu me sinto a respeito. Eu também estou passando por uma novidade, mas existe uma diferença gritante entre as nossas experiências, é algo que não tinha prestado atenção.

Stephen: Estou gostando de ver, Adam. Vocês dois podem estar cansados, é lógico que estão. E vocês dois podem estar experimentando algo, e pode ser diferente. Não precisam se esforçar para competir sobre quem está passando pelo pior. Basta se esforçarem para entender como a experiência é diferente para cada um e o que isso significa para vocês como casal.

Gwen: Eu com certeza tenho feito disso uma competição. Imagino que não tenha sido a coisa mais fácil de lidar, Adam.

Adam: Eu tenho agido igual, Gwen.

Erin: Portanto, agora é a oportunidade para vocês dois passarem de "sentir validação" para "demonstrar validação". Vocês dois vão voltar para casa e passar pelas próximas cinco perguntas, assim como fizemos nas primeiras cinco hoje. Então, quando vierem na próxima semana, podemos conversar sobre como foi.

Adam e Gwen querem muito que o outro entenda sua experiência, mas, ao falar sobre ela, perceberam que nem eles mesmos sabiam exatamente o que estavam sentindo e o que queriam que o parceiro entendesse.

Esse é um conflito que você e seu parceiro precisam enfrentar. As sessões são sempre assim? Não, nem sempre, mas às vezes são. E os casais conseguem descrever a si e expressar o que esperam que o parceiro veja neles e por eles? Sim, eles realmente fazem isso usando a equação conflito-conexão.

Muitas pessoas querem que o parceiro entenda o que o *cansaço* significa para elas, mas até que parem para analisar e tenham alguma ajuda para chegar lá, eles não serão capazes de entender o que significa para si. Passar por esse conflito permitirá que o parceiro entenda melhor sua experiência e também ajudará você a entender a si e o que está passando.

Muitos de nós precisamos da compaixão do parceiro. Contudo, muitos de nós precisamos da compaixão de nós mesmos também. Já passamos por muita coisa. E continuamos a passar, mas sermos gentis com nós mesmos e uns com os outros ao longo do caminho realmente pode aliviar um pouco da exaustão que sentimos.

COMO POSSO FALAR ISSO PARA O MEU CÔNJUGE? ROTEIROS

Cansado é uma palavra boa, mas imperfeita. Vocês estão cansados das mudanças do dia a dia, mas seu cansaço e o de seu parceiro nunca serão exatamente iguais. Não tem como ser. E realmente está tudo bem, desde que vocês dois estejam cientes de que podem usar a mesma linguagem, porém significando coisas diferentes. Adquira o hábito de pedir a si e a seu parceiro para descrever melhor seu cansaço — desde que isso não o provoque ainda mais naquele momento.

Não há como sabermos o texto exato que melhor se adequará a você e a seu parceiro para ajudar a aprofundar esse enfrentamento até as camadas mais úteis e produtivas, mas formulamos algumas sugestões a fim de iniciar a conversa. E é perfeitamente normal que você não só as ajuste para fazer sentido no contexto do casal, mas também pratique dizendo essas ideias, talvez de maneira diferente, para ver o que parece mais natural e o que parece aprofundar a conversa para você e o seu parceiro.

Expressão intencional

"Às vezes, quando você diz 'estou cansado', ouço você dizendo que vai largar tudo para eu fazer. Ultimamente tenho me lembrado de como minha mãe fazia o jantar e depois ainda lavava a louça, e o tempo todo meu pai ficava sentado no sofá porque tinha trabalhado o dia todo e estava muito cansado. Mas minha mãe também trabalhava o dia inteiro, sim, em casa com a gente; isso tem me deixado com raiva por eles terem continuado assim. Eu não quero que a gente faça igual."

"Ultimamente tenho pensado sobre meu corpo e como os últimos anos têm sido para mim, tudo pelo que passei fisicamente. Tanta coisa mudou. Acho que ainda não processei totalmente o que preciso entender sobre tudo isso, mas preciso falar a respeito. É importante para mim sentir que você entende isso também."

Escuta intencional

"Estou cansado. Imagino que você também esteja. Eu gostaria de entender em profundidade o que *cansaço* significa para mim neste momento, e também compreender o que *cansaço* significa para você. Quer tentar falar sobre isso comigo?"

"Temos passado por tanta coisa. Vamos analisar essas perguntas e ver se cada um consegue encontrar alguma compreensão para si e para o outro."

PERGUNTAS PARA VOCÊ REFLETIR

1. Como foi seu último ano no aspecto físico?
2. Nesse momento, quando você diz *cansaço*, mesmo que seja apenas para si, com que emoção você relaciona? Você sabe do que se trata essa palavra do ponto de vista emocional? O que o ajudaria a sentir que esta emoção está sendo reconhecida pelo outro? (Exemplo: Estou cansado e me sinto muito triste.

Estou esgotado e me sentindo um bagaço; sinto que eu poderia me recompor se pudesse dormir até mais tarde um dia, fosse almoçar com um amigo ou recebesse um longo abraço depois de uma boa conversa com meu parceiro.)

3. Quando foi a última vez que você se sentiu com energia? Descreva essa ocasião com o máximo de detalhes possível. Você consegue encontrar um jeito de repetir essa experiência?
4. Neste conflito, em qual ponto você fica mais preso? Neste conflito, qual é a coisa mais importante para você? Como isso se tornou tão importante para você? O que você sente que está em jogo?
5. Você sente que tem evitado esse conflito? Há algo neste capítulo com o qual você se identifica? Isso despertou algum sentimento ou lembrança? Por que esses sentimentos e lembranças podem estar aflorando agora, nessa fase de sua vida, como mãe ou pai?

CAPÍTULO 10

O conflito do "Chega de dar preferência para sua família em vez da nossa"

TASHA E SAM estão juntas há quinze anos e casadas há quase dez. Elas têm três filhos: Alani está com 7 anos, Letti, 4, e Mia, 2. Elas moram na cidade natal de Sam, onde a maior parte de sua família ainda mora, e Sam trabalha para a empresa de sua tia como diretora de operações. Tasha é designer gráfica freelancer e não tem uma família grande como Sam; seus pais e sua única irmã moram a duas horas de distância. Como a família de Sam mora na região, elas passam bastante tempo com eles e com os membros da comunidade, que a conhecem desde pequena.

Tasha adora a energia de uma família grande, mesmo que às vezes seja avassaladora; para ela, ter todos os tios, avós e primos por perto é reconfortante. Ela sente que ganhou na loteria porque a família de Sam tem sido muito acolhedora com ela. E adora que seus filhos tenham primos para brincar e possam criar raízes em uma grande comunidade. O relacionamento de Tasha e Sam também se beneficia pela família ser tão próxima. Elas podem pedir ajuda com as crianças para sair à noite e até passar fins de semana fora, quando aí se conectam, passando um tempo juntas e perfeitamente seguras a respeito de quem está cuidando das crianças.

Ao mesmo tempo, Tasha passa por algumas pressões dessa família tão próxima. Seus sogros são avós maravilhosos, mas existem ocasiões em que ela sente que Sam tende a levar mais em consideração essa família do que a sua própria, principalmente nas datas comemorativas e nos aniversários, quando Tasha fica mais tensa.

Por exemplo, sempre que um membro da família faz aniversário, os pais de Sam oferecem um jantar especial para essa pessoa e convidam toda a família. É uma tradição de longa data que Tasha e Sam sempre gostaram. Mas, este ano, a família de Tasha decidiu planejar uma escapada de fim de semana para comemorar os 5 anos de Letti, o que significava deixar de comemorar com a família de Sam neste ano. Porém, visto que quase todos os aniversários das meninas eram passados com a família de Sam, Tasha pensou que não haveria problema em fazer essa viagem.

Depois que os pais de Tasha fizeram as reservas e confirmaram a viagem, ela contou a surpresa para as crianças e Sam juntas no jantar. As meninas ficaram animadas e começaram a falar sobre as atividades que queriam fazer. Sam ficou surpresa, para dizer o mínimo, e pediu um minutinho para conversar com Tasha na outra sala.

Sam: Não entendi... A minha família já marcou o jantar para comemorar o aniversário da Letti nesse final de semana da viagem. Por que a sua família marcou na mesma data?

Tasha: A gente sempre comemora com a sua família. Por que não podemos passar um aniversário com a minha família? Só dessa vez!

Sam: Claro que podemos comemorar com a sua família. Acho ótimo, sempre. Só não acho que eles tenham de competir. Minha família vai ficar desapontada por perder uma ocasião tão marcante; até porque já tínhamos falado que a festa poderia ser no dia do aniversário dela mesmo, já que esse ano cai no sábado. Vai ficar esquisito a gente mudar os planos agora, sem mais nem menos.

Tasha sempre admirou a lealdade de Sam pela família, mas em algumas ocasiões acabou ficando complicado para ela — como na cerimônia de casamento delas, que passou de um evento íntimo para uma enorme festança para acomodar toda a família de Sam. Tasha não havia notado que estava guardando alguns ressentimentos pela família de Sam até terem essa conversa sobre o aniversário de Letti. Nenhuma das duas queria brigar, principalmente com as crianças na sala ao lado, assim, à medida que a tensão cresceu, Sam cedeu primeiro. "Tudo bem. Vou explicar para meus pais que a princípio essa viagem parecia que não ia dar em nada, por isso não tínhamos falado dela, mas que no último minuto acabou dando certo." Logo depois as duas voltaram para a sala onde estavam as crianças, com o silêncio pesando entre elas.

Cada uma tenta se comportar normalmente perto da outra, mas ambas se sentem frustradas e sozinhas. Tasha de repente se vê obcecada pelos problemas que tiveram no planejamento do casamento e fica completamente desequilibrada. Fazia anos que ela não pensava mais naquilo. Sam conversou com seus pais e eles disseram que podiam remarcar sem problemas, porém Tasha lhe pediu que não fosse feita a festa mesmo, para que o aniversário fosse comemorado apenas com a viagem junto com a sua família. Sam agora acha que a companheira está sendo irracional e determinada a descontar algo na sua família, embora não soubesse exatamente o quê. Nem Sam, nem Tasha conseguem fazer com que a outra entenda a sua posição. A tensão entre elas continua a crescer, assim como a certeza de que a culpa pelo problema é da outra.

POR QUE ESSE CONFLITO É NECESSÁRIO?

Muitas vezes, a conversa em torno dos parentes ultrapassa todos os limites e é marcada por toxicidade (veja mais sobre isso no Capítulo 14). No entanto, algumas famílias têm dinâmicas maravilhosas e saudáveis com a família estendida, o que pode ser uma verdadeira tábua de salvação para os pais. Porém, esses ainda são relacionamentos que precisam de tempo e esforço e onde os conflitos surgirão de tempos em tempos (lembre-se: o conflito é simplesmente um sinal indicando que algo é importante). Mas descobrir como resolver conflitos em sistemas familiares já estabelecidos, enquanto você e seu parceiro estão tentando criar seu próprio, normalmente envolve pelo menos algum tipo de desconforto. Cada família tem sua própria e complexa estrutura que consiste das seguintes partes:

- **Regras:** "Nesta família, somos otimistas, por isso evitamos todas as emoções negativas".
- **Papéis:** "O Paul é o diferente da família e está sempre aprontando alguma e se metendo em confusão".
- **Rituais:** "Todo Natal vamos ao centro para ver o show de luzes com a família toda".
- **Segredos:** "Ninguém sabe por que o tio Rob e a tia Susan pararam de se falar há quinze anos, mas simplesmente não falamos sobre isso".
- **Padrões geracionais:** "Todos os homens do lado da família da sua mãe começaram seus próprios negócios" ou "Todas as mulheres da família fizeram faculdade".

É compreensível que você ache estranho e estressante tentar se integrar a um sistema familiar que já existia muito antes de você entrar em cena. E como um relacionamento em parceria envolve duas pessoas, normalmente, duas famílias se reúnem, cada uma com seu próprio conjunto de regras, papéis, rituais, segredos e padrões geracionais. Os casais podem achar bastante desafiador equilibrar os sistemas familiares, e isso pode levar à tensão e ao atrito entre os dois.

O mais importante que os casais têm que descobrir é como sua nova família nuclear se encaixa nos sistemas maiores de suas famílias de origem. Esse processo de integrar sua família em desenvolvimento a regras, papéis, rituais, segredos e padrões geracionais já estabelecidos das famílias de origem exige esforço e muitas vezes pode levar a conflitos. De qual família seguiremos as regras? Cada um deve fazer as coisas conforme sempre foi feito na sua família? Como isso funciona quando um parceiro quer fazer tudo como sua família sempre fez e isso difere de como a família do outro age? Quais rituais devemos adotar? E se houver algum ritual que um dos parceiros não queira seguir? Os segredos de família precisam continuar a ser guardados? E se você pensar que manter os segredos é prejudicial para sua nova família e seus filhos?

Você viu, e provavelmente até já sentiu, quais complicações se desenvolvem com a combinação (ou colisão) de sistemas familiares, mas é exatamente por isso que esse conflito é importante. Os parceiros precisam aprender a enfrentar esse conflito para que ambos possam tomar decisões sobre como querem que sua própria família funcione. Ninguém quer sentir que não tem escolha (isso pode descambar para o ressentimento), que é o que está acontecendo com Tasha. De repente, ela percebeu que não fez muitas escolhas quando ela e Sam combinaram as famílias e sente que está presa em um mundo onde a família de Sam parece ter precedência sobre a família que Sam e Tasha estão construindo. Integrar a família de origem à sua própria sempre envolverá uma dinâmica de atração e resistência, mas esse processo é essencial para alcançar algo especial: a sensação de pertencer a um grupo de pessoas que o aceitam, amam e apoiam, não importa o que aconteça, e que fazem você se sentir seguro.

COMO ESSE CONFLITO PODE SE DETERIORAR?

A família é formativa, basilar e sagrada, mesmo quando nossa experiência na infância é marcada por traumas (ver Capítulo 14). Somos todos um produto de nossa família, por isso, falar sobre ela com nossos parceiros pode nos tornar vulneráveis, porque, em essência, estamos falando sobre nós mesmos, nossa história, nossa própria narrativa. Estamos falando sobre regras, papéis, rituais, segredos e padrões geracionais que moldaram a pessoa que somos hoje. Portanto, quando seu parceiro critica ou zomba de sua família, ou a compara com outra, você se sente compelido a defendê-la.

Esse é um caminho que pode transformar a discussão em uma comunicação nociva e improdutiva: quando os parceiros começam a opinar, criticar, responsabilizar, se afastar ou simplesmente zombar da família um do outro. É compreensível, embora não seja correto, que a reação seja colocar-se na defensiva ou ferir os sentimentos do outro. É tão simples quanto um parceiro dizer: "Por que a sua mãe sempre faz isso?", ao que o outro se irrita e responde: "Bem, pelo menos a minha família não (insira aqui um padrão de comportamento estranho)". A crítica é ameaçadora e desperta nossos medos, assim não estamos seguros, não somos vistos, não somos amados.

Outra maneira de esse conflito se deteriorar é quando regras, papéis, rituais, segredos ou padrões geracionais da família de um dos parceiros afetam os filhos dos dois. Por exemplo, em uma das famílias, é regra dar um abraço quando se despedem. Seu parceiro cresceu nessa família que esperava esses abraços, desejados ou não. Agora, como mãe ou pai, vocês decidiram que seus filhos devem fazer escolhas sobre seus corpos, se querem ou não oferecer um abraço, e a quem desejam oferecê-lo. Você e seu parceiro podem concordar completamente nesse aspecto, mas muitas vezes abordar esses tópicos de frente pode ser difícil para o parceiro cuja regra familiar está sendo quebrada. Neste caso, a briga se transforma em "Então você prefere manter as coisas confortáveis para a sua família às custas do nosso filho? Você está dando preferência para a sua família em vez da nossa".

Você talvez se pergunte: por que é tão difícil abordarmos nossas próprias regras familiares, papéis, rituais, segredos e padrões geracionais? Podem existir vários motivos. Se você sempre foi ensinado a não enfrentar certos conflitos ou a não se posicionar quando discorda, não é surpresa que não se sinta à vontade para fazê-lo quando adulto e/ou com sua família. Essa hierarquia de poder pode ser difícil de manejar quando você está considerando sua própria família. Talvez você sinta medo de magoar seus parentes, que afinal estão bem-intencionados, embora logicamente você saiba que eles gostariam de saber se o estão incomodando ou seu parceiro. Já ouvimos de muitos adultos: "Não sei por quê, mas quando vou à casa (antiga) ou começo a falar com minha família, me sinto como uma criança de novo, não o adulto de agora". Você está tentando lidar como interage com sua família nesta sua fase atual; agora adicione ainda uma situação em que seu parceiro lhe pede: "Diga para a sua família que...". Não é de admirar que você fique paralisado ou fuja da interação. O parceiro que lhe pediu pode interpretar essa reação como desdém, enquanto o parceiro, que está tendo dificuldade em se expressar, pode sentir que o outro não compreende o quanto isso lhe é difícil. Este é um padrão infeliz que, se não for tratado, pode levar a padrões prejudiciais e ressentimento.

DO CONFLITO À CONEXÃO: A SESSÃO DE TASHA E SAM

Sam está visivelmente incomodada com esta sessão; ela sente que repetir a conversa sobre sua família será inútil. Tasha parece abatida e triste. O casal expressou vontade de resolver o conflito, mas o sentimento geral da sessão é que nenhuma das duas acredita que algo possa mudar.

Sam: Tasha, não acredito que a conversa passou da festa de aniversário da Letti para o que te chateou na nossa festa de casamento. Isso foi há quinze anos! Você ficou brava com isso por todo esse tempo? Para mim é ridículo, parece que você está fazendo birra.

Tasha: Bem, claro que para você parece mesmo, porque Deus me livre de falar alguma coisa negativa ou se sentir desconfortável com a sua família perfeita.

Sam: Eu nunca falei que a minha família era perfeita, mas você pinta eles como se fossem maus por quererem manter a tradição de comemorar as datas importantes de cada um e quererem que a Letti se sinta especial.

Stephen: Vou interferir aqui e ver se podemos manobrar para longe o sarcasmo e os comentários ácidos. Está claro que as duas estão magoadas uma com a outra e, no momento, se sentem fechadas para ouvir as razões de cada uma sobre o porquê de estarem tão abaladas.

Este é um redirecionamento para tentar trazer ambas as parceiras para a etapa 1 de expressar e ouvir intencionalmente. Elas precisam avaliar e perceber que estão falando sobre um tópico que provoca as duas. Se continuarem por esse caminho, continuarão tendo um diálogo truncado.

> **Erin:** Sam, tente se afastar por um instante das emoções fortes que você está sentindo sobre a Tasha estar chateada com a festa de casamento. O que você percebe sobre o sentimento de ela falar negativamente de sua família?

Essa pergunta permite levar Sam para a segunda etapa da expressão intencional – a sintonia.

> **Sam:** Fico com raiva. Parece que ela está sendo ingrata. A minha família ama a gente e se esforça para fazer com que todos se sintam incluídos e participem. Quando a Tasha reclama, parece que ela está sendo ingrata pelo modo como a minha família cuida dela e de nossas filhas.
>
> **Erin:** O que *ser ingrata* significa para você? Falar sobre situações desconfortáveis é ser ingrata?
>
> **Sam:** Não, mas eu só não entendo por que isso tem que ser um bicho de sete cabeças para a Tasha. Por que todo esse alarde? Acho desnecessário.

Erin ajudou Sam a sair do estado de gatilho acionado para se sintonizar com o que está sentindo enquanto ela e Tasha têm essa conversa. Há mais para explorar, mas a energia diminuiu, e Sam está refletindo sobre si em vez de ficar na defensiva.

> **Stephen:** Tasha, por que você não nos conta por que isso é sério para você? Obviamente há algo importante no que está dizendo, mas parece que você está com dificuldade de expressar e Sam está com dificuldade de escutar. Ajude a gente aqui.

Stephen reconhece que o que está acontecendo com Tasha é significativo e ajuda-a a perceber que está sendo provocada emocionalmente; isso permite que ela passe a se sintonizar com seus sentimentos e a situação, em vez de permanecer reativa. Ela está sendo levada a se expressar intencionalmente.

> **Tasha:** Acho que uma das coisas que me deixa bem chateada é o que a Sam acabou de dizer. Por que isso tem que ser um bicho de sete

cabeças? Parte de mim quer dizer: "Não pode ser só porque eu acho que é?". Por que o desejo dela de não causar mal-estar ou atritos com a família precisa definir como eu me sinto em relação a alguma coisa?

Stephen: Estou entendendo. Portanto, há uma sensação de estar sendo controlada por Sam ou pela família dela. Você consegue elaborar?

Agora estamos pedindo a Tasha para se sintonizar ainda mais, mas também passar para a etapa 3 (refletir), para que ela possa expressar intencionalmente porque isso parece ser importante.

Tasha: Vou tentar. Para ser clara, a Sam e a família dela não estão me controlando, mas quando o assunto é a família dela, parece que alguma coisa muda. É como se houvesse uma força dizendo que não se pode causar contrariedade ou fazer qualquer coisa que atrapalhe a positividade da família. Eu realmente não sei o que é, mas é por isso que me sinto controlada, e acho que isso faz com que a Sam não me escute e me diga que estou fazendo um alarde.

Erin: Tasha, você pode nos contar um pouco sobre a família da Sam? O que você gosta neles?

Tasha: Bem, eles realmente são pessoas adoráveis. Sabe, moramos na mesma cidade onde a Sam cresceu, então toda a família dela está lá. Eles são muito calorosos e acolhedores. Acho que um dos valores mais enraizados que eles têm como família é fazer todo mundo se sentir em casa. Quero dizer, é por isso que tem festa de aniversário quase todos os meses. Eles não querem que ninguém fique de fora.

Erin: Sam, como você descreveria sua família?

Sam: É complicado. Concordo com a Tasha, pois sempre me ensinaram que era importante fazer as pessoas se sentirem bem-vindas e que devemos ser acolhedores uns com os outros. A família é um desafio, principalmente porque há uma empresa que conecta muitos de nós, então meus pais pensaram que era importante nunca deixar que pequenas disputas se tornassem grandes problemas e que devemos nos esforçar para manter a paz para o bem da família.

Stephen: Sam, isso parece importante: "Nunca deixar que pequenas disputas se tornem grandes problemas e que devemos nos esforçar para manter a paz para o bem da família". Outra maneira de dizer isso seria: "Não ligue para as pequenas coisas". O que você acha?

Sam: É, pode ser.

Tasha: Acertou na mosca!

Stephen: Como assim, Tasha?

Tasha: Eu nunca tinha percebido isso, mas pegando o que a Sam disse agora, existe aquela sensação de que nada pode ser tão grande ou sério que afete negativamente o sentimento de união da família. Sinceramente, a família é maravilhosa e quase nunca acontecem grandes desentendimentos ou problemas. Mas eu vejo isso nas pequenas coisas. Uma vez, a Sam queria tirar uma semana de férias, mas sua tia queria os mesmos dias, então a Sam imediatamente recuou e não disse nada, apesar de estar esgotada de cansaço e sentir que precisava mesmo de uma folga. Não era o fim do mundo, mas a Sam disse: "Não tem problema, não é preciso fazer disso uma tempestade. Eu espero até a semana seguinte".

Erin: Tasha, como você se sentiu ao ver a Sam fazer isso?

Tasha: Eu me senti mal por ela. Ela estava muito cansada e não estava se sentindo bem do ponto de vista de saúde, e mesmo assim ela achou que não devia falar nada. Eu queria ligar para a tia dela e falar alguma coisa.

Erin: Mas você não ligou, e a Sam também não. É assim que existe a sensação de ser um ambiente controlador?

Tasha: É. Como falei antes, não estou dizendo que a família dela é ruim. A tia dela é maravilhosa, acho que até se sentiria mal se soubesse o que aconteceu. Eu adoro eles. É que, às vezes, sinto que a pressão para manter esse mantra familiar, ou como quer que você tenha dito, se sobrepõe a mim e a qualquer coisa que eu possa sentir.

Tasha acabou de desenvolver a expressão intencional por meio da avaliação, sintonia, reflexão e compartilhamento. Ao fazer isso, ela foi capaz de nomear a questão central: às vezes ela sente que a família de Sam se sobrepõe a ela.

Stephen: Isso me soa importante, Tasha — o que você acabou de dizer sobre às vezes sentir que a família se sobrepõe a você. Como você acaba se sentindo quando isso acontece?

Tasha: Sei lá... sem importância, deixada de fora, em segundo lugar.

Sam: Mas eu não estou escolhendo minha família em vez de você, Tasha.

Consegue ouvir a defensiva no tom de Sam? É difícil fazer o passo 2, suspender a defensiva, quando os valores e a reputação da sua família estão em jogo.

Stephen: Sam, como é escutar a Tasha dizer que não é certo você deixar sua família se sobrepor a ela?

Sam: Eu não quero que ela se sinta assim, e acho que tento levá-la sempre em conta. Eu me sinto de mãos atadas.

Stephen: Como assim?

Sam: Bem, sinceramente, entendo o que a Tasha está dizendo. Quero dizer, parei para pensar quando ela lembrou aquela história da semana de folga. A minha tia teria ficado feliz em me deixar tirar as férias, mas eu não disse nada. Fiquei com medo e achei que era desnecessário.

Erin: Com medo, como?

Agora é a vez de Sam se expressar intencionalmente, entrando em sintonia com suas emoções.

Sam: É estranho dizer *com medo*, mas é a primeira coisa que me veio à cabeça. Eu adoro minha família e o apoio que temos como grupo. Quero manter isso e gostaria que as nossas filhas e a Tasha tivessem esse sentimento também; não quero que isso mude.

Erin: Você realmente acha que alguma coisa teria mudado se você tivesse pedido a semana de folga que você queria? Foi ruim mexer na data da festa da Letti?

Sam: Não, mas eu estava preocupada que pudesse mudar, o que é estranho, porque não tenho nenhuma experiência que confirme isso.

Stephen: Sabe, às vezes é engraçado como isso funciona. Você tem medo de perder a bondade na sua experiência de apego com sua família, então você se estressa com algo que poderia acontecer, mesmo que a chance de não acontecer seja maior.

Sam: Entendi. Tasha, entendi o que você está dizendo. Eu não estou tentando dizer que o que você quer ou o que é importante para você não seja importante de fato. Eu gostaria que você pensasse que algo é importante se eu sentir que também é. Eu não lidei bem com a situação da festa da Letti. Você me perdoa?

Sam passou para a etapa 4 da escuta intencional (reparação), assumindo a responsabilidade e reconhecendo a preocupação de Tasha.

Tasha: Eu fico contente por você ter me contado isso. Obrigada!

Stephen: Tasha, eu me pergunto se você já havia pensado que transformar certas coisas num "bicho de sete cabeças" com a família da Sam poderia parecer assustador para ela?

Tasha: É, acho que ela nunca expressou isso antes, mas faz sentido.

Stephen: Então, quando ela for um pouco resistente a "uma pequena briga", não é que ela não ache você importante. É sobre ela sentir medo de perder algo que tem sido tão bom, e é algo que ela quer para a família de vocês.

Tasha: Hm... Acho que eu não tinha notado isso, mas estou entendendo. Sam, acho que não tinha entendido isso sobre você.

Sam: Acho que nem eu tinha entendido isso sobre mim, eheh!

Tasha: Bem, eu entendo que fazer o aniversário da Letti ainda parece ser muito importante e cancelar simplesmente a festa por completo deve ser ruim para você. Eu devia ter considerado esse ponto de vista e consultado você primeiro antes de decidir. Podemos fazer a viagem com a minha família e, quando voltarmos, com certeza poderemos nos reunir com sua família; o que você acha?

Sam: Seria maravilhoso!

Agora Tasha também estendeu a mão para fazer a reparação com Sam e, ao fazê-la, elas tomaram uma atitude diferente para se sentirem alinhadas e conectadas no que antes costumava ser um conflito doentio. Este é um exemplo perfeito de como o conflito pode levar a interações de apego.

COMO POSSO FALAR ISSO PARA O MEU CÔNJUGE? ROTEIROS

Família é um assunto complexo. Juntar as famílias do casal pode ser confuso se vocês não forem capazes de enfrentar os conflitos normativos que surgem nesse processo, de forma a criar conexão. Veremos alguns roteiros que podem fazer você e seu parceiro passarem do conflito para a conexão quando se trata de dinâmica familiar.

Expressão intencional — cônjuge sendo integrado à família

"Olha, eu sinto que sua família é importante para você, mas existem aspectos sobre como eles fazem as coisas ou pensam sobre o mundo que realmente não entendo. Minha maneira de lidar com isso tem sido levar na brincadeira, mas não acho que seja bom para você e parece que não resolve a situação. Eu quero realmente entender isso. Não quero que você precise defender a sua família diante de meu humor. Podemos falar sobre isso?"

"Eu não sei o que é, mas percebo que quando falamos sobre sua família, começo a ficar tensa e me fecho para o que você tem a dizer. Imagino que isso não seja legal para você e eu não quero ser assim. Podemos falar sobre o que acontece nessas conversas com você e o que causa em mim? Quero tentar entender isso."

"Eu realmente adoro a sua família. Sinto que, às vezes, quando falamos sobre como deve ser a nossa interação com eles, você acha que eu não quero ter proximidade com eles. Você pode me ajudar a entender se o jeito como estou me comunicando não está sendo legal para você? Queria poder conversar isso com você sem perder a nossa sintonia."

Expressão intencional — cônjuge que é família

"Posso falar com você sobre ir à casa da minha família neste fim de semana? Sinto que temos expectativas diferentes sobre como essas visitas devem ser. Você pode me ajudar a entender quais são as partes estressantes ou desafiadoras da visita? Quero entender seu ponto de vista."

"Eu não sei o que é, mas percebo que, quando falamos sobre a minha família, começo a ficar tensa e me fecho para o que você tem a dizer. Imagino que isso não seja legal para você, e eu não quero ser assim. Podemos falar sobre o que acontece com você nessas conversas e o que isso causa em mim? Quero tentar entender isso."

PERGUNTAS PARA VOCÊ REFLETIR

1. Você e seu parceiro combinaram como gostariam que suas famílias de origem fizessem parte da vida atual de vocês, se é que gostariam?
2. Quais são as regras, os papéis, rituais, segredos e padrões geracionais estabelecidos na sua família de origem? E na família de seu parceiro? Como você quer que esses tópicos sejam respondidos sobre sua família atual?
3. Você já pensou que você e seu parceiro podem ter expectativas diferentes sobre o papel que a família estendida deve desempenhar na sua família?
4. Neste conflito, em qual ponto você fica mais preso ou se sente mais ameaçado? Seu parceiro também tem os mesmos sentimentos? Neste conflito, qual é a coisa mais importante para você? Como isso se tornou tão importante para você? O que você sente que está em jogo?
5. Você sente que tem evitado esse conflito? Há algo neste capítulo com o qual você se identifica? Isso despertou algum sentimento ou lembrança? Por que esses sentimentos e lembranças estão aflorando agora nesta fase de sua vida, como mãe ou pai?

CAPÍTULO 11

O conflito do "Você está sendo mãe/pai do jeito errado"

KEITH E LARA estão juntos há dez anos e estão casados há quase sete; eles têm dois filhos. Ambos trabalham fora em tempo integral e têm empregos exigentes. Os dois estão contentes em suas funções e sabem que cada um está dando seu melhor todos os dias para contribuir com a família.

Para Lara, uma parte importante de sua parentalidade é ser reflexiva e autoconsciente para que ela esteja no seu melhor e possa proporcionar um ambiente amoroso e seguro para seus filhos. Na faculdade, Lara começou a fazer terapia e descobriu que isso a ajudava a entender a si e algumas das decisões que tinha pela frente. Ela credita à terapia o bom, embora não perfeito, relacionamento que hoje tem com seus pais — e que ela gostaria que servisse de modelo para seus filhos. Na faculdade, Lara também se matriculou em matérias extras de sociologia e atualmente gosta de estar a par dos estudos mais recentes sobre parentalidade; ela tem interesse especial em analisar as mudanças dos estilos parentais ao longo das gerações e o contexto social de cada um desses estilos. Ela estudou o desenvolvimento infantil e o impacto da infância na vida adulta; conversar com seu terapeuta permite que não fique remoendo muito sobre aspectos em que ela acha que pode ter perdido a mão com seus filhos.

Keith acredita que se empenha bastante e dá o seu melhor, mas não acha que falar sobre sua infância lhe seja de grande ajuda ou exemplo no dia a dia. O relacionamento com seus pais é bom, e ele realmente acredita que fizeram o melhor que puderam por ele e seus irmãos. Ele acha que tudo deu certo e não fica analisando mais nada além disso. Para ele, isso é bom. Já basta lidar com o presente momento, quanto mais remoer o passado. Keith não se preocupa se está sendo um bom pai. Ele gosta de seus filhos e trabalha muito para dar-lhes uma vida boa e, no que lhe diz respeito, esse é o cenário ideal para se criar filhos.

Keith e Lara concordam que ela é a principal tomadora de decisões da casa, sejam questões de parentalidade ou qualquer outra coisa relacionada às crianças. Embora na maioria das vezes as coisas corram bem, há momentos com as crianças em que Keith e Lara discordam sobre como lidar com a situação e eles estão percebendo que isso está causando atrito em seu relacionamento de casal. Ambos acham que o crescente distanciamento está se tornando preocupante, mas interpretam a situação de maneira muito diferente.

Keith enxerga a paixão de Lara pela parentalidade e, na maioria das vezes, admira seus pontos de vista e respeita seu conhecimento sobre o assunto. No entanto, ele acha que não precisam concordar em todos os aspectos da parentalidade e que pode até ser bom para as crianças verem duas perspectivas diferentes de vez em quando. Para ele, não importa se eles não concordarem em tudo sobre a criação dos filhos, mas isso não pode criar uma barreira entre ele e Lara. Ele reconhece prontamente que às vezes é menos paciente com as crianças do que gostaria, mas o que realmente o perturba é que, quando ocorre uma ocasião em que ele age de modo "longe de ser perfeito", Lara interfere e fica brava com ele. Aos olhos dele, ela faz a situação ficar pior do que antes.

Na visão de Lara, quando as coisas não estão indo bem na área da parentalidade, é natural que a área do relacionamento conjugal sofra um impacto negativo. Já Keith afirma que eles estão alinhados em todos os assuntos importantes quando se trata de parentalidade, porém, para Lara, os assuntos em que eles discordam são bastante importantes. Se ela tivesse que resumir, falaria que Keith é muito rígido com as crianças. De acordo com Lara, ele tem expectativas irreais em termos de desenvolvimento, provavelmente relacionadas à sua própria ansiedade. A seguir, veremos um exemplo desse tipo de desconexão parental:

Lara: As crianças não vão ficar mais calmas só porque você está pedindo para elas se acalmarem. Elas precisam que você esteja com elas para ajudar a processar o que está acontecendo. Basta você estar com elas que elas ficarão mais calmas.

Keith: Eles não precisam ser mimados. Eles precisam da minha ajuda para saber como passar pelas coisas difíceis da vida. A gente não precisa protegê-los de tudo; eles precisam aprender a ser resilientes.

Lara: Estar com eles quando estão chateados também é ensinar algo. É ensinar que, quando sentem emoções, podem se expressar e que alguém vai ouvi-los e se aproximar; assim, eles não precisam ter medo das coisas difíceis. Isso é resiliência.

Keith: Ninguém fez isso por mim. Tive de aprender que as coisas acontecem e você tem que se recompor e seguir em frente. No mundo real, ninguém vai ficar melhorando as coisas para eles.

Esse tipo de conversa sobre as diferenças parentais são sempre frustrantes para Lara e Keith; elas não levam a nada de produtivo ou a uma mudança construtiva. E tudo veio à tona depois de uma semana de trabalho particularmente longa para Keith.

Ele estava viajando a trabalho e voltou para casa na quinta-feira à noite, bem na hora das crianças irem para a cama. Elas ficaram animadas com seu retorno. Do ponto de vista de Lara, não tinham se passado nem cinco minutos, e ele já começou a ficar impaciente com eles. Logo depois, o casal já começou a brigar na frente das crianças, e elas foram dormir tristes e chateadas, enquanto Lara e Keith terminavam sua discussão. Este era o tipo de reencontro que nenhum deles queria. O conflito não só era improdutivo, mas contraproducente.

Lara: Você passou pela porta e, na mesma hora, já perdeu a paciência com as crianças porque estavam agitadas. Você parou para pensar que elas ficaram agitadas justamente por que caímos na loucura de ficar contentes pela sua volta?

Keith: Eu não perdi a paciência. Eu estava tentando ajudá-los a se aprontarem logo para irem dormir, para que você e eu talvez pudéssemos passar algum tempo a sós. Daí você se meteu e fez um escarcéu sem necessidade.

Lara: Você acha que sair por aí pisando duro e dando ordens vai ajudar eles a ficarem mais tranquilos para dormir? Você acha que gritar com o Luca para desligar a luz quando ele estava chorando ajudou ele a se sentir bem para descansar? Você realmente acha que isso o ajudou a pegar no sono mais rápido?

Keith: Eu não gritei com ninguém. Na verdade, a única pessoa que estava gritando era você. Você acha realmente que isso ajudou alguém a se sentir mais calmo?

Lara: Você deveria ser um adulto capaz de se autorregular sem descontar seu estresse nos filhos. Pode até ser que você não tenha gritado, mas com certeza não demonstrou compaixão quando tudo o que ele queria era um pouco de carinho e conexão com você.

Keith: Ah, então maturidade é você descontar seu estresse em mim? E na frente das crianças? O Luca não queria ir dormir e já estava ficando tarde. Ele sabe que toda vez que chora, tem você na palma da mão e pode te fazer parar o mundo, incluindo a hora de dormir. Ele tem que aprender a fazer coisas difíceis, inclusive ir dormir na hora certa, e sinceramente, você acaba fazendo as coisas ficarem mais complicadas para ele. Aliás, tudo fica mais complicado pra todo mundo.

Lara sabe que Keith é um bom pai e que se preocupa muito com os filhos, mas nesses momentos tensos ela sente uma quebra de confiança no relacionamento. Ela sabe que perde a paciência e acaba piorando tudo, mas também quer que seus filhos saibam que, às vezes, o modo como Keith se relaciona com eles não está certo. Ela gostaria de poder deixá-lo ser pai como ele quer, mas muitas vezes quando ele está junto e alguém acaba chateado, cabe a ela garantir que eles recebam a atenção e reparação de que precisam.

Keith confia em Lara como mãe e gostaria que ela também confiasse nele como pai. Ele não gosta da sensação que às vezes tem de que Lara se coloca entre ele e as crianças. Ele acha que Lara tem paciência infinita com elas, mas quase nenhuma com ele. Keith a apoia e confia nela completamente, mas quando os papéis se invertem, ele sente que ela fica contra ele, que ele é o pai ruim e ela escolhe ficar com as crianças em detrimento do relacionamento com ele.

POR QUE ESSE CONFLITO É NECESSÁRIO?

Esse conflito geralmente é classificado como uma diferença nos estilos parentais. Lembre-se de que nossa parentalidade está diretamente relacionada às nossas próprias experiências como filhos e à maneira como gerenciamos o estresse. Lara mergulhou na reflexão para entender como suas experiências passadas e sua maneira de lidar com o estresse no passado a influenciam como mãe. Seu objetivo é poder dar a versão mais saudável de si aos filhos e fazer isso num estado emocional equilibrado.

A desconexão entre Lara e Keith é que ele não dedicou tempo para refletir sobre a relação entre sua própria experiência como filho, sua maneira de lidar com o estresse e suas técnicas parentais. Lara percebe que Keith está mais reativo e irritado com as crianças por causa do estresse e da crença de que as crianças precisam aprender a fazer coisas difíceis porque ninguém facilitará a vida delas. Lara se sente preocupada com essa reatividade e as crenças dele. Keith atribui as preocupações dela às diferenças como cada um exerce a parentalidade e diz: "Nós apenas vemos as coisas um pouco diferentes". Mas Lara sente que essa dita diferença é resultado de Keith não ter estratégias de enfrentamento adequadas, e sua preocupação é que as crianças estejam pagando por isso. No entanto, Lara também se torna desregulada nessas interações e acaba fazendo o conflito crescer. Ela tem que ir além de simplesmente dizer: "Bem, Keith, se você não reagisse, eu não ficaria brava", e entender que se trata também da reatividade dela. Este conflito é maior do que as diferenças: é sobre a saúde emocional e relacional de cada cônjuge e sua capacidade de trabalhar juntos como uma unidade parental saudável.

Esse conflito precisa ser enfrentado porque é essencial todos se esforçarem para não vivermos a parentalidade e o relacionamento conjugal em permanente estado de alerta. O que isso significa? Esforçar-se significa entender como sua experiência passada com a parentalidade e suas respostas ao estresse podem beneficiar ou prejudicar a família. Isso pode ser feito por meio de terapia, lendo pesquisas úteis sobre desenvolvimento infantil e parentalidade e conversando aberta e honestamente com seu parceiro.

Os pais têm a oportunidade de refletir sobre como estão lidando com o mundo em diferentes papéis — como pais, parceiros e em outras áreas — e decidir se querem continuar agindo dessa forma ou se desejam modificar algumas de suas reações e formas de se expressar aprendidas ao longo do tempo. Isso não significa ficar preso ao passado e remoendo sobre o que foi e o que poderia ter sido. Significa olhar honestamente para nós mesmos e seguir a vida com propósito, ao mesmo tempo em que estamos juntos na mesma equipe com nosso parceiro (não como adversários).

COMO ESSE CONFLITO PODE SE DETERIORAR?

Esse conflito desanda quando os parceiros ficam presos à dicotomia de ser "muito mole" ou "muito rígido" com os filhos. Às vezes, Lara sente que Keith foi muito rígido com eles e fica limitada à tarefa de remediar a situação, depois de ele surtar com as crianças ou ignorar suas emoções. Keith acredita que Lara mima os filhos e, depois, tenta intervir e corrigir seu modo de ser pai. Mas ele acha que Lara é muito permissiva, e que a única maneira de as crianças aprenderem a sobreviver na vida é ver que as coisas nem sempre são fáceis. Eles estão presos em uma dicotomia inútil que os deixa com raiva e a quilômetros de distância um do outro.

Quando se trata de estilos parentais, há uma ampla pesquisa no campo da neurobiologia interpessoal sobre como os pais podem criar um ambiente mais saudável e vínculos com as crianças. Não há necessidade de um debate sobre ser permissivo ou disciplinador. Nenhuma dessas categorias faz parte da conversa. Conforme discutimos no Capítulo 1, a parentalidade eficaz e saudável tem tudo a ver com a criação de fortes laços de apego com as crianças por meio da proximidade e da capacidade de resposta.

Lara e Keith estão em conflito porque ela acha que, quando ele é reativo, a forma como interage acaba rompendo o vínculo de apego com as crianças, mas Keith não concorda. O argumento subsequente de Lara e Keith afeta negativamente o sentimento de conexão entre eles como casal. Eis como funciona o padrão entre eles:

1. Keith fica estressado durante uma tarefa parental e reage mal-humorado, exibindo raiva e irritabilidade, gritando e ignorando os sentimentos dos filhos.
2. Lara vê isso e se desequilibra, preocupada com a forma como os filhos reagem a Keith.
3. Lara se lança contra Keith para fazê-lo parar e se acalmar. Keith é provocado pela sensação de que Lara está lhe dizendo que é um pai ruim, e ele responde com frustração e reatividade contínuas.
4. Os filhos ficam chateados, Lara fica chateada, Keith fica chateado e há uma perda de conexão entre a família e o relacionamento do casal.

Lara precisa que Keith abra a sua mente e considere como ele está se relacionando com as crianças, de onde vem esse comportamento, se vai alcançar o resultado desejado e até mesmo que pai ele quer ser. Keith está pedindo a Lara para fazer o mesmo, mas de uma perspectiva de parceria. Ele precisa que Lara considere sua própria reatividade, reconhecendo que ela pode estar preocupada ou até mesmo frustrada com

Keith, mas sem agravar a situação e se desequilibrando — a mesma coisa pela qual ela está frustrada com Keith. Eles precisam pensar sobre o tipo de relacionamento que querem ter como família e como querem que seus filhos os vivenciem como pais. Ambos precisam analisar como foram educados, como respondem ao estresse e como isso afeta positiva e negativamente sendo mãe, pai ou cônjuge. Dessa forma, eles podem escolher seu modo de ser pais (seu estilo parental) e estarem sintonizados como pais e parceiros.

DO CONFLITO À CONEXÃO: A SESSÃO DE KEITH E LARA

Keith e Lara chegaram ansiosos à sessão, pois acham que já estão dando murro em ponta de faca: uma discussão repetitiva, nociva e que nunca leva a nada.

Stephen: Se eu estou entendendo direito, seria justo colocar dessa forma? Keith, você sente que a Lara é muito permissiva com as crianças, e Lara, você sente que o Keith é muito rígido e frio. Vocês dois sentem que não estão jogando no mesmo time.

Lara: É, acho que o Keith quer que as crianças simplesmente façam o que ele manda. E quando isso não acontece, ele fica frustrado com elas, o que me deixa frustrada com ele.

Erin: Isso me soa como um círculo vicioso.

Lara: É o pior para as crianças. Elas não são miniadultos. Mas estão tentando encontrar o caminho na vida, e penso que o melhor modo de ajudá-las é estarmos ao lado delas, sermos compreensivos e orientá-las a tomar decisões. Sinto que ser rígida não deixa espaço para elas serem crianças.

Keith: Não, só deixa espaço para elas conseguirem o que querem, sem serem desafiadas nem crescerem.

Como Keith está na defensiva, ele não é capaz de ouvir intencionalmente. Ele está em estado de gatilho acionado e responde por meio de seu sistema de resposta ao estresse.

Erin: Keith, o Stephen disse que acha que Lara é muito permissiva com as crianças. Isso é uma descrição precisa?

Keith: Pois é. Ela diz que eu sou rígido, mas eu tenho regras e padrões. Não acho que isso seja uma coisa ruim. Quando uma das crianças chora ou fica chateada, a Lara interfere e resolve o problema para elas. Quero que elas saibam que nos importamos, mas elas devem resolver certas coisas por conta própria. A vida é um desafio.

Stephen: Lara, você não quer que as crianças sejam capazes de resolver seus próprios problemas ou serem independentes?

Lara: Não, muito pelo contrário. Só acho que não se consegue isso por meio de tanta rigidez. Você consegue isso ajudando-os a se sentirem cuidados e tendo um relacionamento com eles que lhes transmita a confiança para serem independentes.

Stephen: Keith, o que você está escutando a Lara dizer?

Keith: Parece bom em teoria, mas totalmente impraticável na realidade. Não é assim que as coisas funcionam no mundo real. Eu também quero ter um bom relacionamento com meus filhos e acho que o meu modo de agir faz parte de ter um bom relacionamento. Eles vão me agradecer por isso quando forem mais adultos.

Erin: Lara, você sabe que o Keith quer um bom relacionamento com os filhos e que ele sente que está tentando fazer isso na forma como lida com as crianças?

Lara: Eu acredito sinceramente que o Keith quer ter um bom relacionamento com as crianças. Até acho que ele de fato tem um bom relacionamento com as crianças agora. Mas também acho que o relacionamento deles é prejudicado por esses momentos em que o estresse mostra seu pior lado e ele acaba sendo muito duro.

Stephen: Sabe, muitos casais pensam que desenvolvem uma filosofia ou estilo parental à medida que se tornam pais. Mas as filosofias e estilos parentais, na verdade, são formados quando somos crianças. Podem duvidar, mas vocês são pais com base nas suas próprias experiências de infância.

Lara: Eu não acredito nisso. Eu não quero ser uma mãe como a minha foi, de jeito nenhum.

Erin: E você, Keith? Você quer criar seus filhos como você foi criado?

Keith: Bem, eu nunca pensei muito sobre isso, mas acho que deu certo para mim. Em casa não tinha frescura, a gente tinha que resolver as coisas por conta própria. Nem sempre era fácil, mas acho que me ajudou a ter sucesso na vida.

A conversa está afastando o estado de alerta e o foco está se direcionando para sintonia, reflexão e compartilhamento — todas as partes da expressão intencional.

Stephen: Lara, você disse que jamais iria querer criar seus filhos como foi criada. O que você teme que aconteça se agir como seus pais agiram com você?

Esta pergunta tem a intenção de levar à sintonia e reflexão, convidando Lara a se expressar intencionalmente.

Lara: Bem, meus pais não me escutavam. Eles não eram pessoas más, mas não queriam saber o que eu sentia ou pensava. Eu deveria ser boa aluna, praticar esportes, entrar em uma boa faculdade e ficar longe de problemas. Ser obediente e quieta. Era isso o que eles queriam para mim, e nada mais era importante. Eles não queriam saber de nada da escola além das minhas notas e nem tinham interesse em me ajudar a lidar com as agruras do Ensino Médio. Eles não conversaram comigo sobre meu primeiro encontro ou o que eu deveria esperar em termos de consentimento. Eu me sentia ignorada. Eles tinham outras coisas para fazer.

Stephen: Portanto, isso é motivação suficiente para você não repetir isso com seus filhos. Você vai ouvir, vai fazer perguntas, você vai prestar atenção a eles. Um dos seus piores medos é que eles se sintam ignorados.

Lara: Sim, totalmente.

Erin: Lara, quando você sente que o Keith está ignorando os sentimentos das crianças ou as reprimindo, você percebe que parte de sua reação mais intensa pode estar ligada ao medo de que aquilo que você mais teme como mãe esteja acontecendo?

Lara: Não sei se estou entendendo direito, você pode me explicar melhor?

Erin: Bem, você nunca quis que seus filhos se sentissem ignorados ou reprimidos, e quando você vê o Keith ignorar e reprimir os meninos, isso te deixa realmente com raiva.

Lara: Hm... Não sei bem se eu teria feito essa conexão, mas me parece que faz sentido. Fico tão brava, é como se eu perdesse a capacidade de intervir e manter a calma.

Erin: É lógico. Por isso que é importante entender sua própria experiência como mãe. Isso afeta como você vivencia a parentalidade e como se sente em relação à parentalidade de seu parceiro. Keith, você disse que quer criar seus filhos com regras e padrões. Você sente que essa é a maneira certa de fazer as coisas. Do que você tem medo que possa acontecer se você não os educar corretamente?

Keith: Eu não diria que tenho medo. Eu só quero que as crianças estejam prontas para a vida.

Stephen: O que isso quer dizer? Estar pronto para a vida?

Keith: Bem, a minha família não era rica. Meus pais tiveram que trabalhar bastante; acabaram conseguindo proporcionar uma vida boa para mim e meus irmãos, mas trabalharam muito para conquistar isso. Meu pai perdeu o emprego e minha mãe teve que trabalhar demais no começo, sem ninguém para ajudá-la. Tiveram que apertar o cinto e se virar. A Lara e eu proporcionamos uma vida mais estável e segura para os nossos filhos, mas eu quero que eles saibam se virar também, se as coisas ficarem difíceis e não estivermos com eles para ajudá-los.

Stephen: Se as coisas ficarem difíceis, o que isso poderia ser?

Keith: Não tenho a menor ideia. Só sei que meus pais incutiram em mim que era necessário enfrentar as dificuldades e dar conta delas. Eu realmente não tenho uma ideia pronta na minha cabeça do que seria não dar conta das dificuldades; só sei que não quero isso para meus filhos.

Stephen: Então, Keith, quando você vê a Lara sendo permissiva ou quando você acha que as crianças não estão se esforçando o bastante, você fica frustrado. Você está literalmente observando a Lara e as crianças não fazerem as coisas direito, e isso significa que elas não estão dando conta das dificuldades?

Keith: Pois é. Quero dizer, vendo você falar, também estou entendendo que meu sentimento de não dar conta é um pouco vago. Mas, para ser franco, fico ansioso e irritado quando vejo a Lara sendo permissiva com as crianças ou quando acho que as crianças não estão sendo capazes de lidar com uma dificuldade.

Stephen: Se eu tivesse que resumir o que estou ouvindo, me parece que vocês entram em conflito porque ambos estão vendo algo que não querem que aconteça com seus filhos. Lara, você não quer que seus filhos se sintam ignorados e, Keith, você não quer que seus filhos cresçam e não sejam resilientes o suficiente para lidar com coisas difíceis. Vocês concordam?

Lara/ Keith: Sim, é isso mesmo.

Erin: Eu me pergunto se vocês dois conseguem enxergar que a fonte desse conflito decorre de suas próprias experiências com seus pais. Fica claro por que é importante entender essas etapas da vida e como elas estão influenciando a parentalidade no momento presente?

Keith: Estou entendendo... A Lara sempre diz coisas assim, mas eu nunca liguei.

Lara: Estou vendo como tenho dito isso ao Keith, mas eu também não tenho aplicado essa ideia ao considerar como a minha própria experiência com meus pais influencia as minhas reações a ele.

Erin: A questão central das diferenças entre vocês como pais é o desejo de replicar ou não algo pelo qual vocês passaram na infância. Nenhum de vocês está falando sobre parentalidade. Vocês estão falando sobre coisas que não querem que aconteçam com seus filhos se não forem mãe ou pai do jeito certo. O medo está conduzindo essa conversa e gerando os momentos que estão dividindo vocês dois.

Stephen: Por isso é importante refletir sobre a experiência de vocês na infância, sendo filhos de seus pais. A maneira de amenizar a reatividade desse conflito é entender o que está acontecendo em você e no seu parceiro nessas horas. Compreender o que realmente ocorre nessas interações estressantes é essencial para diminuir a frequência e a intensidade, e encurtar a duração quando ocorrerem.

Lara: Entendi. Keith, agora você está entendendo por que eu reajo com tanta agressividade?

Keith: Pois é. Eu conheço seus pais e sinceramente acho que eles fazem comigo a mesma coisa que faziam com você quando era criança. É absolutamente frustrante, e eu não quero fazer isso com nossos filhos.

Lara: E eu conheço os seus pais e vejo como você foi forçado a dar conta. Apesar de isso ter ajudado você na vida de certa forma, também reforçou sua crença de que ninguém está nem aí se você "choramingar".

Aqui, o casal se mobiliza para praticar a escuta intencional. Eles estão suspendendo a atitude defensiva para que possam acreditar na experiência um do outro e ouvir as histórias que estão por trás das ações e comportamentos.

Keith: Certo. Então, o que podemos fazer agora?

Stephen: O que vocês dois fizeram aqui hoje foi bom, e é importante continuar explorando nessa direção. Keith, acho útil para você ter em mente que quando a Lara sente você reativo, isso dispara um gatilho nela por razões que agora você entende melhor. Saber disso pode permitir que você não seja assim e ajudá-lo a dar um passo atrás, olhar para o que aconteceu e ser capaz de falar sobre isso de maneira diferente.

E, Lara, agora você sabe que quando o Keith está sendo reativo, provavelmente é porque algo mais profundo está vindo à tona para ele. Ao se aproximar dele, tentando entender o que está acontecendo e trabalhando juntos para chegar a um acordo que ambos considerem satisfatório, vocês abrirão caminho para uma conversa sobre o que desejam nesses momentos.

Lara: Verdade. Mas o que faremos com nossas diferentes perspectivas sobre como interagir com as crianças?

Lara está fazendo uma pergunta sobre reparação. Keith e Lara compreenderam um ao outro e algumas das histórias que estão por trás de suas ações e comportamentos. Contudo, ainda não sabem como seguir em frente e agir juntos.

Erin: Façam mais explorações assim. Vocês compartilharam muito conhecimento e gentileza um com o outro quando contaram como foram as suas experiências e como algumas delas estão moldando a sua vida atual. Pode ser com o apoio de um terapeuta, mas não é obrigatório. Existem outras maneiras de fazer esse tipo de reflexão e discussão.

Stephen: Eu gostaria de dar uma sugestão para ajudar nisso. Isso exige um esforço intencional e equitativo de ambos. **A sequência é esta:**

Façam a pesquisa. Tracem um plano. Implementem o plano. Ajustem o plano. Recomecem.

O que eu quero dizer com isso é que existem muitos dados bons sobre o que seria uma parentalidade saudável, uma parentalidade que ajuda as crianças a se tornarem tudo o que vocês dois disseram que queriam. Vocês dois, não só um de vocês, devem mergulhar nessa pesquisa. Vocês dois poderiam reservar uma hora e pesquisar quais os melhores livros sobre parentalidade (podemos dar algumas recomendações) e, em seguida, selecionar três que desejam ler. Pode funcionar como num clube de leitura. Vocês dois leem os livros e vêm ao clube prontos para discutir o que gostaram ou não, e o que pode funcionar para vocês como família. Assim, vocês precisam traçar um plano sobre o que gostariam de implementar e, então, é só executá-lo. Depois de um tempo, vocês tornam a avaliar o plano e fazer ajustes, e assim segue o processo.

Keith, acho que a primeira parte desse plano será a mais desafiadora para você: a pesquisa intencional e equitativa. Estou certo?

Keith: Está, acho que não preciso de outra pessoa para me dizer como ser pai.

Stephen: Não, não precisa. Mas a ideia é que os livros e pesquisas ajudem você e a Lara a conversar sobre como vocês foram criados e, juntos, decidir quais partes desses livros vocês gostaram e quais não. Você quer estar em sintonia com a Lara. A maneira de falar a mesma língua é desenvolver *juntos* uma ideia sobre como vocês desejam criá-los, em vez de simplesmente deixar que o outro faça do seu jeito. É difícil articular o que isso significa, a menos que se fale sobre isso.

Keith: Eu não estou muito a fim de fazer isso, mas, para a gente parar de implicar um com o outro e jogar no mesmo time, vou tentar.

Lara: Eu quero muito tentar. Acho que ainda vamos precisar de alguma ajuda para facilitar ainda mais a conversa, mas é bom pensar que estamos fazendo isso porque queremos a mesma coisa.

Keith: É bom reformular a conversa desse jeito.

Lara e Keith são capazes de fazer a reparação dando um passo atrás e abrindo mão de suas crenças enraizadas, criando juntos um plano de ação que inclua um ao outro e ao qual se comprometem a seguir.

COMO POSSO FALAR ISSO PARA O MEU CÔNJUGE? ROTEIROS

O plano que delineamos para Lara e Keith era muito claro e havia algumas etapas mensuráveis. Porém, os casais primeiro precisam ter iniciativa e concordar em fazer algo diferente. Veremos alguns roteiros que podem ajudar os casais a começarem a abordar esse conflito de maneira construtiva.

Expressão intencional para qualquer um dos parceiros

"Acredito que, às vezes, quando se trata da criação dos filhos, eu não tenho uma mente tão aberta. Tenho uma maneira de ser mãe/pai que para mim é a melhor; mesmo assim, quero estar aberto para ouvir o que você pensa e como você se sente. Talvez eu não concorde, mas não queria deixar de te perguntar: o que você pensa sobre a criação dos filhos?"

"Às vezes, sinto que somos adversários na educação das crianças, mas eu gostaria muito que a gente fosse um time. Você acha que estamos indo bem como pais? Você sente que eu te apoio? Você sente que está me apoiando? Temos a nossa própria maneira de educar as crianças, ou você sente que tem que ser como eu quero, ou então nada feito? Podemos conversar sobre 'o nosso jeito'?"

"Como você acha que estamos nos saindo como pais? O que você acha que as crianças diriam sobre mim como mãe/pai? O que você acha que eles diriam sobre você? Como você acha que eles nos descreveriam nesse momento? O que queremos que eles digam no futuro sobre como nós éramos para eles sendo pais?"

PERGUNTAS PARA VOCÊ REFLETIR

1. O que você mais gostava e o que menos gostava nos seus pais?
2. O que você mais gosta sobre você e seu parceiro sendo pais neste momento? Você sente que passa mais, menos ou o mesmo tempo incentivando seu parceiro em seu papel de mãe ou pai, ou oferecendo feedback e opiniões sobre o que melhorar?
3. Alguma vez você já sentiu que ser mãe ou pai atrapalha o relacionamento de vocês? Ou o contrário, que o relacionamento de vocês atrapalha o exercício da maternidade ou paternidade?
4. Neste conflito, qual ponto você acha que é o mais difícil de lidar? Neste conflito, qual é a coisa mais importante para você? Como isso se tornou tão importante para você? O que você sente que está em jogo?
5. Você sente que tem evitado esse conflito? Há algo neste capítulo com o qual você se identifica? Isso despertou algum sentimento ou lembrança? Por que esses sentimentos e lembranças podem estar aflorando agora nessa fase de sua vida, como mãe ou pai, e como casal?

CAPÍTULO 12

O conflito do "Precisamos tomar uma decisão"

CHRISSA E MICHELLE estão juntas há dez anos e têm três filhos — os gêmeos de 3 anos, e Miles, e o bebê Jack, de 6 meses. Chrissa sempre quis ser mãe e realmente esperava poder engravidar e ter seus filhos. Michelle, embora quisesse ser mãe, nunca se sentiu compelida a engravidar e estava mais do que satisfeita por Chrissa assumir essa parte.

Antes de terem filhos, Chrissa fez carreira no departamento de RH de uma grande empresa financeira. Ela gosta de seu trabalho e é boa no que faz; é respeitada em sua área e se sente capaz e confiante para resolver o fluxo interminável de desafios lançados em seu dia a dia.

Michelle é pediatra e, embora equilibrar a carga de trabalho e a vida familiar sempre tenha sido desafiador, sente que depois da pandemia o trabalho se tornou ainda mais exaustivo. A clínica onde ela trabalha perdeu muitos profissionais de saúde e eles não conseguiram substituí-los, assim a carga de trabalho de quem ficou cresceu consideravelmente. Michelle considera procurar emprego em outra clínica para poder ter um melhor equilíbrio entre trabalho e vida pessoal, apesar de se sentir comprometida com a equipe com quem trabalha hoje e saber que sair só aumentaria ainda mais a carga dos colegas.

Quando Chrissa e Michelle decidiram ter mais filhos, sabiam que contratariam alguém para ajudá-las quando retornassem ao trabalho. Chrissa e Michelle tinham excelentes benefícios de licença parental e conseguiram tirar algumas semanas de folga juntas após o nascimento dos gêmeos. O tempo juntas foi um alívio que veio em boa hora porque o período foi intenso em todos os sentidos da palavra — maravilhoso e conectivo para elas como uma família, mas também exaustivo. Michelle tirou sua licença, mas sabia que sua ausência no trabalho pesava para os colegas. Depois de muito deliberarem, Chrissa e Michelle resolveram que, afinal, era melhor Michelle voltar ao trabalho alguns dias por semana para aliviar parte do estresse que isso causava nela e, por consequência, na família. Como essa rotina funcionou bem, elas tomaram a mesma decisão quando Jack nasceu.

Chrissa adora ser mãe e viu que tem talento para gerenciar todo o caos da maternidade. Ela continua brincando que ter três filhos de 3 anos ou menos não é nada comparado às artimanhas corporativas do RH com as quais estava acostumada a lidar. O retorno de Chrissa ao trabalho ainda vai demorar mais algumas semanas, mas ela já está preocupada; dessa vez, tudo lhe parece menos positivo e mais assustador que antes.

Ela tenta afastar seus sentimentos de dúvida e se concentrar em seus gêmeos e no bebê. Chrissa e Michelle enfrentaram alguns desafios no relacionamento durante os primeiros meses, mas sentiram que eram capazes de se comunicar a respeito de forma eficaz. Chegaram até a contratar pessoas para resolver alguns problemas: a casa bagunçada agora passa por uma limpeza profissional toda semana, as compras agora são entregues e o carro também é limpo por dentro e por fora semanalmente. Como diz Chrissa, "Michelle simplesmente trata os problemas com dinheiro", mas, para crédito dela, toda essa mão de obra externa é de grande ajuda. É caro e ambas concordam que todos esses luxos são viáveis por enquanto, mas não podem durar para sempre.

No geral, elas estão dando conta e se sentindo bem com o que estão fazendo. Ambas têm pesquisado opções de creche e babás, mas não chegaram a nenhuma conclusão; pelo menos do ponto de vista de Michelle, não fizeram nada além de adicionar mais pesquisas e dados à conversa, em vez de reduzir o conjunto de opções disponíveis.

Um dia, elas decidiram que estavam prontas para se aventurar no mundo. Colocaram os gêmeos e Jack no carro e saíram para sua primeira refeição em um restaurante desde que haviam se tornado uma família de cinco pessoas. Ao chegarem, estavam se sentindo mais do que realizadas — estavam orgulhosas de sua família. A conversa fluiu quase que totalmente tranquila... quase. No final da refeição, Michelle perguntou como Chrissa se sentia ao retornar ao trabalho e se elas deveriam levar mais a sério a questão de onde ou com quem as crianças iriam ficar. Ao ouvir isso, Michelle tomou um susto quando Chrissa começou a chorar e não conseguiu falar nada. A decisão claramente perturbava Chrissa, mas ela não sabia ao certo por quê. Michelle não queria pressioná-la, então colocaram as crianças de volta no carro e voltaram para casa.

No decorrer da semana, tudo voltou à rotina, a não ser por aquele gigantesco elefante na sala. Nenhuma das duas sabia exatamente por onde começar a conversa, mas ambas percebiam que a tensão estava se acumulando e que precisariam dar vazão àquilo, mais cedo ou mais tarde. Eles sabiam que precisavam conversar, não só porque o que quer que tivesse acontecido no restaurante era claramente importante, mas também porque o tempo estava passando e algumas decisões práticas precisavam ser tomadas.

Finalmente, Chrissa falou à Michelle que estava se questionando se deveria voltar ao trabalho como haviam planejado. Michelle queria prestar atenção, mas não estava gostando muito daquela ideia. Não estava nos planos, não fazia nenhum sentido do ponto de vista financeiro, e Chrissa estaria jogando sua tão suada carreira pela janela. Michelle viu que estava exagerando na reação. Para ela, parecia ser uma decisão "emocional". Ela achava que Chrissa não devia tomar uma decisão tão importante ao sabor da volatilidade hormonal do pós-parto e influenciada pelos olhares sedutores de duas criancinhas e um bebê. Era o momento de seguir com o plano e reavaliá-lo ao longo do caminho.

Michelle: Sabe, Chrissa, a mesma coisa aconteceu na última vez. Quando você começou a pensar em voltar ao trabalho depois dos gêmeos, você ficou toda sentimental e triste, mas no fim, ficou contente por ter voltado.

Chrissa: Eu fiquei triste, mas dessa vez é diferente. Hoje eu estava pensando no trabalho e ficou tudo parecendo tão... sem sentido. Esse negócio do mundo corporativo, de só ficar pensando em subir de cargo. Quando olho para os nossos filhos, eles parecem ser a coisa mais importante que eu poderia estar fazendo com o meu tempo. O que pode ser mais importante do que dar prioridade a eles?

Michelle: Mas você está dando prioridade quando trabalha e proporciona a eles um futuro estável. Eles também são os amores da minha vida e, pode acreditar, sei muito bem como o trabalho pode parecer sem sentido às vezes, principalmente quando só serve para te estressar mais. Mas a gente fez um plano para o nosso futuro e para as crianças, seguir com ele faz parte do nosso cuidado com elas.

Chrissa: Eu sei, mas às vezes os planos mudam. Talvez seja uma questão de criatividade, da gente pensar numa outra possibilidade que funcione bem.

Michelle: Você é tão boa no que faz. No seu trabalho, não tem nada sem sentido. Eu sei que eles vão ficar perdidos sem você. Além disso, não quero te deixar chateada, mas você tende a tomar decisões precipitadas e emocionais. Eu não quero começar a reinventar a roda, para daqui a três meses você mudar de ideia de novo e querer fazer outro plano. O que estamos planejando fazer é a melhor opção.

Chrissa: Bem, pelo menos eu deixo minhas emoções fazerem parte. Você só quer um plano "bom". E o relacionamento com nossos filhos? Você é tão prática que não se permite ajustar-se caso alguma coisa mude. Você está infeliz no trabalho, mas como o plano era ficar lá, você fica, mesmo que não seja uma boa opção para você. Eu não quero ser assim.

Michelle: Chrissa, isso vai passar. Claro que parece difícil pensar em voltar ao trabalho. Eu também fiquei triste por voltar. Você vai se ajustar e as crianças também.

No fim, as duas simplesmente encerraram a conversa para evitar que a situação ficasse pior e continuaram seguindo com o plano inicial. Ambas compartilharam suas impressões, mas nenhuma delas abordou a questão à espreita. Cada dia que passa sem que toquem no assunto, elas ficam com mais medo do que isso pode significar.

Chrissa não tem certeza se Michelle pode realmente lidar com o que aconteceria se ela trouxesse à tona o que está tentando não pensar: como ela se sente diferente agora; como quando ela pensa em voltar ao trabalho, suas incumbências e tarefas profissionais parecem irrelevantes. Ela sabe que Michelle também não ama o trabalho, e não quer que ela sinta que jamais poderá sair dele por ser a única fonte de sustento da família. Mas Chrissa sente que Michelle não a está ouvindo quando diz que algo está mudando dentro dela. Ela se sente mal com isso, porém, alguns de seus valores *mudaram* e ela está ficando cada vez mais cansada de ouvir Michelle dizer que as coisas podem (e devem) voltar ao normal. O ressentimento dela já é palpável e só aumenta cada vez que a conversa é interrompida ou encerrada com a ilusão de que tudo está muito bem.

Michelle está com raiva. Ela acha que Chrissa está sendo irracional e deixando seus sentimentos interferirem demais. Ela sempre quer apoiar Chrissa, mas os adultos precisam tomar decisões difíceis às vezes, especialmente adultos com três filhos pequenos para os quais elas precisam planejar um futuro. Michelle acha que Chrissa não está sendo responsável, algo que reflete um padrão recorrente em sua opinião. Os pais de Michelle trabalharam duro por tudo o que alcançaram, mesmo sem ganhar muito dinheiro, mas fizeram sacrifícios para que Michelle pudesse ter uma vida melhor que a deles. Ela pôde ir para a faculdade de medicina e escolher uma carreira que seria financeiramente estável para ela e sua família. Ela acredita que não tem o privilégio de desistir só porque não gosta de todos os aspectos de seu emprego.

POR QUE ESSE CONFLITO É NECESSÁRIO?

Esse casal está brigando por causa de um emprego, mas o conflito poderia muito bem ser sobre quantos filhos deveriam ter, se as crianças deveriam ir para uma escola particular ou pública, ou onde a família deveria morar. A principal questão é como a experiência de se tornar pai ou mãe frequentemente provoca uma mudança significativa em nossa identidade e na forma como nossos valores se organizam ou são expressos. Como parceiros, nem sempre conseguimos fazer isso ao mesmo tempo ou da mesma maneira, ou expressar nossos valores de modo que façam sentido — para nós ou para nosso parceiro.

Será que as principais decisões da vida devem ser tomadas em meio às grandes transições e mudanças? Normalmente entende-se que não deveriam, e talvez faça sentido seguir esse raciocínio. Os pais passam muito tempo fazendo planos sobre como suas vidas serão e como se sentirão depois que o bebê chegar, mas a realidade é que, não importa quanto planejamento façamos ou quantos filhos já tenham vindo antes, somente após a chegada real do bebê, saberemos como vamos pensar, sentir e nos comportar. Esse conceito permanece fiel à medida que nossos filhos crescem e avançam para novos estágios de desenvolvimento. Apesar de termos feito o melhor dos planos, pensamos, sentimos e somos diferentes do que esperávamos ser à medida que a jornada parental avança no tempo.

Essa sensação de "Mas eu não esperava me sentir assim!" ou "Isso não é o que discutimos ou planejamos!" significa uma grande mudança para muitas pessoas e pode pressionar o relacionamento do casal. Essa mudança mental e emocional pode surgir de várias maneiras:

- "Eu acho que gostaria de morar mais perto da minha família para poder contar com a ajuda deles."
- "Quero refletir sobre alguns de nossos hábitos e como gastamos nosso tempo."

- "Eu sei que dissemos que nosso filho nunca estudaria numa escola pública, mas realmente quero considerar isso; acho que poderia ser ótimo para todos nós."
- "Eu sei que dissemos que começaríamos a tentar ter mais um filho, mas não tenho certeza se estou pronta."
- "Eu me sinto realmente sozinha com você trabalhando tantas horas; gostaria que você considerasse um novo emprego."
- "Eu sei que ninguém quer que nenhum de nós trabalhe mais, porém, estamos ficando apertados e precisamos conversar sobre como podemos ganhar mais dinheiro."

Seja como for, o ponto é que pode parecer surpreendente, assustador e gerar fortes sentimentos de incerteza.

Essas conversas são profundamente pessoais e esses temas delicados podem evocar uma reação inesperada de qualquer um dos parceiros. Alguns temem que o outro esteja apenas sendo emocional e, por isso, tentam apontar as falhas práticas do raciocínio. Por exemplo, em resposta ao desejo de um dos parceiros de se mudar para mais perto de sua família de origem, o outro pode dizer algo como: "Toda vez que estamos perto da sua família, você se transforma no que você mesmo descreve como 'a pior versão de si'. Você está dizendo que é isso que você quer que nossos filhos presenciem à medida que crescem? A pior versão de você?". Na situação do nosso casal, Michelle pode dizer: "Você está dizendo que um bom pai ou mãe não deveria trabalhar? Eu voltei a trabalhar depois da licença; isso faz de mim uma mãe ruim?".

A conversa também pode parecer pessoal quando o parceiro que quer uma decisão racional e ponderada é caracterizado como sem emoção ou robótico. O parceiro pode dizer coisas como: "Você se importa mais com seu plano do que comigo e as crianças". Um parceiro sente que está sendo invalidado por ser muito emocional, enquanto o outro se sente desqualificado como indiferente. Nenhum dos dois realmente pensa que isso representa o parceiro com precisão, mas o medo do desconhecido e a distância que cresce entre o casal, à medida que eles ficam fora de sintonia sobre determinado assunto, podem resultar nessas respostas radicais.

Embora todos os casais tenham alguns valores compartilhados, muitos acham que, quando se tornam pais, seus valores parecem ficar desalinhados. Esse desalinhamento é assustador porque os valores representam o núcleo de quem somos como pessoas e moldam as decisões que tomamos. Um casal com filhos quer sentir que seus valores combinam porque os dois têm a intenção de criar uma vida conjunta e estão tentando criar uma família que compartilhe valores. As decisões que tomam se baseiam neles. Portanto, quando os valores de um parceiro começam a mudar, pode parecer que isso está ameaçando o futuro da família e complicando a tomada de decisões em conjunto. Pode até parecer traição, porque muitas vezes essas decisões foram acordadas, ou pelo menos assumidas, antes das crianças chegarem.

É por isso que este é um conflito obrigatório a se enfrentar. A mudança de valores influencia as decisões tomadas sobre a direção da família rumo ao futuro. Quanto mais tempo as questões a respeito de valores permanecem sem solução, maior é a lacuna entre os parceiros e mais temerário se torna o resultado da conversa.

COMO ESSE CONFLITO PODE SE DETERIORAR?

As conversas sobre valores surgirão repetidamente ao longo dos anos, à medida que a vida passa e os filhos crescem. Nada é definitivo e, francamente, essa é a lição básica deste capítulo — seus valores não precisam necessariamente mudar, mas, à medida que passa pelos vários estágios da vida conjugal e da parentalidade, as conversas devem acompanhar a sua evolução. Nossos valores são profundamente pessoais, e os casais muitas vezes acreditam que assinaram um pacto que diz: "Acreditamos nisso agora e assim será para todo o sempre". Estamos aqui para lhe dizer que isso não é verdade! Dê permissão a si para mudar de ideia e, ao fazê-lo, libere seu futuro e o de sua família de certas expectativas.

Para nós, como para muitos casais, essa conversa começou com uma discussão sobre a educação das crianças. Quando abordamos esta primeira questão, estabelecemos as bases para termos outras conversas ao longo do caminho, à medida que nossos filhos cresciam e nós envelhecíamos. A discussão inicial sobre a educação das crianças foi relativamente fácil e chegamos a uma decisão com a qual ambos concordamos — Erin ficaria afastada do trabalho para ser uma mãe que fica em casa.

Acreditávamos que seria suficiente. Decisão tomada, pura e simples. Mas as consequências dessa decisão não ficaram claras até cerca de um ano depois. Naquela altura, Stephen estava cursando integralmente o programa de doutorado em Terapia Médica Familiar, trabalhava em tempo integral como clínico licenciado em um centro comunitário de saúde mental e se esforçava ao máximo para ser presente e atencioso com sua família em casa. Ele queria muito dedicar seu melhor à família, mas frequentemente percebia que a rotina de estudo e trabalho em tempo integral o tornava um pai e parceiro apenas parcialmente presente. Ele odiava isso e Erin também.

Para os dois, essa conversa muitas vezes era a respeito do que os ajudaria a se sentirem menos estressados durante aquele período crítico. Para Erin, mudar de casa ajudaria, pois estaria mais perto de sua família, onde ela poderia receber mais ajuda e apoio, enquanto Stephen estivesse fora a maior parte do dia. Para Stephen, ficar mais ao ar livre seria uma ajuda, pois o levaria a sentir alguma sensação de aventura e calma em meio à rotina. Infelizmente, a mãe de Erin e as montanhas não estavam nem um pouco próximas uma da outra. No final das contas, os valores eram incompatíveis.

Houve muitas discussões em torno disso, resultando em muito sofrimento e becos sem saída em abundância. Claramente, alguém teria que se sacrificar e ceder. Por um lado, nenhum dos dois queria ser aquele a abrir mão de seus anseios e, por outro, também nenhum gostaria de ser aquele a pedir ao outro que desistisse de seus desejos. Erin queria que Stephen vivesse como sempre quis e desfrutasse da vida em família nas montanhas como sempre sonhara. Stephen não queria afastar Erin da mãe, que realmente ajudava, e seus filhos de uma avó que os amava muito. Ambas pareciam ser opções terríveis.

De coração e mente abertos, testamos todas as opções (às vezes duas vezes): primeiro nos mudamos para as montanhas, para Stephen cursar o doutorado. Com o curso concluído, voltamos para perto da mãe de Erin (na verdade, moramos na casa dela com duas crianças pequenas por um tempo!). Depois disso, voltamos para as montanhas em busca de emprego. Estávamos tentando encontrar o equilíbrio que ambos queríamos, mas frequentemente sentíamos que os valores do outro eram uma ameaça à nossa felicidade pessoal. Gostaríamos de poder dizer que, no fim, há sempre uma solução perfeita para o conflito, mas é raro.

O que tínhamos a fazer era aprender a enfrentar o conflito e não assumir o pior do outro ou permitir que nosso medo contaminasse a conversa. O objetivo deste conflito não é chegar a um acordo perfeito — embora, se conseguirem, será uma maravilha! O ponto é começar a se sentir confortável, tendo conversas às vezes difíceis e muitas vezes desconfortáveis, aprender a permanecer conectado e alinhado mesmo em desacordo. Como? Ouvindo um ao outro, não levando a mudança de valores de alguém para o lado pessoal, sabendo que as decisões de vocês como casal às vezes custam um ao outro, e estando abertos à natureza contínua dessa conversa. Muitas vezes não é o conflito em si que é resolvido, mas sim o compromisso do casal de escolher se conectar na diferença em vez de brigar por causa dela.

Para nós, não importava a decisão que tomássemos — ir para as montanhas ou ficar perto da mãe de Erin —, um de nós não conseguiria o que queria ao mesmo tempo. No entanto, queríamos permanecer conectados e alinhados, assim, as decisões foram tomadas com consentimento mútuo e consciência dos custos e benefícios para um e para o outro. Concordamos em nos conectar no conflito.

DO CONFLITO À CONEXÃO: A SESSÃO DE MICHELLE E CHRISSA

Michelle e Chrissa entraram na sessão parecendo tensas e preocupadas. Faltam apenas um mês e pouco para Chrissa tomar uma decisão final sobre o que ela vai fazer com seu emprego, no entanto, nenhuma delas sente que a decisão tomada deixará a outra feliz.

Erin: Então, Michelle e Chrissa, parece que vocês estão num beco sem saída nessa conversa?

Michelle: Eu não chamaria isso de conversa. Parece mais uma discussão sem fim em que não há uma resolução agradável e bem afinada.

Chrissa: É um beco sem saída porque só há um resultado satisfatório: eu voltar ao trabalho e não estragar o grande plano.

Michelle: Chrissa, eu entendo que você esteja tendo dificuldade com a ideia de voltar ao trabalho. Eu também tive dificuldade em voltar. Não é como se eu não entendesse. Também sinto como se já estivéssemos aqui antes. Você é uma ótima profissional e contribui muito para nossa família em termos financeiros por causa do seu trabalho. Parte do cuidado com as crianças não é só ficar com elas, mas garantir um futuro seguro. É sobre isso que falamos há anos. Este é o plano. Um plano que você ajudou a traçar e com o qual concordou. Você está agindo como se eu fosse alguém que está te obrigando a seguir os objetivos e a visão que *nós duas* estabelecemos para a nossa família.

Erin: Michelle, está correto dizer que você está surpresa com a dúvida de Chrissa sobre voltar ao trabalho?

Michelle: Não me surpreende que ela tenha levantado a questão de não voltar. Mas estou surpresa por ela estar levando isso tão a sério.

Esta pergunta foi feita para trazer Michelle para o processo de expressão intencional. O objetivo é levá-la a se sintonizar com seu mundo emocional, o que pode informar por que há tanta emoção e intensidade em torno do conflito.

Stephen: Chrissa, você está surpresa por estar levando isso tão a sério?

Chrissa: Claro que estou! Acho que é exatamente isso que tenho tentado dizer à Michelle. Mas ela só sabe repetir: "Você já esteve aqui antes", só que eu não estive, não. É por isso que isso está parecendo tão estranho e assustador. Eu nunca havia tido tanta convicção sobre a ideia de ficar com as crianças e não querer voltar a trabalhar.

Stephen: Michelle, você sabia que a Chrissa está tão surpresa quanto você sobre como está se sentindo em voltar ao trabalho?

Michelle: Ela já disse isso antes, eu estou sabendo.

Chrissa está chateada por Michelle não acreditar em sua experiência. Michelle não consegue acessar a escuta intencional porque está ignorando Chrissa.

Erin: Michelle, você tem consciência do que é tão surpreendente para você sobre a sensação de Chrissa de querer uma mudança?

Michelle: Não sei se eu realmente tenho consciência. Para ser sincera, acho que isso faz eu me sentir simplesmente decepcionada.

Erin: Como assim?

Michelle: Bem, acho que uma das coisas que sempre amei na Chrissa é que temos sido mães bem-sucedidas tanto profissionalmente como na construção de um lar. Eu tenho orgulho da gente e de como planejamos o futuro e cuidamos uma da outra e dos nossos filhos. Para mim é um sentimento bom de sermos parceiras nesse plano.

Aqui, Michelle está entrando em sintonia com seu sentimento de decepção; ela também reflete sobre a história que informa este sentimento. É assim que a expressão intencional conecta a etapa 1, sintonizar, com a etapa 3, refletir.

Erin: Portanto, para você, não se trata apenas da logística do plano. Tenho certeza de que há algo em você que sente que o plano é bom e é importante; você acha que o plano traz algo de especial ao seu relacionamento com a Chrissa?

Michelle: É, a Chrissa é especial e o que estamos fazendo é especial também. Além disso, meus pais trabalharam tanto para oferecer oportunidades para mim; tenho orgulho deles por terem conseguido fazer isso. Vejo a Chrissa e eu continuando esse legado de trabalhar juntas como um casal para dar oportunidades a nossos filhos.

Michelle compartilha (etapa 4 de expressão intencional) como as emoções que ela sintonizou se conectam a uma história importante que molda sua visão do conflito.

Stephen: Chrissa, você sabia que, quando a Michelle dá toda essa importância ao plano, é porque ele tem esse significado profundo para ela?

Chrissa: Não, eu não sabia. Ela é sempre tão prática, que eu até fico um pouco surpresa por haver mais do que apenas números e "coisas que fazem sentido". Mas ela também continua dizendo que eu estou apenas sendo emocional, o que me coloca na defensiva logo de cara. Eu digo que estou sentindo ou acreditando em algo, e ela basicamente reage, dizendo: "Não, você não está".

Michelle: Bem, eu digo que você está tomando decisões emocionais, e entendo como o fato de eu dizer isso pode fazer parecer que a minha decisão é melhor e não emocional.

Michelle suspendeu sua atitude defensiva (etapa 2) e demonstrou escuta intencional.

Chrissa: Eu admito que primeiro tomo decisões pela emoção, e às vezes isso causa problemas, mas eu também raramente me arrependo das decisões que tomo. Quando acredito ou sinto que algo precisa acontecer, então eu faço acontecer.

Stephen: Imagino que vocês duas notaram que o beco sem saída do começo da conversa já está parecendo um pouco diferente agora.

Chrissa: Estou percebendo.

Michelle: Eu também.

Stephen: É. Se vocês olharem bem, nenhuma de vocês tomou uma decisão sobre o que quer fazer, nem expressou a sensação de que sabe o que precisa fazer. O que aconteceu é que vocês foram um pouco mais abaixo da superfície do conflito.

Hoje vocês ouviram algo sobre o que é o cerne da questão para uma e para a outra. Chrissa, você está muito surpresa por se sentir tão forte. Isso não é o que você pensou que ia acontecer, mas aconteceu, e isso te ajuda a saber que uma coisa importante está aflorando em você. Além disso, você não quer que lhe digam que você não sabe o que está fazendo ou que a sua experiência é uma ideia irracional motivada por um rompante emocional. Você quer ser levada a sério. Isso está correto?

Chrissa: Está.

Stephen: Michelle, você conseguiu perceber que o plano significa algo muito especial para você, que ele trata do que seu relacionamento com a Chrissa significa. O plano é um símbolo de como você se sente em relação à Chrissa e de como você se sente orgulhosa com o relacionamento de vocês e com sua família. Certo?

Michelle: Sim, é verdade.

Essas perguntas e afirmações são somativas e destinam-se a ajudar o casal a praticar a escuta intencional, acreditando na experiência da parceira. Ao levar uma à outra a sério e ao ouvirem a história que informa a emoção no conflito, a conversa passa de uma disputa de provocações para uma interação conectiva de criação de apego.

Erin: Acho que agora vocês duas estão conseguindo perceber que os antigos estereótipos ou as formas engessadas de se enxergar estão diferentes? Chrissa, você mencionou que às vezes a Michelle pode parecer um pouco robótica, mas a lógica por trás dos sentimentos dela está profundamente ligada ao relacionamento. Michelle, você pode descrever a Chrissa como emocional e irracional, mas o argumento que ela apresentou é bastante racional. Ela está dizendo: "Tem alguma coisa de diferente. Eu nunca estive aqui antes e preciso prestar atenção nisso". Essa linha de pensamento me parece racional. Vocês percebem que parte do processo de sair do impasse envolve também deixar de lado os modos típicos como uma costuma caracterizar a outra?

Chrissa: Totalmente. Michelle, eu não via que a sua posição está enraizada no modo como você pensa e sente nosso relacionamento. Nem me passou pela cabeça.

Michelle: Agora eu estou te entendendo melhor também, Chrissa. Você está pensando na sua posição e não apenas sendo emocional. Você está experimentando algo que parece diferente e está tentando entender. E eu tenho dito que você está apenas passando pela mesma coisa que da última vez, querendo te colocar numa caixa.

Este é o casal fazendo a reparação (etapa 4 da escuta intencional). Elas estão se responsabilizando por suas ações, perdoando uma à outra e se movendo em direção à tomada de ação.

Stephen: Chrissa, estou ouvindo que você não quer ser ignorada pela Michelle. E Michelle, eu ouvi você dizendo que não quer ser descaracterizada pela Chrissa.

Michelle: É, eu me importo com o plano na prática, mas ele também representa uma parte bonita do meu relacionamento com a Chrissa que eu ficaria triste em mudar.

Chrissa: Sim, eu não gosto da sensação de ser deixada de lado porque estou sendo rotulada como emocional. Sinto que a Michelle está entendendo isso agora, mas também não tenho certeza do que devemos fazer ou que decisão precisamos tomar.

Erin: É verdade, mas acho que vocês encontraram algo em comum em termos do que valorizam. Michelle, você disse que valoriza seu relacionamento com a Chrissa e que tem orgulho do que vocês criaram juntas. Chrissa, você sente algo similar?

Chrissa: Sim, totalmente.

Erin: Então eu me pergunto se isso pode ser um princípio orientador para vocês enquanto tentam descobrir o que querem fazer na prática. Que decisão pode ajudar vocês duas a continuarem reconhecendo o valor que têm de se orgulhar do que criaram como casal? É continuar seguindo o plano? É desenvolver um novo plano que faça vocês igualmente orgulhosas? É um híbrido dos dois? O que vocês estão discutindo é como desejam refletir seus valores compartilhados e como podem se apoiar mutuamente, mesmo que existam diferenças na forma como cada uma interpreta isso.

Michelle: Então, o que você está dizendo é que a maneira como temos a conversa e o espírito da conversa precisam ser diferentes, e isso nos ajudará a estar conectadas independentemente do resultado?

Erin: Exatamente.

Chrissa: Eu estou vendo que isso pode funcionar.

Michelle: Eu também.

Continuamos a atender Michelle e Chrissa para ajudá-las a lidar com esse conflito (e alguns outros à medida que surgiam) e, por fim, Chrissa decidiu ficar em casa. Ambas decidiram que poderiam fazer alguns cortes drásticos nas despesas e fazer as finanças baterem. Se Chrissa depois mudar de ideia ou se precisarem dela para ajudar nas despesas, ela poderá arranjar um novo emprego. Foi Chrissa quem apontou que ficar em casa longe do trabalho era uma decisão reversível, mas se ela voltasse a trabalhar e se arrependesse, jamais poderia ter esse tempo com os filhos enquanto fossem pequenos. Como ambas se sentiram ouvidas e reconhecidas, a decisão não parecia mais tão difícil e cheia de ressentimentos em potencial. As duas estavam dispostas a ceder e aceitar que as coisas não fossem do jeito delas, caso fosse o melhor para a família como um todo.

COMO POSSO FALAR ISSO PARA O MEU CÔNJUGE? ROTEIROS

Os valores mudam e isso tem um impacto na tomada de decisões. Os casais com filhos precisam aprender a falar sobre mudança de valores de forma que isso leve à conexão. Às vezes, um dos maiores desafios nesse conflito é quebrar o gelo e contar a seu parceiro que algo nos seus valores mudou. A seguir, veremos alguns roteiros que podem ajudar a iniciar uma conversa.

Expressão intencional — qualquer um dos parceiros pode usar esse roteiro

"Tem uma coisa que estou sentindo. Sinceramente, não sei o que significa ou se de fato significa algo, mas acho que é importante e quero compartilhar com você. Eu sei que dissemos que ____, mas hoje isso já não está me parecendo certo. Como eu disse, não sei exatamente o porquê, mas queria falar sobre isso."

"Você está tentando me dizer que algo diferente está se passando com você e sobre a gente se mudar para mais perto de seus pais. Acho que você até já tentou falar comigo sobre isso antes, mas eu não deixei você dizer o que queria. Eu admito que estava com medo de ouvir, mas quero saber o que você pensa mesmo se isso me assustar. Você pode me dar uma chance de novo?"

"Você sabe o quanto adoro um plano, mas acho que esse plano que bolamos para as crianças sobre a escola não está dando certo. Quero discutir sobre como podemos mudar isso, mas me preocupo se você não vai achar que eu quero que tudo seja diferente e já vai sair por aí mudando tudo. Por favor, não comece a mudar tudo! Eu só quero que você se sente ao meu lado e me ouça, que vá devagar e esteja presente para falar sobre isso. SEM TOMAR NENHUMA AÇÃO AINDA, por favor."

"Eu tenho observado as crianças e a nossa vida e não tenho mais tanta certeza se continuamos alinhados com nossos valores. Acho que em algum ponto ao longo do caminho, paramos de nos questionar e simplesmente fomos tocando a vida. E eu não tenho mais certeza se estou nos reconhecendo. Sei que este é um assunto importante. Não estou tentando dizer que estou infeliz, de jeito nenhum, mas queria parar um pouco para a gente analisar quem somos e o que estamos fazendo. Você poderia conversar comigo sobre isso?"

PERGUNTAS PARA VOCÊ REFLETIR

1. Eu, como indivíduo, tenho meus valores estabelecidos? E meu parceiro, tem? E nós, como casal? E nossa família?
2. Você e seu parceiro têm decisões que precisam ser tomadas e são emocionalmente difíceis? Quais são essas decisões? O que a decisão significa para cada um de vocês? Você sabe se essa decisão acarreta algum significado mais profundo para algum de vocês?
3. Quais medos afloram em você ao pensar na possibilidade dos valores do seu parceiro mudarem? Que medos surgem em você quando pensa em mudar seus valores?
4. Você já teve uma conversa sobre seus valores antes? Quais foram os temas tratados? Se você ainda não teve, olhando para trás, consegue ver algum tema que possa ter surgido ou que precise vir à tona agora?
5. Você sente que tem evitado esse conflito? Há algo neste capítulo com o qual você se identifica? Você lembrou de alguma história da sua infância ou do seu parceiro que pode ter deixado valores conflitantes marcados (sobre dinheiro, família, trabalho ou tempo)? Por que esses sentimentos e lembranças podem estar aflorando agora nesta fase de sua vida, como mãe ou pai?

CAPÍTULO 13

O conflito do "Sexo? Que sexo?"

ALYSON E WILLIAM estão juntos há cinco anos e têm um filho de 3 anos, Hank, e uma filha de 2 anos, Emmie. Eles trabalham em tempo integral — Alyson remotamente a partir de casa e William no escritório. Se você perguntar a eles, diriam que os últimos três anos, desde que tiveram filhos, foram os mais difíceis em todo o relacionamento. Não há dúvida de que eles amam seus filhos e se amam também, mas no momento o relacionamento está tenso. O que eles mais sentem é que estão desconectados e cronicamente irritados um com o outro. Parece que eles brigam sem parar. William percebeu que não tenta mais conversar com Alyson ou sequer perguntar a ela como foi o dia. Seu sentimento é que, por algum motivo aleatório, eles acabariam brigando e passariam o resto da noite, cada um no seu canto, silenciosamente fervendo de raiva. Assim, para evitar se irritar, ele acha melhor reduzir ao mínimo suas interações com a esposa. Alyson também está ciente de que tem evitado interagir com William, mas, embora lhe seja grata por não terminar o dia brigando, ela acha horrível se sentir sozinha dentro da própria casa.

Uma das principais áreas em que Alyson e William se sentem distantes é na vida sexual. Eles se sentem constrangidos de contar, mas raramente fazem sexo e, por diversos motivos, o desejo diminuiu desde que tiveram filhos. Quando o desejo está presente, parece até estranho se aproximarem. Eles mal se falam sobre qualquer aspecto de suas vidas, a não ser sobre o que se relaciona com as crianças, e parece que é preciso dar um salto enorme para conseguirem passar desse estado de desconexão para um estado de intimidade.

Entretanto, nem sempre foi assim. O sexo costumava ser uma maneira de eles se sentirem conectados, e ambos concordam que gostavam de sua vida sexual antes das crianças. Alyson sempre teve um desejo sexual maior e, para William, foi surpreendente vê-lo diminuir tanto no pós-parto. No passado, nem era preciso muito romance ou preliminares para deixar Alyson excitada, mas agora, sempre que William fala sobre sexo, ela reage como se ele tivesse feito algum comentário ofensivo. Então ele hesita em tomar qualquer iniciativa, e como Alyson não se manifesta, essa importante área de conexão praticamente desapareceu. Da última vez que William tentou, foi assim que a interação aconteceu:

Alyson: Não se esqueça de que vamos jantar com os Roberts neste sábado.

William: Eu não esqueci. Já marquei com a babá. Estava pensando em ver se as crianças poderiam dormir na casa da minha mãe, assim a gente teria a noite toda para aproveitar e ainda poderíamos dormir até mais tarde no domingo. Talvez pudéssemos até ficar em um hotel para dar uma variada, para a gente se divertir um pouco.

Alyson: A sua mãe ficou com as crianças ainda nesses dias, não tem necessidade.

William: Sim, eu sei que é desnecessário, mas também pode ser legal! Curtir uma noite inteira pode ser ótimo para você, para nós. Pode ser bom tirar uma folga das crianças e da rotina. É uma oportunidade para você sair um pouco de casa, e poderíamos relaxar em uma cama que não precisaríamos arrumar pela manhã.

Alyson: Você quer dizer que a razão de não estarmos transando muito é porque eu fico estressada de ter que arrumar a cama de manhã?

William: Transar muito? Que exagero! Não, eu não quis dizer que não estamos transando por causa da cama. Só achei que seria bom dar uma mudada de ares e relaxarmos juntos.

Alyson: Ah, claro! Uma mudança de ares e uma noite para relaxarmos juntos de repente fariam todos os nossos problemas sumirem.

William: Não foi isso que eu quis dizer.

O conteúdo da discussão muda, mas o tema permanece sempre o mesmo. William está tentando fazer algo para mudar o ambiente, pois ele acha melhor tentar do que não fazer nada. Alyson se ressente dos esforços de William porque parece que ele está dizendo: "Não estamos fazendo sexo porque há algo errado com *você*". Assim, embora sua intenção seja tentar se aproximar de Alyson, ele acaba ferindo os sentimentos dela.

Muito do que eles conheciam sobre sua vida sexual — como se sentiam em seus próprios corpos, o que era prazeroso ou não, o que os excitava ou desmotivava — mudou para ambos no período pós-parto. Nos três anos desde que tiveram filhos, eles não refletiram sobre nada disso por si mesmos, e muito menos como casal. E as iniciativas para fazer sexo têm sido as mesmas de antes, na expectativa de funcionar igual, embora quase nada na vida tenha continuado como antes. Faz sentido, portanto, que a questão da sexualidade precise ser abordada nessa nova fase da vida, mas como fazer isso de maneira saudável e que promova cura?

POR QUE ESSE CONFLITO É NECESSÁRIO?

O sexo é algo vulnerável, íntimo, que gera vínculo entre os parceiros. Existe um senso comum de que, quando há proximidade emocional, psicológica e espiritual, os parceiros sentem o desejo de expressar isso por meio do sexo. Discutir o sexo depois da chegada dos filhos é necessário porque é uma área do relacionamento que reflete e promove a conexão. Como falamos ao longo do livro, a parentalidade muda tudo, inclusive o sexo. Aqui estão algumas das maneiras pelas quais o sexo é afetado pela parentalidade:

- As mudanças hormonais que ocorrem na gravidez, no parto e no pós-parto afetam significativamente a fisiologia e o humor da mulher — tudo isso afeta sua libido. A mulher também pode se sentir menos segura sobre seu corpo após o parto e não quer estar vulnerável ao fazer sexo.
- Os níveis de estresse aumentam, o que, por sua vez, pode diminuir a libido.
- O tempo é diferente depois que se tem filhos, ou seja, muito menor. Ter menos tempo por causa das responsabilidades com as crianças afeta a rotina sexual dos cônjuges. Se antes faziam sexo à noite ou de manhã, esses horários agora são ocupados pelas rotinas noturna e matutina com os filhos.
- O parceiro que não deu à luz talvez adote uma postura crítica em relação ao corpo de seu parceiro após o parto, o que pode reduzir a sensação de segurança e vulnerabilidade física necessária para se envolver sexualmente.
- A exaustão física é uma realidade da parentalidade. Estar cansado influencia o desejo por sexo.

Falar sobre sexo já é uma conversa complexa e sensível por si só; quando adicionamos o impacto que a parentalidade tem sobre a vida sexual, a questão fica ainda mais contundente. Mas esse conflito precisa ser enfrentado para que os casais com filhos permaneçam conectados. Uma vida sexual saudável requer um relacionamento saudável entre o casal. Um relacionamento saudável entre o casal requer abertura. Estar aberto ao parceiro é a base para se falar sobre sexo. Por isso, é fundamental que os casais com filhos tenham tratado de pelo menos algum dos conflitos já abordados neste livro antes de encararem este conflito em particular — você não terá a intimidade que vem com o sexo saudável se não se sentir visto, reconhecido e compreendido em pelo menos alguma das outras áreas.

Uma vida sexual saudável exige dedicação e, muitas vezes, os casais com filhos estão cansados demais para lidar com o esforço necessário, por isso o assunto acaba ficando lá embaixo da pilha de coisas. Fica soterrado embaixo dos boletos, das reuniões de pais, das listas de supermercado e tudo o mais. Mas o esforço vale a pena. A conexão e a intimidade conquistadas são muitas vezes o combustível de que precisamos como indivíduos, parceiros e pais para ter uma vida mais plena como um todo.

Reconhecemos que buscar a saúde sexual no relacionamento envolve estar vulnerável. Você tem que estar aberto para se perguntar: "Como eu gostaria que o sexo fosse para nós nesta nova fase da vida? Como seria e o que eu sentiria?" Essas são questões delicadas para você se perguntar e ainda mais delicadas para se trazer à tona, em uma conversa com o parceiro. Mas abordar essas questões às vezes embaraçosas ou íntimas é exatamente o que significa caminhar em direção a uma vida sexual saudável de um casal com filhos.

Alyson e William querem se sentir conectados. Eles vivenciaram e ainda vivenciam todas as mudanças que ocorrem na vida sexual após terem os filhos, mas não conversaram sobre nenhuma delas. Eles temem que as coisas tenham mudado porque talvez seu relacionamento não seja tão forte. Em vez de estenderem a mão para o outro com curiosidade e abertura, o medo fez com que eles se afastassem.

COMO ESSE CONFLITO PODE SE DETERIORAR?

Falando francamente, esse conflito tende a se tornar bastante pessoal muito rapidamente. Emoções intensas surgem: sentir-se indesejado, pouco atraente, usado, subestimado, ansioso e inseguro. Ouvimos quase todas as versões disso e muito mais — e, sinceramente, nós já sentimos isso também.

Como muitos casais, experimentamos a mudança drástica que a parentalidade traz para a vida sexual do casal. As principais mudanças decorreram da falta de tempo e do profundo cansaço que ambos sentíamos. À noite, até podíamos nos revezar para colocar as crianças na cama e fazer grandes planos de ficar juntos depois, o que podia levar a momentos íntimos. Mas antes que percebêssemos, tínhamos adormecido junto das crianças, noite após noite. Isso lentamente começou a corroer o tempo que tínhamos para ficar juntos e, como antes de termos filhos normalmente fazíamos sexo à noite, acabamos não tendo mais tempo para o sexo.

Quando nos demos conta, percebemos que já não tínhamos energia, nem mental nem física, para sermos criativos e fazer ajustes em como e quando poderíamos fazer sexo. Com o passar do tempo, a sobrecarga da parentalidade e o sentimento geral de estarmos desconectados cresceram por todos os motivos que normalmente surgem entre os casais com filhos: carga mental, diferenças parentais, diferentes maneiras de lidar com o estresse, mudanças de valores e assim por diante. Junte a fadiga a esse sentimento de desconexão, e as questões passaram a ser pessoais. Perguntas como "Há algo de errado entre nós ou comigo?", "Por que você não me quer mais?" ou "Por que você me ignora quando tento iniciar o sexo?" começaram a prejudicar nosso relacionamento. Passamos a nos perguntar se a vida sexual era ruim porque não nos sentíamos conectados, ou se nos sentíamos desconectados porque nossa vida sexual era ruim. Assim como Alyson e William, nos afastamos um do outro e evitávamos falar sobre sexo porque tudo parecia muito difícil de entender e superar.

Muitos pais passam boa parte da semana se sentindo desalinhados. Assim, não é simplesmente porque surgiu uma noite para namorar que a conexão necessária para a intimidade vai aparecer. Podemos querer que essa conexão e intimidade apareçam magicamente, mas, na maioria das vezes, não é assim. E quanto mais o tempo passa, mais complicada e dolorosa fica a falta de intimidade.

DO CONFLITO À CONEXÃO: A SESSÃO DE WILLIAM E ALYSON

William e Alyson entraram na sessão sentindo-se acanhados e rindo de nervoso. Eles pareciam estar no limite da razão, quando William começa a contar sobre a interação que teve com Alyson sobre sexo. Ela se acalma um pouco e fica em silêncio.

William: Eu simplesmente estou cheio dessa coisa toda. A Alyson me manda mensagens confusas. Ela diz que nunca temos tempo juntos para nos conectarmos e que precisa de uma pausa; então eu tento fazer algo para mostrar que estou ouvindo, que estou pensando nela. Daí ela vai e diz: "Isso é desnecessário... tudo o que você quer é fazer sexo". Não faz absolutamente nenhum sentido.

Stephen: Alyson? Qual é a sua experiência nessa briga?

Alyson: Eu estou cheia também. Estou cheia do William vir com algum grande gesto para me mostrar que está atento, mas no dia a dia não muda nada. Então, sim, podemos ter um ótimo fim de semana, mas depois chega a segunda-feira e ele não está em casa. E eu estou trabalhando, sou mãe, tenho que fazer tudo, e ele está confuso por eu não ter ficado feliz com a noite fora que ele planejou.

Está claro que os gatilhos foram acionados para ambos. A etapa 1 (avaliar) da expressão e escuta intencionais destina-se a ajudar o casal a perceber que está com o gatilho acionado e a tomar isso como uma oportunidade para mudar a direção da conversa. A próxima pergunta de Stephen destina-se a ajudar o casal a fazer essa mudança.

Stephen: Eu consigo sentir a emoção por trás do que vocês dois estão dizendo. Não é aqui que vocês querem estar e, de certa forma, parece que vocês dois acham que o outro está sendo irracional. Vocês concordam?

Alyson: Sim, é isso mesmo. Eu não entendo como o William ainda se surpreende com a minha reação. Parece que ele não está vivendo a mesma vida que eu durante toda a semana.

William: Eu estou vivendo a mesma vida que a Alyson, e não entendo por que ela quer se esconder atrás de todas as coisas ruins e continuar remoendo isso. A gente precisa tentar encontrar algo de positivo para mudar o sentido do nosso relacionamento. Parece que ela quer ficar presa, e isso me dá vontade de gritar.

Alyson: Eu não quero ficar presa nisso! Mas a gente *está* preso, e não muda nada só ter uma atitude positiva e fazer coisas divertidas; continuo me sentindo solitária, perdida e absolutamente exausta. Talvez antes de termos filhos, fazer coisas emocionantes e ter um ótimo sexo faziam as coisas melhorarem, mas não é mais assim. Você parece tão sem noção, e tem sido assim desde que tivemos as crianças. Faz três anos que estou murchando e você quer sair, se divertir, fazer sexo e chamar isso de solução para o que está acontecendo entre nós? Não é tão simples assim, William. Como é que você não consegue entender?

William e Alyson mudaram para se sintonizar com as emoções que estão sentindo em relação ao conflito.

Erin: Alyson, você usou uma palavra forte: *murchar*. William, o que você ouve Alyson dizer quando ela usa essa palavra?

William: Para mim, parece assustador. É uma palavra forte, e eu não entendo o que a Alyson quer dizer com isso. Não acho que a nossa vida seja tão ruim ou horrível. Temos tudo o que precisamos. Nossos filhos são saudáveis e estamos estáveis.

Há uma pitada de defensividade na voz de William. Para que ele escute Alyson intencionalmente, ele precisa suspender sua atitude defensiva e acreditar na experiência que ela está descrevendo (etapas 2 e 3 da escuta intencional).

Erin: Parece que é disso que você está falando, Alyson, certo? Você está gritando algo bem na cara do William e parece que ele não escuta.

Alyson: Sim, é isso mesmo. Eu já disse isso várias vezes.

Erin: Quando você diz *murchar*, Alyson, o que você quer dizer?

Alyson: Eu nem sei como explicar. Eu amo nossos filhos, amo tudo sobre eles, mas eles sugam minha energia. A primeira gravidez para mim foi difícil e desconfortável e a segunda... parecia que eu estava continuando de onde a primeira tinha terminado. Fisicamente, eu achava que não ia aguentar nem mais um dia de gravidez. Depois comecei a amamentar, mas logo percebi que não ia ser bom para a minha saúde mental. O sono tem sido uma montanha-russa. O trabalho começou a parecer uma máquina de moer gente, e passo o dia numa névoa de exaustão e sufoco. Eu não me sinto mais a mesma pessoa. Estou murchando.

Stephen: Alyson, essa é uma descrição muito sensível e sincera. William, você já tinha escutado a Alyson dizer coisas assim antes?

William: Sim, mas agora estou percebendo que, na verdade, eu não estou escutando a Alyson.

Stephen: O que você quer dizer?

William: Acho que fiquei um pouco consumido pela sensação de ter os gêmeos e não olhei para o lado para ver o que estava acontecendo com a Alyson.

William está suspendendo sua defensividade e acreditando na experiência de Alyson; isso permite que ele esteja aberto para fazer a reparação (passo 4) com ela.

Erin: William, você usou a expressão *olhar para o lado*. Para onde você esteve olhando?

William: Bem, como a Alyson disse, as crianças viraram a nossa vida de cabeça para baixo. Eu lembro que queríamos ter filhos, mas não estávamos planejando quando engravidamos. Foi meio como uma surpresa. Estávamos juntos fazia só dois anos, começando. Nós dois estávamos decolando na carreira, descobrindo como ser um casal comprometido, tendo aventuras juntos. Francamente, a vida era ótima. A gente realmente se curtia.

Aqui William está em sintonia com as emoções que estão presentes para ele, enquanto reflete sobre a história de ter filhos mais cedo do que o esperado.

Stephen: Isso incluía aproveitar a vida sexual que vocês queriam?

William: Claro que sim! Era simplesmente uma época em que éramos próximos um do outro, conectados, era divertido e estávamos entusiasmados. Então descobrimos que estávamos esperando um filho. Como eu disse, não ficamos desapontados. A gente queria ter um filho, mas parecia que as coisas estavam indo rápido demais. A vida de repente ficou séria, e uma parte do que tínhamos juntos ficou ofuscada por, sei lá, pela loucura que estava prestes a acontecer.

Stephen: Alyson, você já tinha escutado o William dizer coisas assim antes?

Alyson: Eu sabia que poderia ser sufocante, mas talvez porque eu também estava sentindo alguma coisa assim. O William nunca falou muito sobre como ele se sentia quando descobrimos que teríamos filhos.

William está compartilhando (etapa 4), e isso permite que Alyson ouça algumas das emoções por trás de sua experiência. A expressão intencional leva os parceiros a ouvirem a história mais a fundo.

Stephen: Acho interessante também que o William ainda nem chegou na parte de ter os filhos de fato. A ansiedade dele começou muito antes. William, o que aconteceu com você quando pensou na "loucura que estava prestes a acontecer"?

William: Bem, eu congelei. Quero dizer, não parei de fazer as coisas, mas eu fiquei abalado e comecei a pensar em tudo o que eu precisava fazer para me preparar para as crianças. Comecei a olhar para as tarefas à minha frente.

Erin: Você diria que focou um objetivo e botou a mão na massa para chegar lá?

William: É. Quero dizer, comecei a me empenhar mais no trabalho para tentar aumentar os meus ganhos. Comecei a organizar nossas apólices de seguro de vida. Tracei um plano em detalhes para nossa estratégia financeira. Comecei a malhar mais porque minha saúde não era das melhores. Meu pai teve um ataque cardíaco quando era ainda jovem e eu não queria que isso acontecesse comigo e afetasse a Alyson e as crianças. Eu estava tentando me organizar porque não me sentia pronto. Me senti um pouco imaturo e despreparado.

Stephen: Parece que é nesse ponto que começou o padrão da Alyson gritar e você não ouvir. No processo de focar e botar a mão na massa, mesmo que fosse por ótimos motivos, você parou de olhar para o lado e prestar atenção no que a Alyson estava passando.

William: Odeio admitir, mas acho que é verdade. Alyson, o que você acha?

Alyson: Acho que sim.

William: Eu me sinto envergonhado por você ter se sentido assim, como se estivesse murchando e eu ali do lado sem fazer nada. Não sei por quê, mas é como se fosse a primeira vez que você me contasse isso, me impactou demais. Quando consigo dar um passo atrás e respirar fundo, sei que a Alyson não está tentando dificultar as coisas. Ela está dizendo que tem algo acontecendo.

Este é um comentário que indica a reparação (etapa 4 da escuta intencional). Ele está assumindo a responsabilidade pelo modo como suas ações impactaram Alyson.

Stephen: Alyson, como você ouve o que o William está dizendo?

Alyson: Para mim foi diferente. Acho que pela primeira vez em muito tempo, o William não contestou, ele simplesmente disse: "Sim, isso aconteceu". Isso faz eu me sentir validada. E eu consigo sentir um alívio por dentro. Tipo: eu não estou inventando isso, é real.

Alyson está descrevendo como foi ver William acreditar na sua experiência (etapa 3 da escuta intencional).

Erin: Será, Alyson, que você também se sente agora um pouco mais compreensiva em relação ao William?

Alyson: Sinceramente, fiquei surpresa quando ele contou como se sentiu quando a gente descobriu a primeira gravidez. É estranho, mas é melhor saber que ele não estava prestando atenção em mim, porque estava prestando muita atenção à família, onde eu me incluo. Ainda dói, mas é bom saber que ele se importa tanto.

Esta é uma declaração de reparação de Alyson. Ela está perdoando William e expressando compreensão por suas ações, e ainda reconhece que elas a machucaram.

William: Alyson, é claro que eu me importo. E realmente não vi que você estava gritando, e como isso te machucou.

Erin: William, você consegue enxergar como essa mágoa pode afetar como ela se sente em relação ao sexo?

William: Acho que sim. Se ela não está se sentindo próxima de mim e acha que está sendo ignorada, fica difícil querer transar. Isso faz sentido.

Alyson: Isso, e você consegue entender agora por que a gentileza de oferecer uma estadia num hotel não conserta meu sentimento de não ser compreendida?

William: Agora eu entendi.

Alyson: Eu quero muito me sentir próxima de você, William, e fazer sexo. Nossa vida sexual era ótima antes das crianças e quero que volte a ser como era. Não quero que você pense que eu não estou a fim.

Stephen: Então, talvez uma das chaves para a vida sexual de vocês esteja em se sentirem conectados em meio ao caos da parentalidade. E para você, Alyson, sentir que o William está olhando para você e te vendo, em vez de estar focado só nas coisas práticas, não?

Alyson: Nossa, seria maravilhoso!

William: Para mim também, Alyson.

COMO POSSO FALAR ISSO PARA O MEU CÔNJUGE? ROTEIROS

Falar sobre sexo é algo que todo casal com filhos deve fazer, entendendo que agora as coisas são diferentes de como eram antes. Os casais precisam ser flexíveis e criativos na forma como lidam com sua vida sexual sendo pais. Além disso, se já se sentem desconectados em razão do estresse da parentalidade ou da sensação de que são invalidados, falar sobre sexo será mais complicado ainda. Veremos a seguir alguns roteiros que ajudarão você e seu parceiro a falar sobre sexo e entender o que ele mudou para vocês, pais.

Expressão intencional — para ambos os parceiros

"Eu sei que nossa vida sexual mudou muito desde que tivemos filhos, e parece que até falar sobre isso é complicado. Queria poder falar sobre isso com você e ver se nos entendemos sobre como nos reconectarmos sexualmente."

"Podemos falar sobre sexo? Não estou tentando falar sobre isso porque quero transar agora. Mas vejo que quando esse tema surge, parece que cria muita tensão e falta de comunicação. Você sabe o que acontece com você quando falamos sobre sexo?"

"Estou aqui pensando se você está se sentindo um pouco distante ou desconectado... Sei que quando não temos relações, normalmente significa que não estamos nos sentindo tão próximos quanto queremos. Há alguma coisa que eu não estou entendendo?"

"Você é muito importante para mim e nosso relacionamento também. Sinto que não estamos nos conectando e parece que a nossa comunicação está complicada. E parece que, por causa dessa desconexão, não estamos tendo sexo. Podemos falar sobre isso ou procurar algum terapeuta que nos ajude a conversar?"

PERGUNTAS PARA VOCÊ REFLETIR

1. Você já consultou um médico para descartar questões físicas ou psicológicas que requeiram atenção médica e que possam estar impactando sua vida sexual?

2. O sexo parece ser diferente para você e seu parceiro agora que vocês têm filhos? Se sim, você consegue ser bem claro e explícito sobre como são as mudanças de seu ponto de vista? Lembre-se de ser específico e não acusar, mas apenas compartilhar sua experiência.
3. Há algo que seu corpo possa ter armazenado na memória, a partir de eventos significativos do passado, que faz com que você evite a intimidade? Isso pode estar relacionado a abusos, gestações, doenças, dentre outras coisas.
4. Como você quer que a sua vida sexual seja e faça você se sentir? Você já compartilhou essas expectativas com seu parceiro? Você sabe como seu parceiro quer que a vida sexual de vocês seja agora que têm filhos?
5. Você sente que tem evitado esse conflito? Há algo neste capítulo com o qual você se identifica?

CAPÍTULO 14

O conflito do "Eu odeio a sua família"

DAN E VANESSA estão juntos há cinco anos. A filha deles, Isabella, tem 18 meses. Serem pais tem sido uma ótima experiência, mas a chegada da filha mexeu no vespeiro, que é o relacionamento de Vanessa com a sua sogra, Angela.

Vanessa e Angela têm um relacionamento difícil desde a primeira vez que se viram. Os pais de Vanessa se divorciaram quando ela era mais nova; então, ela e a irmã ficaram morando com a mãe e viam o pai muito pouco. Os pais de Dan são casados, mas ele sempre brincou que é só porque seu pai aprendeu a ignorar a esposa. Dan chegou a repetir para Vanessa alguma versão disso ao longo do relacionamento deles, quando sua mãe Angela ofendia algum deles. Quando saem de algum encontro de família no qual Vanessa perdeu a paciência, Dan costuma dizer: "Angela só está sendo Angela", o que para Vanessa é apenas uma forma de minimizar o quanto a sogra é desagradável. Vanessa costuma responder algo do tipo: "Eu odeio que você a deixe falar com você daquele jeito. Não tem nada a ver ela dizer o que você deve fazer no trabalho ou como fazer". Dan geralmente responde com alguma versão de: "Eu não me importo. Ela não sabe do que está falando. Eu simplesmente deixo entrar por um ouvido e sair pelo outro. Você também deveria fazer isso".

A primeira vez que Angela disse algo diretamente a Vanessa foi um comentário passageiro sobre considerar uma nova profissão, algum trabalho mais "familiar". Vanessa reagiu com muita calma: "Eu gosto do meu trabalho. É importante para mim. Não estou interessada em trabalhar com outra coisa". A tensão imediatamente contaminou o ar e, pouco depois, Vanessa pediu a Dan para irem embora, e foram. Esse tipo de interação sempre acaba se repetindo quando a sogra está por perto, alterando depois a conversa entre o casal.

Se dependesse de Vanessa, ela e Dan veriam Angela muito pouco. De acordo com Dan, por respeito a Vanessa, eles já veem os pais dele menos do que seus irmãos. Dan acha que é um desrespeito à sua família o fato de Vanessa não querer se aproximar dos pais dele, quando a própria mãe dela vem sempre na casa deles. Ele gosta de sua sogra, mas acha que não estão sendo justos com seus pais. A chegada de Isabella só piorou o clima entre Vanessa e Angela, afetando também a relação do casal.

Vanessa acha que Angela julga cada decisão que ela toma como mãe, e Dan está ficando cansado das reclamações da esposa, porque acha que sua mãe nunca mencionou sequer uma palavra sobre isso e que Vanessa está levando tudo para o lado negativo. Vanessa se queixa de que Angela é cheia de opiniões sobre a criação dos filhos alheios, que ela vive falando sobre esse ou aquele primo que fez algo que ela considera ultrajante: "Eles chamam o bebê pelo apelido e não pelo nome!". Vanessa afirma que durante o jantar ela fez uma crítica mordaz sobre uma mãe que viu no supermercado: "Ela ficou o tempo todo olhando para o celular enquanto fazia as compras. Fiquei tão triste pelos filhos daquela mulher". A resposta de Vanessa foi: "Pode ser que ela estivesse só olhando a lista de compras, não é?" — ao que Dan lançou um olhar atravessado para Vanessa. Ele realmente gostaria que Vanessa não desse tanta importância para o que sua mãe diz. Vanessa não acha exagero pensar que Angela também a julga como mãe, e não tem dúvidas de que basta ela virar as costas para servir de tema das conversas de sua sogra. E se pergunta que tipo de coisas sua sogra deve dizer sobre o casal quando não estão por perto. Por mais que tivesse suportado a sogra quando teve de ficar mais próxima dela antes de ter Isabella, agora Vanessa realmente não quer ter a obrigação de conviver com a negatividade de Angela perto da filha, e certamente não está contente em ser alvo dos comentários e críticas sarcásticas da sogra.

Um fato ocorrido numa festa de aniversário na casa da irmã de Dan recentemente foi a gota d'água na tensão entre o casal. Vanessa foi para uma sala longe de Angela para dar a comida de Isabella, porque a alimentação de sua filha é um dos pontos de discórdia em que a sogra a julga. Ela estava orgulhosa por ela e Dan terem elaborado um plano antes e terem conseguido se ater a ele, mas foi só entrarem no carro para irem embora que a conversa azedou.

Vanessa: Eu vi você conversando com sua mãe. Do que vocês dois estavam falando?

Dan: Ah, sim, estava tudo bem. Ela perguntou se a gente está pensando em colocar a Isabella numa creche. Eu só estava contando a ela sobre o que a gente tem conversado.

Vanessa: Você não pode estar falando sério, Dan. Ela é tóxica! Ela vai usar isso contra mim, contra a gente.

Dan: Do que você está falando? Eu odeio quando você fala essas coisas. O que significa *tóxico* quando se fala de um ser humano? Foi uma conversa inofensiva. Ela me disse que estaria disponível para cuidar dela alguns dias por semana se a gente quisesse. Mas não precisa se preocupar, sei o que você acha dela e obviamente não vamos deixar a Isabella com ela.

Vanessa: Eu não acredito que você falou com ela sobre isso.

Dan: E o que eu deveria dizer? "Sinto muito, mãe, a Vanessa não quer que eu fale com você sobre a nossa filha." Teria sido pior ainda. Além disso, a gente não combinou sobre não falar com ela sobre creche. Eu não disse nada que fosse te chatear. Não vai dar em nada.

Vanessa: O problema é que você não vê que isso é um problema!

Dan: O problema é que você está fazendo disso um problema!

Dan admite que Angela sempre diz coisas ofensivas, mas aprendeu a ignorá-las como seu pai aconselhou: "Crie uma carapaça". Ele deseja que Vanessa seja feliz, mas não quer que para isso ele seja obrigado a se afastar da família. Cada vez mais, ele vem sentindo que Vanessa está pedindo que ele escolha entre ela e sua mãe, o que o deixa irritado. Ele está ficando com raiva dessa dinâmica porque não aguenta mais ouvir Vanessa falar de sua mãe sem ficar fora de si. Dan acha que ela fica tentando transformar até mesmo as pequenas coisas em grandes problemas. E ele se sente cada vez mais cansado desse fluxo constante de motivos que Vanessa encontra para odiar a sogra. Provavelmente sem que ele tenha consciência, essa dinâmica pode fazê-lo se sentir controlado pelos sentimentos de Vanessa a respeito de sua mãe. Ele reage com veemência ao se sentir controlado, e essa reação afeta negativamente sua comunicação com a esposa.

Vanessa também se sente controlada, embora não conscientemente. Quando ela tenta explicar como Angela fala com ela, Dan diz para ignorá-la, não dar muita importância ou levar para o lado pessoal. Assim, ela não se sente à vontade para falar com ele sobre seus sentimentos em relação a Angela e que está sendo obrigada a lidar com a situação igual ao marido. Ela sente que a estão ignorando e tentando controlá-la. Vanessa recebeu de Dan o que ele aprendeu para conseguir lidar com a mãe: qualquer tentativa de conversa é percebida como confronto e a expectativa de ser ouvido é considerada inútil.

POR QUE ESSE CONFLITO É NECESSÁRIO?

Então o que seria exatamente um relacionamento tóxico? A resposta objetiva é a seguinte: é um relacionamento onde você não confia na outra pessoa e não se sente capaz de relaxar na presença dela; onde também muitas vezes sente que seus desejos e necessidades não são respeitados. Essas dinâmicas relacionais geralmente partem da "pessoa tóxica", pois ela ignora reiteradamente os limites definidos ou solicitados em razão de sua crença ou desejo de ter suas próprias necessidades atendidas acima das dos outros, ou da sua incapacidade de ver a importância das necessidades dos outros. Pode partir da família estendida, dos sogros, de nossos pais, amigos íntimos de nosso parceiro — quem quer que seja, essa pessoa importa menos do que o desgaste causado no casal (e em toda a família), quando os cônjuges discordam a respeito do impacto que essa pessoa causa na família ou da forma como lidar com ela.

Foi nossa intenção usar a história relativamente leve de Dan e Angela aqui porque, muitas vezes, são essas interações aparentemente insignificantes e cumulativas que acabam com o casamento. Pegue, por exemplo, uma cunhada que dá opiniões não solicitadas sobre tópicos muito sensíveis para você, como a amamentação de seu bebê, quanto tempo ele deve dormir ou se você deve optar por uma creche ou uma babá, "já que você insiste que precisa voltar a trabalhar". Pode ser a sua própria mãe repetindo que "dar o peito é o melhor", quando você lhe disse várias vezes que essa já não é mais uma opção saudável. Quando você tenta contar a seu parceiro sobre esses exemplos, ele pode não ver sua importância porque, afinal, não se trata de nenhum abuso ou trauma gritante. Na maioria das vezes, os casais concordam sobre aspectos mais importantes, mas esses "detalhes" têm o poder de corroer o relacionamento.

É preciso enfrentar esse conflito porque, se você ou seu parceiro se sentirem menosprezados, intimidados ou ignorados, ou se sua opinião não for levada em conta, isso deve ser abordado e tratado de maneira saudável, antes que leve ao ressentimento e desconexão.

Dan e Vanessa precisam desse conflito sobre Angela para que possam chegar a um consenso sobre como interagir com ela. Eles precisam falar sobre como se relacionar com ela, mas também precisam falar sobre como resolver esse conflito. Dan acredita piamente que qualquer confronto é inútil e que produzirá um resultado prejudicial. Se considerarmos o contexto de sua infância e as mensagens que recebeu sobre conflitos, é fácil enxergar como ele chegou a essa conclusão. Porém,

Vanessa não é Angela, e ela precisa que Dan saiba que o conflito com ela não é inútil e não precisa se tornar uma comunicação truncada. Evitar esse conflito é justamente o que está levando a um resultado prejudicial.

COMO ESSE CONFLITO PODE SE DETERIORAR?

Unir as famílias é algo muito importante e cada novo estágio no relacionamento do casal (a chegada de filhos, por exemplo) muitas vezes gera novas áreas de atenção na família estendida. Como discutimos no Capítulo 10, o que vem à tona varia muito, mas muitas vezes fatos que costumavam irritar antes (por exemplo, um parente que sempre fala do seu peso ou um primo que bebe demais nas festas), com a chegada de filhos, se transformam em situações que exigem do casal um plano de ação.

É comum discutirmos relacionamentos tóxicos com os casais. Às vezes, a situação é muito clara e o casal concorda sem questionar quais limites são ou serão necessários. Outras vezes, a situação é obscura e não é tão fácil concordar sobre limites. Muitas vezes, esse é o ponto mais crítico e prejudicial desse tipo de conflito, pois o que acaba acontecendo é que um dos parceiros sente que precisa provar para o outro que a pessoa em questão não é confiável — o que só torna a situação frustrante e destrutiva para ambos. Enquanto isso, o outro sente que está sendo solicitado a virar as costas para alguém que lhe é caro, mesmo que essa pessoa seja difícil de lidar.

Às vezes, os casais sentem que não podem mais ficar perto de um amigo ou parente e, pelo bem de sua família, precisam isolar-se dessa pessoa completamente. Nós já passamos por isso e o desfecho foi muito doloroso; não é algo que se encara de forma leviana. É um fim definitivo e indesejado para um relacionamento, portanto é algo temido, e um dos parceiros pode se tornar extremamente reativo diante dessa situação. Quando os parceiros expõem suas preocupações sobre um relacionamento tóxico, geralmente não sabem exatamente o que estão buscando, além de uma manifestação de que seu parceiro acredita neles e está disposto a apoiá-los. Quando isso não ocorre imediatamente (ou na medida do esperado), o conflito se agrava mais rapidamente.

Quando um parceiro sente que precisa provar que alguém o faz se sentir inseguro, frequentemente passa a hiperfocar nessa pessoa, destacando cada pequena ação ou comportamento que considera problemático em qualquer momento; isso ocorre porque o sistema nervoso, ao se sentir ameaçado, entra em estado de alerta máximo, buscando identificar possíveis perigos para garantir sua segurança. Para o outro parceiro, que não sente a ameaça, ou pelo menos não da mesma forma, o hiperfoco pode realmente gerar hipoexcitação em seu sistema nervoso: "Não, não, não, espere aí. Vamos relaxar e seguir em frente". O conflito se deteriora porque ambos continuam indo cada vez mais longe para tentar fazer com que o parceiro veja seu medo. Quanto mais o parceiro ameaçado se sentir inseguro e desatendido, mais isso o fará desconfiar do outro parceiro. O que a maioria das pessoas procura quando há um relacionamento tóxico é bastante simples. (Observe que dissemos simples, não fácil.) Na maioria das vezes, o que ela quer é:

1. Acreditar que o que estão sentindo e percebendo é real para eles. Não é necessário ser real para ambos os parceiros para que seja real para um deles.
2. Estabelecer limites claros em torno da pessoa de quem desconfiam, o que levaria ambos os parceiros a interromperem o cabo de guerra entre hiperfoco e hipoexcitação.

Pode dar medo estabelecer limites, especialmente para quem está acostumado a se relacionar com pessoas que constantemente os ultrapassam ou testam. Esta será a parte difícil para Dan; ele não tem uma experiência factível e segura em estabelecer limites para Angela. Ele se sente desconfortável e com medo quando sua esposa lhe pede para colocar limites em sua mãe, como se isso fosse impossível. E Vanessa teme que não acreditem nela e que terá de continuar relevando sua experiência para que Dan se sinta mais confortável. Assim, Dan e Vanessa permanecem no beco sem saída. Ambos se sentem ameaçados pela necessidade um do outro em relação à Angela, e não conseguem enxergar um caminho para a conexão.

DO CONFLITO À CONEXÃO: A SESSÃO DE VANESSA E DAN

Dan e Vanessa começam a sessão parecendo ansiosos. Ambos vieram com a esperança de conseguirem ajuda, mas também muito conscientes de que essa conversa já terminou mal diversas vezes.

Vanessa: A mãe do Dan, a Angela, tem a mania de se intrometer na nossa vida e nas nossas decisões. Quando tivemos a Isabella, ela comentou sobre a necessidade de eu arranjar um emprego mais "familiar", depois o Dan começou a conversar com ela sobre quais eram nossos planos sobre colocar a Isabella na creche ou contratar uma babá, e ela tentou forçar a barra para deixarmos a Isabella com ela.

Dan: Ela não estava tentando forçar nada. Eu só respondi uma pergunta sobre o que estávamos pensando em fazer. Eu realmente não vejo qual é o problema. Você é cheia de desconfiança com ela.

Vanessa: Sim, porque ela é cheia de opiniões sobre a vida alheia e quer meter o nariz onde não é chamada. Ela não precisa ficar dando palpite na minha vida profissional. O fato de ela achar que tem esse direito e ficar falando sobre isso quando não estou por perto me faz desconfiar dela em tudo.

Dan: Vanessa, você se importa demais. É só não dar bola para a mamãe. Você não pode deixar que ela te afete assim. Eu também não quero que ela cuide da Isabella; não é porque ela perguntou da creche que ela agora tem que ficar com a Isabella. Ela pode pensar e dizer o que ela quiser. Eu não ligo.

Vanessa: Esse é o problema. Estou te dizendo que isso me perturba e você não entende. Não acho que evitar toda a situação seja uma boa tática. Você pode ter evitado conflitos com sua mãe desde pequeno, mas isso não quer dizer que seja uma coisa saudável de se fazer. É como se ela estivesse controlando todo nosso relacionamento. Você se preocupa mais em não chateá-la do que em como me sinto e o que será melhor para a Isabella.

Erin: Dan, você se importa mais em não chatear a sua mãe?

Dan: Não, mas é complicado. Minha mãe é difícil de lidar; ela fica tentando tomar para si coisas que não são da sua conta. Ela fez isso toda a minha vida, e a melhor política é não dar atenção.

Erin: Você consegue enxergar como essa estratégia não está funcionando para a Vanessa? No final das contas, também não está funcionando para você, porque vocês dois estão sentados aqui conosco tentando resolver.

Esta pergunta tem o propósito de iniciar o processo de sintonização (etapa 2 da expressão intencional). Dan afirmou que sua mãe é difícil de lidar e Erin está lhe pedindo para sintonizar como isso funciona para ele e, depois, como pode funcionar para Vanessa. Nós expandimos com a questão seguinte.

Stephen: Dan, qual é o problema com a sua mãe? O que faz dela uma pessoa complicada?

Dan: Eu me lembro quando eu era adolescente e ficava chateado porque ela entrava no meu quarto e ficava bisbilhotando. Eu dizia que não gostava, que achava que ela não estava respeitando meu espaço, mas ela ficava com raiva e depois fazia bico, ficava toda emburrada. Ela começava a dizer coisas do tipo: "Estou só tentando mostrar algum interesse na vida do meu filhinho e ele fica me dispensando". Era confuso e ela não parava de choramingar, a não ser que eu tentasse remediar pedindo desculpas ou simplesmente deixando ela dizer o que queria.

Stephen: Então você também sabe como é ter sua mãe se metendo na sua vida de um jeito que você não gosta.

Dan: Pois é.

Se ajudarmos Dan a ver que ele teve uma experiência semelhante com sua mãe, talvez ele possa acreditar na experiência de Vanessa e não ficar na defensiva.

Stephen: E você tem a sensação de que a maneira de ser da sua mãe é imutável e por isso os outros é que precisam se ajustar se ainda quiserem manter um relacionamento com ela. Ou você "aguenta do jeito que ela é" ou não tem como conviver com ela.

Dan: Mais ou menos. Acho que tentar um confronto afetaria drasticamente meu relacionamento com ela. Eu a veria menos ou seria mais difícil de conviver. Talvez ela até cortasse relações comigo de uma vez, mas acho que não.

Erin: Dan, seu relacionamento com sua mãe parece ser importante para você. Você se importaria de elaborar isso?

Dan: Bem, ela é a minha mãe. Além disso, todos os encontros de família são na casa dela, então se eu quiser ver meus parentes, vou ter que ver ela também. Eu gosto da minha família e quero que a Isabella conviva com eles e se sinta parte da família, como eu.

Erin: Vanessa, tirando a mãe do Dan, você quer fazer parte da família dele? Você quer que a Isabella conviva com a família do Dan?

Vanessa: Quero. Adoro a família dele. Os tios e primos dele são superdivertidos. Mas a mãe dele consegue fazer essa convivência ser estressante e tensa para mim. Gosto de ver a família dele, mas, por outro lado, fico em estado de alerta quando vamos na casa dela. Fico só esperando o próximo comentário que ela vai fazer; sempre alguma coisa vai me fazer passar raiva ou fazer eu me sentir mal comigo mesma — seja como mãe ou como esposa do Dan.

Stephen: Vanessa, a tática do Dan tem sido ignorar a mãe. Ele está pedindo para você usar a mesma tática. O que este pedido tem de errado ou desagradável?

Agora passamos a ajudar Vanessa a se expressar intencionalmente por meio da sintonia, reflexão e compartilhamento.

Vanessa: Bem, é desagradável porque estou tentando dizer ao Dan que isso é horrível para mim e ele continua me dizendo que é assim *por minha* causa. É como se ele não acreditasse em mim e o problema fosse eu. O problema é a forma como a mãe dele interage com as pessoas. Todo mundo fica cheio de dedos com ela. Não é justo ela ter todo esse poder e depois dizem que a culpa é minha. É errado simplesmente ignorá-la, vai na contramão do que eu penso. Eu me sinto controlada e parece que estão me dizendo que meu sentimento não importa.

Stephen: Dan, você consegue perceber como essa tática de evitar a situação faz a Vanessa entender que ela é o problema e que ela precisa deixar sua mãe controlar as coisas?

Dan: É, estou entendendo. Acho que nunca pensei que toda a família, inclusive eu, estamos todos sendo controlados pela maneira como minha mãe se comporta. Todo mundo fica tentando evitar confusão com ela.

Dan está praticando a escuta intencional. Sua declaração faz parte da reparação (etapa 4). Ele está assumindo a responsabilidade de como seu comportamento de ignorar sua mãe faz Vanessa se sentir controlada.

Stephen: Evitar confusão com ela parece ser importante.

Dan: A gente fica com medo de cutucar a onça. Nas poucas vezes em que vi isso acontecer, não deu muito certo. Ela faz uma cena daquelas... começa a contar para todo mundo e se faz de vítima, dizendo coisas do tipo: "Eu sou tão incompreendida". Ela te leva a achar que o errado é você mesmo. Sinceramente, só de pensar nisso, já sinto enjoo.

Erin: Hm, então você realmente sabe como é estar na mira de sua mãe?

Dan: É horrível!

Erin: É isso que a Vanessa está tentando lhe dizer. Ela se sente péssima perto de sua mãe e quer que você a apoie e ajude a direcionar esse relacionamento de forma a mudar essa sensação. Para ela, ficar evitando o confronto só perpetua esse sentimento horrível. Francamente, eu não vejo você dizer nada de diferente sobre como se sente ao evitar o confronto. Você é apenas mais experiente em ignorar a sensação ruim. Parece que isso pode até ter funcionado para você, mas a Vanessa está tentando dizer que isso não funciona para ela ou sua família.

Vanessa, você percebe a dificuldade que o Dan está enfrentando diante da hipótese de parar de evitar o confronto com a mãe dele? Não é que ele não se importa com você, é que ele não gosta da sensação de ter que confrontar a mãe. É difícil, de repente, começar a estabelecer limites para ela. Ele tentou, outros tentaram, e não deu certo.

Vanessa: Estou entendendo.

Vanessa está praticando a escuta intencional, suspendendo sua defensiva e acreditando na experiência de Dan.

Dan: Estou vendo que você está tentando me dizer que se sente mal. Agora entendi. Você se sente péssima. E eu me sinto paralisado. Não sei o que fazer. Eu me senti assim a vida toda com minha mãe.

Vanessa: Eu também me sinto paralisada. Não quero fazer as coisas ficarem piores para você. Só quero que a nossa família — você, eu e a Isabella — não fique dependendo da sua mãe, do humor dela, das opiniões, do jeito como ela se comporta.

Stephen: Dan, o que você acha do que a Vanessa acabou de dizer? Ela não quer que sua família repita o padrão de ser controlada por uma pessoa.

Dan: Isso faz sentido. Eu também não quero que as coisas sejam assim.

Stephen: Isso mesmo! Esse é o ponto de partida. Vocês dois estão vendo?

Vanessa: Vendo o quê?

Stephen: No início dessa conversa, você disse que queria que o relacionamento com a mãe do Dan fosse diferente. O ponto em comum é que vocês dois não querem se sentir controlados pelo estilo de relacionamento da sua mãe. Vocês dois estão tentando entrar num acordo sobre como interagir com sua mãe de forma que ela não controle o sentimento ou a vida de vocês; os dois estão em busca disso.

Dan: Estou entendendo. Nenhum de nós dois gosta de ser controlado pela mamãe e queremos que isso acabe.

Vanessa: Como é bom ouvir isso. Acho que eu não sabia que o Dan se sentia controlado também. Parecia que ele não se importava.

Erin: Ficou claro que ele se importa, só que ele não sabe mais o que fazer.

Dan: Exatamente.

Stephen: Então agora estamos num ponto em que vocês dois veem que não querem ser controlados pelo modo como a sua mãe se relaciona e precisam chegar a algum tipo de colaboração sobre como fazer isso de modo que seja bom para vocês dois. É verdade que não será nada perfeito, mas é melhor do que vocês ficarem sempre achando que cada um quer uma coisa diferente.

Dan: Entendo. Eu preciso ceder um pouco na minha abordagem de "evitar", e a Vanessa não ficar falando que eu preciso cortar relações de vez com minha mãe.

Vanessa: É, eu não quero que você corte relações com sua mãe. Só quero que fique claro como vamos interagir com ela e o quanto vamos deixar ela saber da nossa vida. Quero que você me ajude com isso.

Dan: Agora entendi. Eu consigo fazer isso.

Dan e Vanessa entraram em estado de reparação e estão tentando desenvolver um plano de ação diferente.

COMO POSSO FALAR ISSO PARA O MEU CÔNJUGE? ROTEIROS

Algumas pessoas, na infância e adolescência, não tinham permissão para impor limites a seus entes queridos. Outras podem ter sentido que precisavam de limites impostos para absolutamente tudo. O sistema nervoso tenta nos manter seguros, mas isso não significa que podemos escolher como ele reage. Há pessoas que ficam paralisadas quando, na verdade, gostariam de agir. E há outras que agem quando gostariam de poder sair correndo. Não é porque desenvolvemos uma maneira de reagir à nossa família e ambiente de origem que não podemos aprender uma nova forma de nos comportar. Não é fácil, mas é possível, e vale a pena recuperar seu próprio poder de escolha.

Os limites não precisam ser negativos. Na verdade, eles podem até ser bons! Os limites podem ser aquilo que permite você e seu parceiro interagirem em segurança com pessoas desafiadoras (ou, quando necessário, tomar a decisão de não mais interagir com elas). Eles também permitem que você e seu parceiro se sintam seguros um com o outro. E lhes dão a oportunidade de criar seus filhos expressando o que lhes é seguro ou não, ajudando-os, assim, a saber como cuidarem de si nas situações inseguras — orientação que infelizmente muitos de nós não tivemos quando crianças. Não sabemos a melhor formulação que se adequará a você e seu parceiro, mas veremos a seguir algumas sugestões para lidar com o conflito de forma saudável e iniciar uma conversa.

Expressão intencional — para ambos os parceiros

> "Às vezes me sinto desconfortável perto do tio Rob, quando ele está bebendo. Eu gostaria de discutir como vamos lidar com ele agora que vamos levar o Charlie para os jantares de domingo na casa dele. Quando seria um bom momento para falarmos sobre isso antes de domingo?"
>
> "Quero que nossos filhos se sintam capazes de dizer não ao toque físico de outra pessoa, não importa quem seja. Sei que a sua avó não está tentando irritar o Kelvin, mas deixar ela abraçá-lo, mesmo quando ele claramente não quer, parece que estamos ensinando algo errado. Acredito que podemos parar esse costume sem fazer um escarcéu em torno disso na frente de toda a família."
>
> "Sei que a viagem com seus amigos está chegando e eu queria conversar sobre nossas expectativas antes de irmos, para nós dois podermos aproveitar o passeio."
>
> "Sei que quando tentamos falar sobre isso antes, você entendeu que eu não queria que seus pais conhecessem nosso filho. Mas quero começar dizendo que a minha intenção não é essa. O que quero discutir é a melhor maneira de seus pais conhecerem o neto

de uma forma que seja boa para todos nós. Eu estava pensando que a gente poderia encontrar com eles naquele lugar que eles adoram, assim eu consigo ter uma expectativa de quanto tempo vamos ficar lá e eles saberiam que pensamos sobre o que eles gostam. O que você acha?"

PERGUNTAS PARA VOCÊ REFLETIR

1. Atualmente, existe alguém na sua vida com quem você sente que tem um relacionamento tóxico ou complicado? E seu parceiro?
2. O que a palavra *limite* significa para você? Como eram os limites na sua família quando você era criança? E para seu parceiro?
3. Você consegue se lembrar de alguma ocasião da sua infância em que seus pais impuseram um limite que não deu certo? Você consegue se lembrar de alguma ocasião da sua infância em que você desrespeitou um limite e isso deu certo? O que aconteceu?
4. De que maneiras você e seu parceiro pressionam um ao outro ao extremo, quando o assunto é sua própria família ou a família de seu parceiro? Você consegue identificar algumas maneiras específicas pelas quais você contribui para essa polarização e assumir a responsabilidade por sua parte?
5. Você sente que tem evitado esse conflito? Há algo neste capítulo com o qual você se identifica? Você se lembrou de alguma história da sua infância ou do seu parceiro que possa ter ensinado ideias conflitantes sobre limites, o que fazer e como lidar com relacionamentos que pareçam pouco saudáveis? Como você quer que seus filhos lidem com pessoas difíceis? Você já considerou que pode querer para seus filhos coisas diferentes do que vivenciou em seus relacionamentos? E você consegue

ver alguma área em que talvez queira algo para seu filho, mas não esteja transmitindo a mesma mensagem ao seu parceiro?

CAPÍTULO 15

O conflito do "Você não pode deixar isso para trás?"

TRIP E JUN estão juntos há cinco anos e têm dois filhos — Zara, de 3 anos, e Ren, de 1 ano. Ambos trabalham fora em tempo integral e a mãe de Jun cuida das crianças durante o dia. A gravidez e o parto de Zara correram bem, mas a gravidez de Ren foi muito estressante. Jun teve sangramentos regulares durante toda a gravidez, o que deixava o casal ansioso, porque já haviam perdido um bebê antes.

Cada um reagia aos sangramentos de Jun a seu modo.

Jun: Trip, acho que falar sobre a minha ansiedade e meus medos vai ajudar a me sentir menos estressada.

Trip: Eu não quero criar mais preocupação, Jun. Falar sobre o que pode acontecer é apenas se preocupar com um futuro que não é real. Não quero que você se aborreça com isso.

Jun: Mas não é que eu não quero me aborrecer, é real. A gente pode perder esse bebê. Já perdemos um antes, isso não é um futuro irreal. Estou falando de uma coisa que já aconteceu e que pode acontecer de novo.

Trip: Quando perdemos o primeiro bebê, você queria falar sobre isso o tempo todo, o que só fazia as coisas piorarem. Você acabou ficando ainda mais deprimida, como se nossa vida tivesse parado no tempo. Você ficou triste por tanto tempo... Eu não entendo por que você fica voltando nesse assunto.

Jun: Por acaso fui *eu* quem me deixou deprimida? Você foi tão atencioso e solidário comigo quando perdemos o bebê quanto está sendo agora. Então acho que estou sendo burra de pensar que agora seria diferente.

Trip e Jun nunca resolveram suas diferenças em relação à gravidez de Ren e, de certa forma, Trip achava que, por terem tido um bebê saudável depois de perder o primeiro, isso validaria sua postura e abordagem diante da gravidez complicada. Ele dizia a Jun: "Eu sei que vai ficar tudo bem". No entanto, Jun ficava ainda mais furiosa com ele, por sua contínua indiferença, e se zangava não só por causa da gravidez de Ren, mas também por já ter perdido um bebê.

Depois desse acontecimento, Jun queria muito conversar com Trip sobre o que haviam passado, mas ele ignorava suas tentativas de iniciar um diálogo. Era como se ele continuasse a dizer para ela seguir em frente, que tudo ia melhorar. Ele não dizia isso diretamente, não na época, mas falava coisas como: "Podemos tentar de novo" ou "Eu sei que é difícil, mas ficarmos sentados conversando sobre isso só vai piorar as coisas". Em todos esses comentários, Jun ouvia Trip dizer: "Pare de sentir. Supere isso, e sigamos em frente".

Por fim, Jun acabou não tendo outra alternativa a não ser de fato seguir em frente, porque percebeu que Trip não iria mesmo ajudá-la a lidar com aquela emoção. Ela tinha algumas amigas que também haviam perdido seus bebês e se sentia à vontade para conversar sobre isso com elas. Assim ela seguiu, passando por cima de seus sentimentos sobre discutir isso com Trip, e avançou, concentrando-se em ficar grávida novamente. Quando eles se engravidaram de Ren, e o bebê nasceu com saúde, ficaram entusiasmados. Parecia que estava tudo bem. A vida seguiu adiante. Eles tinham dois filhos saudáveis e eram gratos por sua família.

Agora Jun relata que eles têm um bom relacionamento, mas às vezes sua raiva aflora e ela se vê pensando novamente em como se sentia solitária após a perda do bebê e durante toda a gravidez de Ren. Normalmente, isso acontece quando está estressada ou sobrecarregada com as crianças e o trabalho, e tenta se aproximar de Trip para que ele a ajude ou apenas para desabafar.

Jun: Sabe, Trip, você nunca muda. Desde que perdemos o bebê, você se recusa a me ouvir quando tento te dizer alguma coisa que é importante para mim.

Trip: Ah, não, isso de novo não. Você vai usar isso contra mim para sempre?

Jun: Bem, que tal voltarmos ao ano passado, quando o Ren nasceu e você agiu do mesmo jeito, ou na semana passada, quando eu estava tentando te dizer como a maternidade e o trabalho estão acabando comigo e você me disse que eu estava exagerando?

Trip: Jun, você sempre faz isso. É como se você tivesse um arquivo interminável de todas as coisas que faço de errado e, em qualquer briga, você folheia e me conta uma história de eu não ser nada além de indiferente. O que é que você quer que eu faça?

Jun: Eu não quero que você faça nada, Trip. Eu só quero que você preste atenção de verdade no que estou te dizendo e me leve a sério!

É nesse ponto que Jun e Trip ficam emperrados. O passado fica retornando dentro de um círculo vicioso: Trip acha que está sendo acusado e Jun se sente ignorada.

POR QUE ESSE CONFLITO É NECESSÁRIO?

O ressentimento é horrível. Ninguém quer senti-lo em relação ao outro e também não quer que o outro sinta em relação a si. O ressentimento começa ao não ser reconhecido, visto, ouvido, acreditado ou acolhido em uma experiência pessoal.

Muitas vezes, os ressentimentos que os casais nos trazem são sobre o tempo de sono, tempo com os amigos, ir à academia, ficar ao celular, levar uma eternidade no banheiro e o desequilíbrio entre vida profissional e pessoal, para citar alguns. Os casais pensam que são motivos "bobos" para se brigar e não conseguem compreender por que esses fatos triviais ficam indo e vindo. Os casais também se ressentem em aspectos "maiores", como a perda de um bebê, motivo pelo qual Jun e Trip não param de brigar. Os fatos "maiores" que os casais normalmente trazem são: processar o vício, agora que o parceiro está em remissão; tentar "superar" a infidelidade do parceiro; período de noivado turbulento; se são casados, o modelo da aliança (geralmente parece uma demonstração de como o parceiro não conhece o gosto do outro); um dos cônjuges tem TDAH, depressão ou alguma doença crônica; citando apenas alguns motivos (ninguém quer se ressentir de seu parceiro por esses aspectos, mas é muito comum acontecer).

É preciso enfrentar esse conflito porque não há um casal sequer no mundo que não lida com o ressentimento no relacionamento. Pode parecer pessimismo dizer que o ressentimento faz parte de todos os relacionamentos, mas é a realidade. Ninguém consegue absolutamente entender perfeitamente a experiência do outro. Ninguém consegue estar sempre disponível e com vontade de escutar o outro com compreensão. Ninguém é perfeitamente altruísta a ponto de nunca se sentir incomodado com a necessidade do outro ser visto, ouvido e acolhido.

Erros acontecem. Seu parceiro vem até você querendo falar de algo pessoal, importante e sensível. Ele tenta falar e você ignora ou não percebe qual é a importância. Talvez seu parceiro não mencione nada sobre o que aconteceu — apenas siga em frente em silêncio. Ou talvez lhe diga algo sobre seus sentimentos terem sido feridos e você fique na defensiva e o ignore. Seja qual for o caso, essas coisas acontecem e, quando continuam, ou ocorrem em uma ocasião ou experiência grandiosa, vão se acumulando.

O ressentimento é como o colesterol do relacionamento. Muitas vezes você não está ciente e tudo parece estar bem, até que os caminhos para o coração do relacionamento (o amor, a bondade, a paciência, o benefício da dúvida, a brincadeira, o respeito, o humor, a curiosidade) são bloqueados e a força vital da relação não consegue mais fluir entre o casal. Vocês descobrem então que o relacionamento está num estado crítico. O ressentimento encruado afeta todas as facetas do relacionamento de casais com filhos. Assim, não se trata mais da perda de um bebê, de um aniversário esquecido ou da falta de apoio durante a gravidez; trata-se de todos os detalhes do relacionamento.

COMO ESSE CONFLITO PODE SE DETERIORAR?

Esse conflito se transforma em uma discussão inútil quando os parceiros não dedicam tempo para ouvir um ao outro. Isso acontece porque a raiva e a defensividade são o que os casais geralmente expressam quando o conflito se baseia no ressentimento. Raiva e defensividade são como dois tampões de ouvido que impedem a conexão. Elas impedem os parceiros de perceber a dor profunda abaixo da superfície do ressentimento.

Nossa experiência com o ressentimento sempre girou em torno do sono, um tema sempre presente e controverso. Nossos filhos sempre preferiam ser colocados na cama pela Erin. Quando eles eram bebês, isso acontecia porque ela dava de mamar até que pegassem no sono e, à medida que foram crescendo, continuaram preferindo a presença de Erin.

Para ela, isso representava um tempo que poderia ser usado para se cuidar, enquanto Stephen tinha longos períodos de tempo para si à noite. Se por acaso Erin não adormecesse com as crianças, e tivesse a oportunidade de ter algum tempo para si ou para ficar com Stephen, ela ainda voltava várias vezes ao quarto para cuidar das crianças, se chorassem ou precisassem mamar. Resumindo, Erin, que já se sentia sobrecarregada e assumindo grande parte das responsabilidades parentais, também sentia que a rotina noturna com as crianças acabava ficando completamente sob sua responsabilidade.

Quando ela tentou lidar com sua exaustão e frustração por estar só na rotina noturna, Stephen não foi muito receptivo. Foi mais ou menos assim. Erin: "Eu me sinto muito frustrada por ter que ser eu a responsável por colocar as crianças na cama. Gostaria que você me ajudasse". Então Stephen retrucou: "Mas a minha ajuda vai acabar atrapalhando. Eles ficariam ainda mais agitados". Erin sustentou que não o estava culpando, mas só lhe pedindo para tentar ser criativo ao fazer parte da rotina noturna, para ela não se sentir tão sozinha e exausta no processo.

Enquanto essa conversa se repetia várias vezes ao longo do tempo, Erin começou a sentir que Stephen não a estava reconhecendo, vendo, ouvindo, acreditando ou acolhendo. Não só isso, ele ainda tinha tempo para si, e o ressentimento de Erin só aumentava. Logo, o conflito não era apenas sobre o sono, mas sobre todas as outras maneiras pelas quais Erin sentia que Stephen não a estava ouvindo. Portanto, uma discussão sobre o sono também poderia se transformar em um debate sobre tudo que aconteceu na gravidez, no período pós-parto, no trabalho ou com a família estendida.

À medida que Erin se sentia mais ignorada, seu ressentimento crescia e contaminava o modo dela enxergar o relacionamento. Ela expressava mais raiva de Stephen e ele ficava mais na defensiva. O que nenhum de nós percebia era a crescente mágoa e solidão dentro de cada um. (Stephen também se sentia magoado porque a maneira como Erin expressava sua raiva nem sempre era gentil ou justa.) Esse conflito se deteriorou, assim como se deteriora quando os casais ficam presos à raiva e à defensividade, sem conseguir escutar intencionalmente.

DO CONFLITO À CONEXÃO: A SESSÃO DE TRIP E JUN

Jun e Trip se sentem como se tudo estivesse às mil maravilhas. Porém, de repente, uma pequena faísca pode se transformar numa fogueira de velhas mágoas e sentimentos.

Erin: Então, Jun, se estou entendendo direito a história que você está nos contando, houve alguns momentos importantes em que você se sentiu profundamente triste e tentou contar ao Trip, mas ele não acolheu sua experiência.

Jun: Ele não só não acolheu minha experiência, como me disse muito claramente que o que eu sentia fazia as coisas piorarem. De certa forma, ainda acrescentou que eu estava errada sobre como me sentia.

Trip: Espere aí, eu não disse que você estava errada. Eu disse que ficar sentada remoendo a tristeza não ia te ajudar a se sentir melhor, nem fazer nosso relacionamento melhorar. E eu também não disse que o que você está sentindo é errado.

Trip se defende e não acredita na experiência que Jun está compartilhando. Ele não está escutando intencionalmente.

Jun: Como é possível você não achar que isso que você diz não quer dizer que o que eu estou sentindo está errado? O que tem de tão ruim em expressar emoções e quem disse que precisa existir um limite de tempo para isso?

Stephen: Essa pequena amostra é como a conversa normalmente se desenrola? Jun, você expressa certa frustração, talvez certa raiva, e, Trip, você confirma o que disse antes e ainda tenta amenizar a conversa, é isso?

Jun: Trip não está tentando amenizar a conversa. Ele está tentando *me* amenizar!

Stephen: Hm... Jun, o que você quer dizer com isso?

Antes que o gatilho de Jun fosse totalmente ativado, fizemos uma pergunta para direcionar a conversa para a expressão intencional. Stephen está pedindo que ela se sintonize (passo 2) com a emoção que está sentindo.

Jun: O Trip acha que eu estou exagerando. Isso me lembra de quando perdemos o bebê. Foi um dos momentos mais devastadores da minha vida, eu estava me esvaindo de tristeza. Era tudo tão obscuro, tão doloroso — emocional, física e psicologicamente. Foi horrível, e eu só consigo me lembrar do Trip me dizendo para parar de ficar triste e que eu só piorava as coisas, querendo o tempo todo falar sobre o que tinha ocorrido. Ele não queria ouvir como eu me sentia; estou cansada de não conseguir me fazer entender.

Jun reflete (etapa 3) sobre algumas das histórias que estão informando suas emoções.

Stephen: Trip, você quer amenizar a Jun?

Trip: Não, quero dizer, eu só não entendo por que a gente tem que ficar remoendo as coisas ruins. A perda do bebê foi ruim. A gravidez do Ren foi assustadora. Quando fatos ruins acontecem, prefiro me agarrar à esperança e tentar curtir o presente em vez de enfiar a cabeça num buraco escuro e ficar lá sofrendo. A Jun fica presa ao passado; será que um dia ela vai conseguir sair dessa tristeza e superar o luto?

Stephen: Então você tenta, *sim*, diminuir o tom dela.

Trip: Bem, ouvir você dizer isso tão abertamente parece horrível, mas sim, acho que sim.

Erin: O que tem de horrível nisso, Trip?

Trip: Bem, é péssimo ficar tentando diminuir o que as pessoas falam, e a minha intenção nunca foi essa. Principalmente com ela.

Erin: Por que principalmente com ela?

Trip: Porque fica parecendo que eu quero controlá-la, e não quero ser controlador. E também por ser a Jun, uma pessoa que eu respeito e por quem tenho a maior consideração. Eu gosto das ideias dela, gosto de conversar com ela, gosto dela. Não quero que ela se sinta diminuída.

Stephen: Será, Trip, que você percebe que está amenizando as coisas que ela diz, mesmo sem querer?

Trip: É, pode ser.

Trip suspendeu sua atitude defensiva, acreditou na experiência de Jun e até começou a reparação, assumindo a responsabilidade por amenizar a fala de Jun. Ele está escutando intencionalmente.

Erin: Jun, como você está recebendo o que o Trip está dizendo?

Jun: Bem, isso me irrita. Eu sofro só de tentar explicar para ele como tudo tem sido tão assustador, triste e difícil. Tudo. Desde quando engravidamos até agora, tudo tem sido muito difícil. Eu curti tudo, mas, ao mesmo tempo, parece que mal consegui respirar. Ele diz que tem consideração por mim, mas não quer escutar essa parte. Ele só quer saber das coisas boas. Então eu não ligo se ele tem consideração por mim ou não. Ele não demonstra isso nem ao menos numa única coisa que faz.

Jun está com seus gatilhos ativados e na defensiva.

Erin: Jun, o Trip realmente te magoou, não é?

Jun: Muito. Ele me magoou demais.

Stephen: Trip, imagino como deve ser difícil escutar isso.

Trip: Com certeza, eu me sinto péssimo e não sei como mudar o que aconteceu.

Stephen: Estou curioso sobre uma coisa, Trip. Você disse que não focar as coisas ruins é útil porque seria como entrar em um buraco escuro; e depois você disse algo que se destacou para mim: "Será que um dia ela vai conseguir sair dessa tristeza e superar o luto?". O que você quis dizer com isso?

Isso é para que Trip se expresse intencionalmente, sintonize as emoções, reflita sobre a história que está moldando a emoção e compartilhe com Jun. A expectativa é que Jun ouça a história que está por trás, seja capaz de suspender sua posição defensiva e se mova em direção à reparação por meio da escuta intencional.

Trip: Como a Jun estava dizendo, a perda do bebê foi realmente devastadora. Foi uma das coisas mais tristes que já vivemos como casal e a Jun ficou fora de si. Aquele turbilhão a deixou muito confusa em termos de coração, mente e corpo. Foi muito difícil vê-la passando por aquilo e comecei a achar que talvez ela não fosse mais conseguir voltar a si. Que talvez fosse perdê-la de alguma forma, como perdemos o bebê. Não tenho a menor ideia, mas estava com medo e triste com o que tinha acontecido, e também muito preocupado com a Jun.

Stephen: Jun, você sabia que o Trip estava preocupado com você?

Jun: Na verdade, não. Quero dizer, sei que ele estava triste e preocupado comigo, mas não tinha consciência de que ele estava com medo de eu não voltar a mim.

Trip: Eu estava muito preocupado, Jun. Só queria que você ficasse bem; eu sabia que você não estava legal e eu me sentia impotente.

Erin: Então, talvez uma das coisas que você tentou fazer foi afastar a Jun dos sentimentos ruins e do sofrimento, o que parecia ser a raiz do problema. Você tentou desviar a atenção dela das coisas ruins para ela sair do buraco escuro.

Trip: Não sei se pensei dessa forma, mas talvez sim. Parecia ser uma péssima ideia continuar falando sobre a tristeza e de como a perda do bebê foi dolorosa. Eu estava em pânico com tudo isso.

Por meio da expressão intencional de Trip, a história por trás de suas ações e sentimentos foi revelada; isso ajuda Jun a ver que Trip não está querendo amenizar sua fala porque sua experiência não é importante, mas porque ele tinha medo de perdê-la.

Stephen: E foi aí que o padrão de ressentimento começou. Podemos chamar de padrão da amenização.

Jun: Com certeza, foi nesse ponto que tudo começou para mim. Acho que a gravidez complicada do Ren ativou o padrão, como aconteceu quando perdemos o bebê. Eu quero falar sobre isso, mas sinto que o Trip quer me silenciar.

Trip: Eu estou entendendo. Acho que a perda do bebê projetou uma sombra enorme sobre nosso relacionamento, maior do que eu pensava. Era tão assustador que acabei fugindo.

Erin: O que significa que você também ignorou a Jun, apesar de não ter exatamente essa intenção. Como você disse, a intenção era fazê-la sair do buraco.

Stephen: A grande sombra que foi projetada sobre o relacionamento é a sombra do ressentimento. Jun, você ficou muito magoada com a forma como o Trip te ignorou quando vocês perderam o bebê. A ferida é tão profunda que, à medida que outros fatos ocorrem no relacionamento, você se sente sempre ignorada ou amenizada, e ela se abre ainda mais. Assim as coisas se acumulam e seu ressentimento em relação ao Trip só aumenta.

Jun: Acho que é isso mesmo.

Stephen: Nós ouvimos um pouco mais da história e também nos aprofundamos um pouco mais nas forças motivadoras. Trip, sua atitude defensiva é resultado direto de seu medo — medo da Jun se perder na tristeza e não voltar mais. Para evitar isso, você lhe diz para parar de ficar tão triste, e quando ela afirma que você está errado, você defende a sua posição porque não quer que ela fique afundada no buraco. O que você acha?

Trip: É isso mesmo. Você descreveu bem.

Stephen: Jun, você está simplesmente furiosa. Está com raiva pelo Trip não ouvir você. A sua raiva não é ruim ou injustificada, mas está se tornando um obstáculo para sua felicidade futura. Hoje a sua raiva nos ajudou a ver que algo muito importante está acontecendo e que precisa ocorrer algum tipo de mudança. Você concorda com isso, Trip?

Trip: Com certeza, estou ouvindo que algo importante está sendo dito e que algo precisa mudar.

Stephen: A sua raiva tem sido útil, Jun, mas ela não quer dizer apenas que algo é importante e precisa mudar. Ela também diz que você está machucada. E hoje você expressou um pouco como é a sua dor. Tenho certeza de que há muito mais do que isso e que temos muito mais a ouvir. Você acha que o Trip te escutou de uma forma diferente hoje?

Jun: Sim. Pode ser que seja porque vocês dois estão aqui, mas ele não ficou na defensiva e não tentou amenizar o que digo. Na verdade, estou entendendo ele um pouco mais e vendo por que ele fica na defensiva e tenta amenizar a minha fala. Eu não gosto disso, e parece muito difícil seguir em frente, mas sinto que ele me ouviu de forma diferente, e eu também o ouvi de outra maneira.

Jun está indo bem ao suspender sua defensiva e acreditar na experiência de Trip. Ela admite que isso é difícil, mas a escuta intencional a está ajudando a entender a história completa do que está acontecendo.

Erin: Trip, você acha que ouviu a Jun de forma diferente?

Trip: Acho que, me ouvindo dizer que eu queria amenizar a dor dela, já me pareceu preocupante. Pareceu-me errado fazer isso; e depois, pensando na perda do bebê e em como tudo foi assustador, eu percebi que estava com medo e passei a ignorar a Jun. Não liguei para o que estava acontecendo com ela, e ainda ouvir ela dizer como tinha ficado angustiada e triste, e como a gravidez do Ren trouxe muito disso de volta... Sei lá...Agora vejo como ela está sofrendo e eu não a tenho escutado, e como isso só fez aumentar a sua dor. Tudo ficou mais claro para mim.

Este é Trip fazendo a reparação e buscando uma resolução.

Erin: Jun, como é ouvir o Trip dizer isso?

Jun: Eu fico muito contente por isso. Mas também fico com raiva por isso ter demorado tanto a acontecer. Por que demorou tanto?

Stephen: Essa é a parte difícil. Vocês dois têm uma escolha aqui. Jun, você pode optar por perdoar o Trip ou não. Trip, há uma parte nisso em que você precisa escolher perdoar a si por não ter entendido a Jun e não ter tomado parte na dor dela.

Jun: Nada disso parece ser fácil. Eu nem sei se é possível.

Stephen: Você está certa — pode não ser possível, mas ainda existe uma chance de ser. Perdoar não significa esquecer o que aconteceu. Isso faz parte da história de vocês. Mas também tem uma parte da história que você não conhecia. Você não sabia que o Trip minimizou a sua experiência e depois justificou essa atitude por causa do medo e da preocupação que ele sentia por você. Isso não significa que não há problema no Trip ter feito isso, mas isso aprofunda a história. Isso expande "o Trip me machucou" para "o Trip me machucou, mas ele também estava desesperadamente preocupado porque se importa comigo". A escolha de perdoar aqui é em qual parte da história você escolhe se concentrar e deixar prevalecer. Você pode deixar a parte da mágoa ganhar ou pode deixar a parte que o Trip cuida de você ganhar. E, francamente, em alguns momentos você vai ter dificuldade em não se concentrar na parte da mágoa e da raiva. Como eu disse, é por isso que o perdão é uma escolha e é tão trabalhoso.

Jun: Estou entendendo. Eu tenho que pensar em tudo isso para compreender o que sinto.

Stephen: Claro que sim. Trip, acho que escolher perdoar no seu caso é não se perder no erro, mas se mover em direção à ação que você gostaria de ter tomado. Creio que você fez isso um pouco hoje, reconhecendo que machucou a Jun e não tentando defender o que aconteceu, mas fazendo exatamente o que ela quer de você: reconhecer, ver, ouvir, acreditar e acolher a experiência dela.

Trip: Com certeza. Estou vendo que ficar na defensiva não é me perdoar, é só tentar encobrir meu erro. Eu não percebi isso. Eu sentia a sua falta. Eu errei e quero entender, se você se sentir disposta a me dar essa chance.

Jun: Fico contente por você me dizer isso, Trip. Quero te dar essa chance, sim. Agora só tenho que respirar e compreender o que eu estou sentindo.

Trip: Eu te entendo.

Trip e Jun começaram a trabalhar na reparação — responsabilização, perdão e ações diferentes. Esperamos que isso possa mudar a história da perda do bebê de uma interação de quebra de apego para uma interação de criação de apego.

Stephen: O ressentimento leva algum tempo para se dissolver, mas o processo é simples. Uma maneira de imaginar o resto do nosso tempo trabalhando juntos é abordar o ressentimento de frente, sem nos perder na raiva e ficar na defensiva, mas entendendo o que escolher perdoar significa na prática.

COMO POSSO FALAR ISSO PARA O MEU CÔNJUGE? ROTEIROS

O ressentimento acaba com o relacionamento dos casais com filhos. A natureza persistente do ressentimento permeia todas as facetas das interações e cria uma desconexão constante; mas você pode passar do conflito para a conexão, e esses roteiros podem ajudá-lo a iniciar o processo.

Expressão intencional — parceiro que se sente ressentido

"Estou percebendo que ando com raiva de você. Você tem notado? Eu não quero ficar com raiva. Podemos conversar sobre o que está acontecendo?"

"Estive pensando e percebo que estou com muito ressentimento de você. Sei que isso não é legal de se ouvir e que sua resposta automática talvez fique na defensiva. Mas eu não quero me sentir assim e não quero te acusar de nada. Eu quero muito falar com você sobre como me sinto e sobre algumas mágoas que tenho. Você consegue ter essa conversa comigo?"

Expressão intencional — parceiro alvo do ressentimento

"Dá para ver que você realmente está com raiva de mim. Não estou entendendo o que fiz ou disse que ativou a sua raiva, mas gostaria de entender. Eu não quero fazer você se sentir assim. Você consegue conversar comigo sobre isso?"

"Você disse que está sentindo certo ressentimento em relação a mim. Sinceramente, não é uma coisa legal de se ouvir, mas quero entender o que está acontecendo. Acho que eu mesmo posso ter algum ressentimento acumulado também. Eu gostaria de ter essa conversa com você."

PERGUNTAS PARA VOCÊ REFLETIR

1. Quais são as principais áreas em que você sente ressentimento no seu relacionamento? Você concorda que todos os relacionamentos desenvolvem algum nível de ressentimento?

2. Você é mais propenso a ser aquele que expressa raiva sobre o ressentimento ou o que fica na defensiva quando seu parceiro expressa raiva?
3. Você acredita que o perdão é uma opção?
4. Quando você considera expressar-se como foi ferido no seu relacionamento, o que você percebe que acontece com você? Você fica com medo? Você fica entorpecido? Você fica com raiva? Você se vê evitando seus sentimentos?
5. Você sente que tem evitado esse conflito? Há algo neste capítulo com o qual você se identifica? Isso despertou algum sentimento ou lembrança? Por que esses sentimentos e lembranças podem estar aflorando agora nessa fase da sua vida, como mãe ou pai, e como casal?

CONCLUSÃO

E agora, o que fazemos a partir daqui?

A PARENTALIDADE COLOCA O relacionamento do casal em um contexto único de surpresa, aventura, caos e estresse. O estresse pode levar de forma rápida e fácil a uma sensação de desconexão entre os parceiros e resultar em conflito. Escrevemos este livro sobre a importância de se enfrentar os conflitos para que os casais com filhos avancem em direção à conexão e parem de ter situações nocivas; para que vocês possam aproveitar os belos momentos, rir juntos e se valorizar ao longo do caminho. Usando a equação conflito-conexão, você e seu parceiro podem descobrir como o conflito é uma oportunidade de conexão.

Para sermos muito claros e justos com esse processo, queremos que você pense sobre sua idade. Este é o tempo durante o qual você tem praticado as estratégias defensivas que possui atualmente. Você não vai ser capaz de simplesmente virar a página da noite para o dia. Será preciso prática e paciência, assim como foi com muitos pais, mas não levará tanto tempo quanto imagina para começar a sentir a natureza transformadora dessas ferramentas na sua vida diária.

Sugerimos que, quando sentir uma pequena e positiva mudança de direção, você comemore pra valer! Falando sério, é importante que seja um marco em sua vida. Assim como você pode dar nomes engraçados para seus conflitos, como o nosso "Desastre das calças de dinossauro", você também pode dar nomes para quando o conflito foi bem resolvido. Pode ser tão bobo quanto: "O sucesso do desastre dos morangos no banco do carro"! Como casais, passamos muito (muito!) tempo nos concentrando no que não está indo bem, por isso fazer questão de comemorar quando você conquista algo que gosta ou do qual realmente se orgulha é uma habilidade importante não só para manter um bom relacionamento, mas também para servir de modelo para seus filhos.

Às vezes, ao tentar utilizar a equação conflito-conexão, você e seu parceiro não vão executá-la perfeitamente. Você vai fazer um comentário sarcástico ou enfiar a cara no celular em vez de se envolver com seu parceiro. Isso vai acontecer. Esperamos que seja cada vez com menos frequência, mas isso acontecerá. Dê o melhor de si, seja curioso e compassivo, mesmo quando tudo parecer errado. Fazer a reparação o mais rápido possível é importante para aproveitar o embalo em direção a uma nova maneira de se relacionar e construir confiança um no outro.

Nos dezoito anos em que praticamos a equação conflito-conexão, podemos dizer sinceramente que a frequência, intensidade e duração dos nossos conflitos mudaram qualitativamente. Também nos foi dada a honra de sermos convidados a adentrar o mundo de milhares de casais com filhos que enfrentam seus conflitos em busca de conexão, e também vimos como funcionou bem para eles. Quando temos um conflito, confiamos que o outro está ali por nós e que a intenção do conflito é transitar em direção à genuína compreensão e reparação mútua. Esperamos que você sinta isso ao enfrentar conflitos saudáveis com seu parceiro de parentalidade.

Recursos adicionais

GUIA RÁPIDO PARA LIDAR COM CONFLITOS NA FRENTE DE CRIANÇAS

Devemos lidar com os conflitos na frente de nossos filhos? A resposta é sim: você deve lidar com a tensão quando ela estiver presente. As crianças estão cientes dela, e abordá-la lhes ensina a entender o que estão sentindo. Mas se o conflito se tornar nocivo na frente deles, tenha em mente alguns padrões:

1. Mantenha-se calmo e respeitoso.
2. Preste uma atenção maior à sua linguagem corporal e às palavras que você usa (quanto menos palavras, melhor).
3. Permaneça no tema e não traga argumentos antigos.
4. Não traga seus filhos para dentro da discussão (triangulação). Um exemplo do que não dizer é: "Você se lembra quando o papai fez a mesma coisa na semana passada?".
5. Garanta que eles saibam que houve reparação.

ROTEIROS PARA LIDAR COM CONFLITOS JUNTO DE CRIANÇAS

Se você confia em você e no seu parceiro ao enfrentar conflitos e consegue mantê-los em uma versão abreviada, não há motivo para não trabalhar a equação na frente de seus filhos. Modele para eles a equação conflito-conexão quando puder; é uma habilidade de vida inestimável para eles aprenderem. Ser breve e objetivo quando as crianças estão por perto é o melhor, mas se vocês ainda estão praticando a aplicação da equação, propomos algumas ideias para abordar a dinâmica do estresse ou da tensão sem ter uma briga feia na frente das crianças (eles definitivamente não precisam ver isso).

Você conhece seus filhos melhor do que ninguém, então modifique o texto como achar melhor, conforme a idade e o estágio de entendimento dos pequenos. São ideias para ajudá-lo a pensar sobre o que funciona melhor para você e sua família.

1. "Provavelmente depois vamos ter mais coisas para falar sobre isso, mas por enquanto está bom e podemos parar por aqui."
2. "Dá para perceber que existe algo importante a ser dito e eu quero entender. Mas também acho que nesse momento está complicado a gente se falar. Vamos retomar o assunto de noite?"
3. "Não estou pronto para falar mais sobre isso agora."
4. "Isso não me pareceu certo. Preciso pensar mais a respeito. Podemos voltar a falar sobre isso depois?"
5. "Estamos realmente nos entendendo mal agora, não? Eu quero que você saiba que não é essa a minha intenção. Podemos fazer uma pausa e tentar novamente de noite?"
6. "Realmente acho que não estou entendendo o que parece ser importante para você, mas essa não é a minha intenção. Podemos

tentar novamente mais tarde? Talvez amanhã, durante nosso horário de almoço?"

ROTEIROS PARA LIDAR COM A REPARAÇÃO JUNTO DE CRIANÇAS

"A mamãe e eu estávamos chateados, mas lembra que a gente disse que daria um jeito? Deu certo! A gente conversou até entender o que estava chateando cada um. A gente espera que vocês também conversem quando se sentirem chateados e podemos resolver isso juntos também.

"O papai e eu discordamos sobre a melhor maneira de resolver essa situação. Mas vocês estavam prestando atenção? Conseguimos dizer um ao outro o que estávamos pensando e sentindo, e criamos uma solução que ficou boa para nós dois."

"Hoje cedo eu magoei a mamãe. Mas fiquei grato por ela saber que podia vir e me contar. Se isso acontecer com vocês, queremos saber também, inclusive se ficarem chateados com a gente."

"O papai e eu nos esforçamos bastante para nos entender e estamos muito felizes em saber que teremos tempo para realmente ouvir um ao outro."

"Tínhamos um plano que estava funcionando e depois percebemos que não estava mais dando certo. Agora criamos um novo plano e achamos que funcionará muito bem para todos nós."

"A mamãe e eu estávamos tendo dificuldade em dizer o que sentíamos. Às vezes, é difícil saber o que dizer na hora, e também é difícil entender o que o outro está dizendo, principalmente quando é muito importante para o outro. Mas vale a pena tentar saber o que é importante para as pessoas que amamos. Também queremos saber o que é importante para vocês. Mesmo que nem sempre a gente entenda logo na primeira vez, ou até na segunda, ou na terceira vez, vamos continuar tentando."

Referências bibliográficas

AMMANITI, Massimo; GALLESE, Vittorio. *The Birth of Intersubjectivity: Psychodynamics, Neurobiology, and the Self.* Nova York: W. W. Norton, 2014.

HUGHES, Daniel A. *Attachment-Focused Parenting: Effective Strategies to Care for Children*. Nova York: W. W. Norton, 2009.

________; BAYLIN, Jonathan. *Brain-Based Parenting: The Neuroscience of Caregiving for Healthy Attachment*. Nova York: W. W. Norton, 2012.

JOHNSON, Susan M. *The Practice of Emotionally Focused Couple Therapy: Creating Connection*, 3. ed., Nova York: Routledge, Taylor & Francis Group, 2020.

SIEGEL, Daniel J. *The Developing Mind: How Relationships and the Brain Interact to Shape Who We Are*, 3. ed., Nova York: Guilford Press, 2020.

________. *The Mindful Therapist: A Clinician's Guide to Mindsight and Neural Integration*. Nova York: W. W. Norton, 2010.

WHITE, Michael; EPSTON, David. *Narrative Means to Therapeutic Ends*. Nova York: W. W. Norton, 1990.

Agradecimentos

NÓS SOMOS UM casal com filhos e sabemos por experiência própria como esse período da vida é desafiador, mas profundamente belo para as famílias. Escrevemos esta obra porque é o livro que gostaríamos de ter lido, que nos ajudaria a transitar por nossos conflitos, e esperamos sinceramente que ele seja a ajuda de que você precisava. Esperamos que nestas páginas você encontre uma conexão mais profunda consigo mesmo e com seu parceiro. Não há palavras para descrever como somos gratos às pessoas que nos ajudaram ao longo de nossa jornada e enquanto escrevíamos este livro.

Primeiro, queremos reconhecer o quanto somos gratos por nossa família. Escrever um livro é muita coisa! Durante o processo, fomos apoiados e amados por nossos irmãos e irmãs, tias e tios, e todas as nossas sobrinhas! Luke e Megan, amamos vocês e agradecemos por nos amarem. Elisa, Caleb, Esther e Clark, sermos pais e mães lado a lado com vocês tem sido não apenas uma tábua de salvação ocasional, mas uma verdadeira alegria. Vocês nos tornam mais equilibrados e comemoram as conquistas conosco. Ter raízes compartilhadas com vocês e suas famílias é um dos maiores privilégios de nossas vidas.

Queremos agradecer à Rachelle Gardner por nos ajudar a começar o livro e por nos apresentar a Michelle Howry. Michelle, desde nosso primeiro encontro, você fez este livro ficar melhor e nos ajudou a transformá-lo em algo que nos empolga a cada dia mais. Ele não seria o que é sem você, obrigado! Queremos agradecer à Ashley Di Dio pela edição e à equipe da Putnam que ajudou a fazer deste livro o que ele é hoje: à editora Nancy Inglis, às revisoras Kathleen Go e Lisanne Kaufmann, à editora de produção Brittany Bergman, à gerente de produção Erin Byrne, à editora-chefe sênior Emily Mileham, à editora-chefe Maija Baldauf, ao diretor criativo Anthony Ramondo, à capista Sanny Chiu, às publicitárias Ashley Hewlett e Jazmin Miller e à responsável pelo marketing, Molly Pieper. Obrigado a todos pelo trabalho no nosso livro *Cansados demais para brigar*!

Queremos agradecer à nossa comunidade nas redes sociais e aos nossos clientes do consultório. Agradecemos por vocês terem nos apoiado e incentivado, e pelas ideias que apresentamos neste livro. Nos sentimos honrados e gratos por sermos convidados a fazer parte de suas histórias.

Queremos expressar nossa sincera gratidão aos nossos filhos. O projeto tomou mais tempo do que esperavam, e, durante todo o processo, vocês foram pacientes e encorajadores. Temos uma ótima notícia: ficou pronto! Esperamos que saibam sempre que vocês são um presente que a vida nos deu e que sermos seus pais é uma alegria indescritível!

Índice

D

E

F

G

I

L

M

P

R

S

T

V

Este livro foi impresso nas oficinas gráficas da Editora Vozes Ltda.,
Rua Frei Luís, 100 – Petrópolis, RJ.